ANDREA MARIE EISELE

ZUM GLÜCK GELAUFEN

Meine Reise auf dem Jakobsweg

HarperCollins

1. Auflage 2022
Originalausgabe

Gesetzt aus der Stempel Garamond und der Lovepotion
von GGP Media GmbH, Pößneck
Druck und Bindung von CPI books GmbH, Leck
Printed in Germany
ISBN 978-3-365-00022-9
www.harpercollins.de

Klimaneutral
Druckprodukt
ClimatePartner.com/15109-2009-1001

MIX
Papier
FSC FSC® C083411

Für Benny,
meinen Mann, den ich nie suchte
und ohne den ich jetzt nicht mehr sein könnte,

und für Johannes,
den Freund, den ich nie wollte
und der zu einem der wichtigsten Wegbegleiter
meines Caminos wurde.

Inhalt

AUFBRUCH

»Ich muss das jetzt machen.
Ich muss jetzt meinen eigenen Weg gehen.«

Berlin (8. September)

Ich stehe vor dem Küchentisch, auf dem all meine Sachen liegen, die ich gleich in den großen limonengrünen Rucksack stopfen werde, und gehe noch einmal akribisch die Packliste durch. Daniel steht mit einer Dose Cola in der Hand an den Türrahmen gelehnt hinter mir. Er beobachtet jeden meiner Handgriffe. »Du musst nicht gehen«, sagt er leise. »Doch. Ich muss«, antworte ich ihm, ohne aufzuschauen, »und ich will.«

Als ich am Abend aus dem Bad ins Schlafzimmer komme, liegt Daniel schon im Bett. Das Licht ist aus, aber ich erkenne seine Silhouette unter der Daunendecke. Eigentlich sollten wir nicht mehr im selben Bett schlafen, aber wir tun es trotzdem. Zwischen uns klafft diese Lücke, eine selbst auferlegte emotionale Distanz, um sich vor dem anderen zu schützen. Wenn ich nachts aufwache und feststelle, dass wir doch dicht an dicht nebeneinanderliegen, rücke ich erschrocken von ihm ab, schlinge meine Bettdecke fest um mich und taste hilfesuchend nach der Bettkante. Nur um mich zu vergewissern, dass sie noch da ist. Nur um mich zu vergewissern, dass es einen Weg aus diesem Bett hinaus gibt. Wir waren uns einst so nah, aber jetzt ist da dieser anscheinend unüberwindliche Graben zwischen uns. Vorsichtig, um Daniel nicht zu wecken, steige ich ins Bett, schlinge die Decke fest um mich herum und lehne mich an das hohe Kopfteil. Nachdem sich meine Augen an die Dunkelheit gewöhnt haben, beobachte ich den neben mir liegenden Daniel. Er schläft nicht, liegt mit offenen Augen da, mir den Rücken zugewandt, damit ich nicht sehe, dass er noch wach ist. Vielleicht, um nicht mit mir reden zu müssen? Ich streiche ihm sanft über den Kopf, aber er reagiert nicht.

»Ich muss das jetzt machen. Ich muss jetzt meinen eigenen Weg gehen.«

»Ich weiß. Aber wenn du jetzt gehst, kommst du vielleicht nicht mehr zu mir zurück«, antwortet er jetzt mit geschlossenen Augen, fast reglos.

»Nein, vielleicht nicht.«

BEGINN EINER REISE

»Das Wichtigste ist,
dass du ehrlich zu dir selbst bist.
Stehe zu dem, was du denkst,
und stehe auch dafür ein, denn das macht dich aus.«

Saint-Jean-Pied-de-Port (9. September)

»Die Passagiere des Flugs AF4357 nach Toulouse werden gebeten, zum Gate B37 zu kommen.« Klick! Es ist, als hätte die Flughafenmitarbeiterin einen Telefonhörer aufgelegt und wir alle hätten am anderen Ende der Leitung gewartet. Die Stimme wiederholt die Ansage noch einmal auf Französisch. Klick! Wieder aufgelegt. »Ich glaube, ich muss gehen«, sage ich zu Daniel, der mir erwartungsvoll gegenübersteht. Meinen Rucksack habe ich bereits am Gepäckschalter aufgegeben. Nur mit meiner alten blauen Gürteltasche aus den Neunzigern in der Hand fühle ich mich nackt – als würde etwas fehlen. Zum Beispiel eine große Handtasche, wie ich sie üblicherweise trage. Statt dieser hänge ich mir nun das Eastpak-Täschchen über die rechte Schulter und trete auf Daniel zu, nehme ihn in den Arm. Er steht einfach da und lässt es über sich ergehen. Ich löse die Umarmung. Dicht an dicht stehen wir voreinander. Ich kann seinen warmen Atem auf meinem Gesicht spüren. Die Mundwinkel verziehe ich zu dem Versuch eines Lächelns. Als ich mich zum Gehen wende, wirft

Daniel beide Arme um meine Schultern: »Ach, komm her«, sagt er, wie er es zu einem alten Kumpel sagen würde, und drückt mich zum Abschied. Einige Minuten lang hält er mich so, drückt mich fester und fester. Ich streiche ihm über den Rücken und dann, obwohl ich das eigentlich gar nicht will, küssen wir uns – seit Langem mal wieder und zum letzten Mal vor meiner Reise. Seine Lippen sind ganz weich, genauso wie seine Hamsterbäckchen. Der Kuss hat nichts Leidenschaftliches, nichts Inniges, aber etwas Vertrautes. Er lockert die Umarmung, und ich trete ein paar Schritte zurück: »Mach's gut«, sage ich. »Pass auf dich auf«, antwortet Daniel. Als ich mich schon umgedreht habe und einige Meter weit gegangen bin, ruft er mir ganz untypisch für sich hinterher: »Ich liebe dich!« Ich gehe weiter, als hätte ich es nicht gehört. Will mich nicht umdrehen, will ihm keine Regung zeigen. Die Worte aber lassen mich innerlich erstarren. Ich kann mich nicht daran erinnern, dass er sie in der gesamten Zeit unserer Beziehung je laut gesagt hätte. Sie wurden höchstens auf Geburtstags- oder Weihnachtskarten geschrieben – doch meist stand dort »Hab dich lieb!« oder, wenn große Gefühle im Spiel waren, »Lieb dich!« Und nun sagt er diese Worte. Nun, da wir kein Paar mehr sind, will er mich nicht verlieren. Jetzt nicht mehr.

Im Minibus vom Flughafen Toulouse zum Bahnhof Matabiau fahren wir an vielen kleinen das Stadtbild schmückenden Boutiquen, Brasserien und Cafés vorbei und kreuzen zweimal die Garonne. Es ist Anfang September, und der Fluss trägt nur sehr wenig Wasser. Ob es wohl ein heißer Sommer war? Die Stadt selbst aber ist üppig grün, überall sehe ich kleine Garten- und Parkanlagen. Die Menschen auf den Straßen stammen anscheinend aus allen Ecken und Enden dieser Welt. Als wir an einer Ampel warten, überquert eine Gruppe indischer oder pakistanischer Geschäftsmänner vor uns die Straße. Sie tragen dunkle Anzüge und Krawatten und auf dem Kopf bunte Turbane in den prächtigsten Farben. Der zähe Verkehr führt uns dann weiter an einem kleinen bemoosten Kanal entlang, der gut ein Nebenarm der Garonne sein könnte. Er sieht romantisch aus.

Wie ich so auf dem Boden des Toulouser Bahnhofs an eine Schaufensterscheibe gelehnt sitze, mit meinem immer noch viel zu heißen Kaffee in der Hand, sichte ich meinen ersten Pilger. Mein Herz macht vor Aufregung einen Hüpfer. Der alte Mann mit seinem weißen langen Bart, einem Tirolerhut und braunen Lederhosen erinnert mich an Heidis Großvater, den Alm-Öhi. Ich hätte ihn nicht in Südfrankreich, sondern eher in den Alpen vermutet. Er steht, die Augen geschlossen und den Kopf auf die Hände gestützt, die seinen riesigen Wanderstab umklammern, leicht vor- und zurückschwankend in einer Ecke des Bahnhofs. Ob er wohl schläft?

Eine Stunde später bin ich endlich im Zug. Es geht mit dem TGV 8510 nach Bordeaux, von dort nach Bayonne und anschließend mit einem Bummelzug durch die Berge weiter bis Saint-Jean-Pied-de-Port, meinem heutigen Ziel und dem morgigen Startpunkt meiner Wanderung. Es tut gut, jetzt weiterzukommen. Ich warte nicht gerne, erst recht nicht an einem Bahnhof, an dem ich nicht viel machen kann. Die Fahrt aber genieße ich sehr, schaue mir die am Fenster schnell vorbeifliegende Gegend an. Nie zuvor war ich in diesem Teil Frankreichs. Hier stehen Palmen direkt neben Nadelbäumen. Die Häuser sehen aus wie in Spanien. Allerdings sind die Frauen eleganter gekleidet, sehr adrett, in feinen Stoffen und hochhackigen Schuhen. Die Haare sind locker zusammengebunden. Perfektion in *casual*, unnatürlich natürlich. Gerade hier in Frankreich, dem Land der Mode und des Stils, komme ich mir in meinem bunt karierten Wanderhemd, der braunen Wanderhose, an der man die untere Hälfte der Hosenbeine mittels Reißverschluss abtrennen kann, um schnell und einfach statt langer eben kurze Hosen zu tragen, und der ziemlich lächerlichen, aber doch unglaublich praktischen blauen Eastpak-Gürteltasche auf meinem Schoß albern und modisch absolut deplatziert vor. So oder so ähnlich stelle ich mir einen Bauerntrampel vor. Ja, ich glaube, ich entspreche momentan genau meiner Vorstellung eines Trampels.

Beim Einstieg in den Zug in Bayonne erkenne ich schon an den vielen Pilgern auf den Sitzplätzen, dass ich hier richtig bin. Einer von ihnen ist definitiv deutsch – er hält ein kleines gelbes Wörterbuch in der linken Hand und liest darin: »Spanisch«, steht auf dem Einband. Der Pilger hinter dem Büchlein ist etwa in meinem Alter. Mit seiner Halskette, dem welligen blonden Haar und dem sonnengebräunten Teint sieht er aus wie ein kalifornischer Surferboy aus Venice Beach. Neben ihm auf dem Sitz liegt ein hübscher beigefarbener Havannahut. Auf seinem leuchtend blauen T-Shirt prangt ein Logo in Form einer Welle. Er trägt Bermudas und blau-weiße Havaianas. Irgendwie fehlt ihm nur noch der Longdrink in der Hand oder das Surfbrett unterm Arm. Ein anderer Passagier hier im Zug ist Italiener, er hat gerade jemandem am Telefon erzählt, dass er die nächsten Monate als Pilger unterwegs sein werde. Ein Weiterer könnte Franzose sein, das kann ich aber nicht mit Sicherheit sagen. Er spricht sehr gut Französisch und sieht exakt aus wie François Hollande – lediglich mit einem dickeren Bauch, brauner Gürteltasche und dunkelgrünem Trekkingrucksack. Lustig! Was wohl der französische Präsident sagen würde, wenn er sich so sehen könnte? Falls ich ihm auf dem Weg noch einmal begegnen sollte, werde ich ihn nach einem gemeinsamen Foto fragen! Mir gegenüber sitzt eine etwas fülligere Mittdreißigerin in roter North-Face-Jacke, kurzer Wanderhose und mit einem blauen Stirnband. Sie lächelt mir ein paarmal zu und kramt dann ihr Buch aus der Tasche. Ein Krimi. Auf Deutsch. Also noch eine Landsfrau. Allerdings hätte ich mir das auch schon anhand der Jacke denken können.

Ich schaue schnell wieder auf. Nicht dass sie mitbekommt, dass ich den Titel ihres Buches gelesen habe: Auf Unterhaltungen mit Deutschen habe ich so gar keine Lust momentan. Das ist schließlich meine Reise, und ich mag jetzt nicht erklären, wieso, weshalb, warum ich sie antrete oder irgendetwas sonst – weder dem Kalifornientyp noch Miss Molly Moppel. Der Zug fährt los. Auf zur letzten Etappe für heute!

Wir fahren quer durch die Pyrenäen, besser gesagt, durch die Pyrénées-Atlantiques – auf jeden Fall mitten durch viele Berge, hinauf und hinunter. Es ruckelt wie bei der Harzer Schmalspurbahn, mit der unzählige Touristen den Brocken, den höchsten Berg Mitteldeutschlands, erklimmen. Die Landschaft ist gebirgstypisch. Saftige grüne Wiesen werden von hohen Bäumen, drahtigem Gestrüpp, kargen Felsen, kleinen Wasserfällen und Bächen abgelöst. Parallel zu einem reißenden Fluss, dessen glasklares Wasser sich seinen Weg durch das Bergmassiv bahnt, fahren wir vorbei an tiefen Schluchten und steilen Abhängen. Noch im Mai habe ich aus dem Flugzeug auf diese gewaltigen Berge hinuntergeschaut und gedacht: »Irgendwann einmal!« Jetzt bahne ich mir meinen Weg mitten zwischen ihnen hindurch. Ich bin meiner kleinen Reise also tatsächlich schon ein ganzes Stück näher gekommen. Aber beim Anblick dieser majestätischen Berge und hohen Gipfel drängt sich mir die Frage auf, wie ich kleiner, schwacher und zudem noch unglaublich untrainierter Mensch dieses Gebirge bezwingen soll. Ein flaues Gefühl macht sich in meiner Magengegend breit. Ich weiß es nicht. Aber ich werde es sehen … morgen!

Vom Bahnhof in Saint-Jean-Pied-de-Port bis zu meiner Herberge sind es nur wenige Hundert Meter. Es ist bereits dunkel und die schmalen Gassen im Ort sind nur noch schemenhaft zu erkennen. Als ich dann das alte steinerne Gebäude betrete, strömt mir ein intensiver Duft von Fichtennadeln und Zedernholz entgegen – wie in einer finnischen Sauna. Sofort fühle ich mich wohl. Viele Schlafplätze gibt es in der Auberge du Pèlerin nicht. Zwei Zimmer mit jeweils vier Doppelstockbetten, also für insgesamt sechzehn Pilger. Ich hoffe, die wollen nicht alle gleichzeitig morgen früh um 6:30 Uhr aufstehen und unter die Dusche. Apropos Dusche: Unter der war ich direkt nach meiner Ankunft auch schon … brr … Fußpilzalarm hoch zehn. Der Boden der Duschen ist eine Zumutung, und es kostete mich arge Überwindung, die Kabine zu betreten. Sehnsuchtsvoll dachte ich an die Havaianas des Surferboys. Ich hätte wirklich unbedingt Flipflops oder Badelatschen mitnehmen sollen. Auf der Packliste der Jakobusgesellschaft hatte also nicht grundlos hinter dem Punkt Badelatschen ein dickes Ausrufezeichen gestanden, aber ich hatte nur an das geringstmögliche Gewicht gedacht und die Latschen zu Hause gelassen. Immerhin gibt es warmes Wasser. Das wird es nicht überall auf dem Weg geben.

Ich mache es mir auf meinem Hochbett bequem und begutachte meine Fußsohlen. Unter dem mittleren Zeh hat sie sich versteckt: meine erste Blase. Wie sollen diese zartbesaiteten Stadtfüßchen, die zumeist in schicken Pumps oder bequemen Sneakers stecken, 800 Kilometer laufen, wenn sie nicht einmal einen Tag Fliegen und Bahnfahren in neuen Schuhen überstehen? Zugegeben, es ist auch reichlich dämlich, neue, noch nie getragene Schuhe mit auf eine Wanderreise zu nehmen – auch wenn diese nur für die Nachmittage gedacht sind. Dafür habe ich heute aber schon weitaus mehr Kilometer zurückgelegt, als ich auf dem gesamten Camino gehen werde, und das an einem einzigen Tag. Von Berlin nach Saint-Jean sind es über Toulouse und Bayonne etwa 1.600 Kilometer. Zufrieden kuschle ich mich in meinen Schlafsack. Im Pilgerbüro habe ich mir vor dem Einchecken in die Herberge noch schnell meinen ersten Stempel ins Credencial, meinen Pilgerausweis, geben lassen. Damit ist es offiziell: Ich bin Pilgerin.

Roncesvalles (10. September)

Wie erwartet stehen heute Morgen alle etwa zur gleichen Zeit auf. Das Frühstück, bestehend aus getoastetem Brot mit Butter und Marmelade, einem Orangensaft und Kaffee ohne Ende, gibt es unten in einem kleinen rustikalen Aufenthaltsraum. Auch hier duftet es nach Fichtenholz wie in einer finnischen Sauna. Eine junge Asiatin mit kantiger Brille und Pink-Floyd-T-Shirt geht mit einer altweißen Porzellankanne herum und schenkt Saft nach. Sie versteht kaum Englisch, doch mit Händen und Füßen, Mimik, Gestik und einer Mischung einzelner englischer und französischer Wörter verständigen wir uns, und ich erfahre, dass sie hier in Frankreich eine Art freiwilliges soziales Jahr absolviert. Ihre Möglichkeit, ein wenig von der Welt zu sehen. Außerdem liebt sie die französische Sprache und hat schon viel gelernt. Ich bekomme leider nicht heraus, woher sie genau kommt. »Asia!«, sagt sie immerzu, und wenn ich nochmals nachfrage, antwortet sie auf Französisch: »Je vis maintenant en France!«, und lächelt mich erwartungsvoll an. Ich gebe auf und lächle resigniert zurück.

Nach dem Frühstück gehe ich noch kurz in den kleinen der Herberge angeschlossenen Garten hinaus. Es ist früh am Morgen, die Sonne kommt langsam hinter den Wolken hervor, und am Horizont kann ich bereits einen Streifen blauen Himmels erhaschen. Das Gras ist feucht vom Tau und duftet wunderbar frisch. An einigen Blumen, die aussehen wie Hyazinthen, hängen vereinzelt Wassertropfen, in denen sich das aufkommende Tageslicht glitzernd spiegelt. Ich atme einige Male ganz bewusst tief ein und schaue auf das Panorama der Pyrenäengipfel vor mir. Dann also dort oben hinauf.

Aus dem Schlafsaal hole ich meinen Rucksack. Außer einem jungen Pärchen ist niemand mehr hier. Ich glaube, die zwei sind

Polen. Sie dürften in meinem Alter sein und sind sehr freundlich. Gestern Abend kamen wir gleichzeitig in der Herberge an. Das rothaarige, hübsche Mädchen wirkt ein wenig schüchtern auf mich. Sie lächelt häufig in meine Richtung, blickt dann aber immer wieder schnell zu Boden, sobald ich ihren Blick erwidere. Er hingegen ist äußerst aufgeschlossen. Als ich meine Schuhe perfekt geschnürt und meinen Rucksack geschultert habe, verabschiede ich mich von den beiden. »Buen Camino!«, ruft er. Wow! Mein erstes »Buen Camino« auf dem Jakobsweg. Ich gebe es strahlend zurück. Jetzt kann die Reise wirklich beginnen.

Gegenüber der Herberge befindet sich ein kleines Geschäft, ein Pilgerausstatter, bei dem ich mir Hut und Wanderstab kaufe. Zum Glück haben sie schon geöffnet. Im Pilgerbüro gestern Nacht hatte mir der ältere Herr, der mir auch den ersten Stempel in mein Credencial gedrückt hat, versichert, dass ich sterben, mindestens aber unter der heißen sengenden Sonne der Pyrenäen zusammenbrechen würde, wenn ich keinen Hut mit ordentlicher Krempe tragen würde. Es gäbe dort nirgends Unterstand, ohne Hut sei ich also verloren. Ich gehe mal davon aus, dass er die Situation ein klein wenig dramatisiert hatte, will aber dennoch ungern ohne Kopfbedeckung losziehen. In dem kleinen Geschäft finde ich relativ schnell einen hübschen Hut, der mir gefällt. Beim Stab dauert die Suche dann schon etwas länger. Die Verkäuferin versucht die ganze Zeit, mich zu einem Paar Teleskopstöcke zu überreden. Die möchte ich aber nicht. Ich bin hier als Pilgerin, nicht als Bergsteigerin. Also kaufe ich mir einen ganz einfachen hübschen Holzstock mit einer eingeritzten Jakobsmuschel am oberen Ende. Sie wirkt enttäuscht, vielleicht hatte sie sich mehr von meinem Einkauf erhofft, verkauft mir dann aber doch – wenn auch etwas resigniert – das, was ich haben will. Ich überlege kurz, ob der ältere Herr aus dem Pilgerbüro eventuell der Ehemann, Schwager oder Bruder der Verkäuferin sei und ihr mit seinem angsteinflößenden »Ohne Hut bist du hier verloren, mein Kind« nur zu ein bisschen Umsatz verhelfen wollte. Schnell verwerfe ich den Gedanken aber wieder, denn gegen einen Sonnenbrand wird mich das Indiana-Jones-Teil allemal schützen, und das allein ist den Kauf wert. Den Hut binde ich vorerst an meinem Rucksack fest, schaue mich noch einmal vor dem Geschäft um und wandere rechts die Anhöhe hinauf, schnurstracks dem Weg folgend. Es ist 8:00 Uhr.

Saint-Jean ist ein romantisches mittelalterliches Städtchen, bestehend aus bunten urigen Fachwerkhäusern, mit blumengeschmückten Balkonen, die die alte Kopfsteinpflasterstraße säumen. Über der Stadt mit ihren rund 1.400 Einwohnern thront erhaben das Château de Mendiguren, ein 1191 erbautes Schloss, das später zur Zitadelle umgebaut wurde.

Nach kurzer Zeit komme ich an ein steinernes Tor, das mir den Weg hinaus aus dem Ort weist. In meinem Reiseführer heißt es, die Porte d'Espagna sei das Tor zu den Pyrenäen. Voller Bewunderung bleibe ich stehen. Als ich nähertrete und mir das am Stein angebrachte bronzene Schild genauer ansehe, stutze ich: »La Porte Saint-Jacques« steht darauf geschrieben, »UNESCO World Heritage 1998«. Eigentlich sollte dieses Tor doch Porte d'Espagna heißen – ist das vielleicht die freie französische Übersetzung? Angeblich mögen sich die beiden Nachbarn hier an der Grenze nicht besonders, aber ist das Grund genug, gleich das ganze Tor umzubenennen, nur damit nichts auf Spanien hindeutet? Ich laufe noch ein gutes Stück weiter den Berg hinauf, genieße die Aussicht, grüße die Menschen, die an mir vorüberziehen, wundere mich aber doch immer mehr. Kein einziger Pilger ist mir bisher begegnet. Nicht einen habe ich gesehen, seit ich das Pilgerbüro in Saint-Jean passiert habe. Vielleicht sollte ich umkehren und nach dem Weg fragen? Allzu weit bin ich schließlich noch nicht gelaufen, und wegweisende Muschelzeichen habe ich auch noch nicht entdecken können. Ich bin hoffentlich nicht die Einzige, die den Weg nicht kennt.

Also laufe ich zurück in die Stadt, muss mir aber nicht einmal die Blöße geben und nachfragen, wo der Jakobsweg entlangführt. Eine Gruppe von Pilgern zieht munter entgegen der Richtung, aus der ich gerade gekommen war. Auch vor ihnen laufen Pilger – einzeln, als Paar, in Grüppchen. Es ist wirklich typisch. Da gibt es nur zwei Richtungen, und ich entscheide mich prompt für die falsche. Im Gehen schlage ich den Reiseführer auf. Ein aufmerksamer Blick hinein hätte vorab genügt, um nicht mit dem ersten Schritt als Pilger in die verkehrte Richtung zu laufen. Dort steht: »Gehen Sie bergab durch die Rue de la Citadelle.« Bergab! Als ich an der tatsächlichen Porte d'Espagna ankomme, ist mein Ärger schon wieder verflogen, denn nun öffnet sich auch mir das Tor zu den Pyrenäen.

Nach drei Stunden strammen Laufens mache ich meine erste Pause. Ich liege hoch über den Wolken auf einer saftigen, grünen, vom Tau noch etwas feuchten Wiese und schaue auf die vielen kleinen Berggipfel um mich herum, die durch die dicke Wolkendecke lugen. Die Gipfel wirken in ihren flauschigen, weißgoldenen Schäfchenwolken wie in Zuckerwatte gepackt. Es ist kaum zu glauben: Ich befinde mich wirklich über den Wolken! Ich ziehe die Fleecejacke aus, genieße die warmen Sonnenstrahlen auf meiner bleichen Haut und verschränke die Hände hinter dem Kopf. Aus dem Deckfach meines limonengrünen Rucksacks zaubere ich flink die getrockneten Apfelringe, die ich aus Deutschland mitgebracht habe. Gierig reiße ich die Tüte auf und genehmige mir gleich drei süße Kalorienbomben. Die klebrigen Finger wische ich im Gras ab. In der Ferne läuten Kuhglocken. Etwas abseits entdecke ich den deutschen Surferboy aus dem gestrigen Zug nach Saint-Jean. Auch er liegt in der Sonne im Gras, den Kopf auf seinem Rucksack, vor sich das Spanischwörterbuch. Ich beachte ihn nicht weiter, drehe mein Gesicht wieder dem blauen Himmel zu und schließe die Augen. Meine erste kleine Auszeit im Einklang mit der Natur wird kurz von meinem Handy unterbrochen, das ich als Tagebuch, Fotoapparat, Taschenlampe, Uhr, Kalender und Notfalltelefon mithabe. Eine SMS von meinem Netzanbieter: »Willkommen in Spanien!«

Die Landschaft um mich herum ist unglaublich schön. Sie erinnert mich an die Alpenwanderungen meiner Kindheit: halb abgegraste Weiden mit Pferden, Kühen und vor allem Schafen, so weit das Auge reicht. Immer wieder komme ich auch an rustikalen Bauernhäusern vorbei, und aus einiger Entfernung heben die baskischen Landwirte ihre Hand zum freundlichen Gruß, ich winke freudig zurück. Auf einer Anhöhe muss ich mir meinen Weg quer durch eine Herde starker Hirtenpferde – vermutlich Criollos oder Pottok-Ponys – bahnen. Es sind etwa fünfzehn an der Zahl, die gut vierzig Schafe hüten. Die Kleinpferde haben zwar nur ein Stockmaß von höchstens 1,40 Meter, aber trotzdem flößen sie mir gehörig Respekt ein, wie sie dort so stämmig und muskulös dastehen. Ein besonders robustes Pferd mit auffallend kurzem Hals, dafür aber einer umso langeren blonden Mähne kommt ein paar Schritte auf mich zu. Ich bleibe stehen und halte ihm meine ausgestreckte, flache Hand entgegen. Die feuchten Nüstern und widerspenstigen Barthaare kitzeln auf meiner Haut. Nach kurzem Schnuppern bleckt mein Gegenüber unter lautem Wiehern seine Zähne, und ich verstehe es als Aufforderung, weitergehen zu dürfen. Wachsam beobachten mich die restlichen Tiere, während ich mitten durch ihre Schafe stapfe, die ziemlich gemütlich vor mir Reißaus nehmen.

Die Sonne brennt mir auf den Pelz. Unter meinem Wanderhut fange ich an zu schwitzen und bekomme langsam, aber sicher Durst. Meine Wasserflasche ist schon seit geraumer Zeit leer, aber gerade jetzt liegt natürlich kein Brunnen oder Bauernhof auf meinem Weg, an dem ich die Flasche wieder auffüllen könnte. Erst nach 6 weiteren Kilometern entdecke ich am Wegrand einen kleinen weißen Transporter, vor dem ein riesiger Tapeziertisch aufgebaut ist. Ein Foodtruck. Auf der Wiese davor sitzen und liegen einige Pilger im Gras. Hinter dem langen Tisch steht ein Mann. Er stellt sich mir als François vor, verkauft hart gekochte Eier, Joghurt, Äpfel, Bananen, Orangensaft, Kaffee und Wasser: alles, was das Pilgerherz begehrt und was der Pilgerkörper nötig hat. Ich kaufe ein Wasser, um meinen Durst zu löschen, und einen Saft wegen des Geschmacks. François fragt mich, aus welchem Land ich komme. »Deutschland«, antworte ich, während mir das große Plakat an der Seite des Lieferwagens auffällt. Darauf ist eine Strichliste mit bestimmt vierzig Nationen zu sehen. Alle, die vorbeigehen, fragt François nach ihrer Herkunft und jedes Mal wird hinter der entsprechenden Nation ein Strich gesetzt, oder es kommt ein weiteres Land auf die Liste. Die meisten Pilger kommen mit Abstand aus Frankreich. »Das ist hier immer so«, erklärt François, »denn die Pilger aus anderen Ländern kommen meist erst in Burgos oder León hinzu, und die Spanier beginnen den Weg so oder so erst in Sarria, denn offiziell kommt es nur auf die letzten 100 Kilometer an.« Das seien aber keine richtigen Pilger für ihn. Ein echter Pilger starte, François zufolge, auf jeden Fall in Saint-Jean – sonst hätte man ja die Pyrenäen gar nicht bezwingen müssen: »Das geht doch nicht.« Er selbst sei den Weg schon dreimal gegangen: einmal nach einer Scheidung, ein weiteres Mal vor einer Scheidung und zuletzt aus Langeweile, weil er keine Frau mehr zu Hause hatte, über die er sich hätte aufregen können. An zweiter Stelle auf François' Liste stehen übrigens die USA, dicht gefolgt von Spanien. So viel zu: »Die Spanier laufen sowieso erst ab Sarria.«

Nach etwa sieben Stunden der Wanderung komme ich endlich in dem kleinen baskischen Dorf Roncesvalles – Französisch:

Roncevaux – an. In der letzten Viertelstunde, die sich im Vergleich zum gesamten restlichen Tag unfassbar gezogen hatte, habe ich den Ort herbeigesehnt, als wäre er ein Ziel, auf das ich seit Monaten, wenn nicht gar seit Jahren hingearbeitet hätte. Ich konnte an nichts anderes mehr denken als an ein Bett oder eine Möglichkeit, die Beine hochzulegen, und daran, um Himmels willen bitte, bitte endlich anzukommen. Kaum einen Schritt konnte ich noch gehen. Und auch jetzt, nach dem Einchecken in der Herberge, die sich in Roncesvalles mit ihren hundert Betten verteilt auf zwei Stockwerke in einem hinter alter Fassade versteckten Neubau befindet, tut jeder Schritt weh.

Der Abstieg in das baskische Dorf war für mich als anscheinend unerfahrenste Wanderin des gesamten Camino schlimmer, als ich es mir je hätte vorstellen können. Ein paar Kilometer vor dem Zielort haben Pilger die Möglichkeit, entweder eine gepflasterte Teerstraße in großen Serpentinen hinabzuschreiten oder den direkten Weg durch den Wald zu wählen. Dieser, so steht es in meinem Reiseführer, sei nur den erfahrensten und fittesten Pilgern zu empfehlen und dürfe nicht ohne Wanderstöcke beschritten werden. Gut, ich war weder erfahren noch fit, aber ich hatte ja einen Wanderstock – und so schlimm konnte das Ganze doch wirklich nicht sein. Ha, denkste! Dieser Weg war der pure Wahnsinn und erinnerte mich mit seiner Steile eher an eine Kletterpartie in den bayerischen Voralpen als an einen hübschen Waldweg. Manchmal schlitterte ich auf dem Laub, das zuhauf auf dem feuchten Boden lag, viele Meter hinab und wusste nicht, wie und wo ich mich festhalten sollte. Es brachte auch nichts, den Pilgerstab vor mir in die Erde zu rammen, um so zum Stehen zu kommen. Ich rutschte einfach weiter und hatte zu allem Überfluss dann auch noch den Wanderstock im Bauch. So schlitterte ich von Baum zu Baum, landete irgendwann auf meinem Hintern, versuchte anschließend seitwärts- und rückwärtszugehen, landete dabei aber auf dem Bauch und rief irgendwann laut fragend Richtung Himmel, was das denn eigentlich solle. Und dann, nach etwa einem halben Kilometer, wurde es plötzlich ebener, das Laufen angenehmer, mein schmerzender Fußrücken entspannte sich, und der belaubte Waldweg endete. Aus dem dichten Wald hervortretend, blickte ich auf Roncesvalles. Klein, niedlich, mittelalterlich, vor allem aber: lang herbeigesehnt. Das friedlich daliegende Dörfchen erinnerte mich an Saint-Jean, nur war es noch kleiner und weniger romantisch. Romantik hin oder her, in diesem Moment war mir das vollkommen egal. Ich wollte nur noch in die Herberge. Ein altes Kloster sollte es sein, doch als ich bei diesem ankam, war das große Holztor verschlossen. Vielleicht hatten sie noch nicht geöffnet? Ein anderer Pilger, ein kleiner Italiener mit rosafarbenem Wandershirt und Indiana-Jones-Hut suchte ebenfalls einen Eingang in das Kloster. »Is this the albergue?«, fragte er mich. Wir entdeckten noch ein anderes großes Gebäude ein paar Meter weiter, also versuchten wir es dort. Und Tatsache, das Kloster war im Laufe der Zeit zu klein für die Massen an Pilgern geworden und konnte sie nicht mehr unterbringen. So wurde kurzerhand ein anderes altes Gebäude aus- und ein Neubau angebaut: mehr Betten, mehr Pilger, mehr Einnahmen. Und hier war ich nun. Als ich mein Bett zugewiesen bekomme, lege ich mich erst einmal fünfzehn Minuten ungeduscht hinein und versuche meine Beine zu entspannen. Der Moment fühlt sich schon himmlisch an.

Die Doppelstockbetten sind diesmal nicht aus Holz, sondern klapprige gefängnisgrüne Metallgestelle. Nichts duftet hier nach Kiefer oder Fichte. Beim Einlass im Erdgeschoss des Gebäudes bekommen alle einen Kopfkissen- und einen Deckenbezug, einen Stempel ins Credencial sowie eine Einweisung, wie man sich zu benehmen habe. Während ich mich ein wenig ausruhe, kommen auch die anderen Pilger in unserem kleinen Vierbettabteil an. Durch Trennwände, die ebenso gefängnisgrün wie die Betten sind, wurden kleine Schlafkojen gebildet, in denen sich je zwei Doppelstockbetten gegenüberstehen. Zudem hat jeder noch einen Spind wie in einem Schwimmbad, um den eigenen Rucksack wegschließen zu können. Auf der unteren Etage meines Bettes schläft Kevin aus Wales. Er hat einen wahnsinnig coolen britisch-walisischen Akzent, lange, graue Kotletten und den dazu passenden verfilzten grauen Bart. Er dürfte etwa sechzig Jahre alt sein, und wir unterhalten uns angeregt – wie kann es auch anders sein – über unsere quälenden Fußschmerzen. Anschließend lerne ich Chris kennen, der den Weg gemeinsam mit seiner Mutter läuft. Er ist sechzehn, lebt in Alaska und sieht seine Mutter aufgrund der Trennung der Eltern nicht allzu häufig, hat aber ein unsagbar enges Verhältnis zu ihr. Sie ist oft mit einem seiner beiden älteren Brüder auf Wanderschaft und wollte diesen Weg schon lange gehen. Dieses Mal hatte sich ihr Jüngster dazu entschlossen, sie zu begleiten. Beide sind überaus liebe, kommunikative Menschen, und sie gehen so freundschaftlich miteinander um, wie ich es selten zwischen Eltern und Kindern gesehen habe. Als Letztes stößt eine niederländische Nervensäge zu uns – er ist laut, erzählt uns gleich, wie einfach die heutige Etappe gewesen sei, dass er keinerlei Probleme beim Laufen gehabt habe, er irgendein großer Manager von Beruf und schon überall auf der Welt herumgekommen sei. Zu mir sagt er gleich: »Du bist Schwedin. Oder Deutsche. Wie heißt du?« Von der Frage überrascht, antworte ich nur mit meinem Namen. »Dann bist du Deutsch. Schwedinnen haben hübschere Namen. Die heißen Greta oder Agatha.« Ähm … Ja, danke, und er heißt wahrscheinlich Joop, Hendrik oder Bram. Später unter der Dusche frage ich mich, wie er so viel in so kurzer Zeit hatte erzählen können.

Das Pilgermenü ist okay. Nichts Besonderes, aber für 10 Euro ist es durchaus gut und mit drei Gängen vor allem reichlich. Zunächst darf man zwischen Pasta und Suppe wählen. Ich entscheide mich für Ersteres, was ich sicherlich nie wieder tun werde, solange ich die Wahl habe. Ich bin eben nicht in Italien. Die Pasta ist labberig und weich, fast schon zerkocht. Die undefinierbare Soße besteht aus einer Menge Öl, einigen Tomaten, so etwas wie faserigen Fleischresten und Kapern. Auch beim Hauptgang hat man die Wahl: Fisch oder Fleisch. Bei mir gibt es Forelle, dazu eine Handvoll Pommes. Der Fisch schmeckt fantastisch. Die Fleischesser bekommen je ein riesiges Schnitzel und ebenfalls Pommes. Dodge und Sylwia, mit denen ich an einem Tisch sitze, sind begeistert. Es ist das freundliche polnische Pärchen, das gestern Abend gleichzeitig mit mir in der Auberge du Pèlerin angekommen war und mich heute Morgen mit meinem ersten »Buen Camino« verabschiedet hatte. Als Vierter am Tisch sitzt ein nordkoreanischer ehemaliger Offizier. Er erzählt uns, dass er seinen Rückflug bereits gebucht habe. Ohne einen Nachweis über den Rückflug hätte Diktator Kim Jong-un den pensionierten Offizier nicht aus dem Land gelassen. Am 17. Oktober geht es von Madrid aus zurück nach Sunan, dem Flughafen der nordkoreanischen Hauptstadt Pjöngjang. Dodge fragt etwas genauer nach, und es stellt sich heraus, dass unser nordkoreanischer Freund die Vorgehensweise seines Landes durchaus gerechtfertigt findet. Irgendwie müsse man ja die eigene Existenz sichern, und wenn man dies nicht tue, erginge es Nordkorea bald wie einst der DDR. Man dürfe nicht zulassen, dass ein Land einfach ausgelöscht werde, nur weil es an Patriotismus fehle. Nordkorea dürfe so etwas nicht passieren, da sei sich das Volk einig. Wir anderen drei blicken uns etwas verdutzt an, bevor wir uns unserem Nachtisch, einem unangenehm süßen Bananenjoghurt, widmen, um danach gemeinsam auf den Jakobsweg und das gute Essen am Ende eines anstrengenden Tages anzustoßen.

Inzwischen ist es 20:35 Uhr, und ich liege im Bett. Zu Hause bin ich selten vor Mitternacht im Bett und falls doch, lese ich noch mindestens so lange, bis mir entweder die Augen zufallen oder das Buch auf meiner Nase landet. Heute bin ich einfach erledigt und muss mich zusammenreißen, um noch ein paar sinnvolle Sätze in mein Tagebuch zu schreiben. Und auch auf die Gefahr hin, als Jammerlappen zu gelten: Ich habe jeglichen körperlichen Schmerz, den ein Mensch haben kann, heute mindestens einmal durchlebt. Schultern, Nacken und Rücken tun von der Last des Rucksacks weh. Die Knie schmerzen vom Bergabgehen, selbst wenn ich sie ganz ruhig halte und jede unnötige Bewegung vermeide. Ich muss sie in jedem Fall ein klein wenig anwinkeln, um sie irgendwie zu entspannen. Die Schienbeinschmerzen aber sind am schlimmsten. Es fühlt sich an, als hätte ich überall blaue Flecke. Die Muskeln im Po ziehen, und die Oberschenkel brennen bei jedem Schritt wie Feuer. Es melden sich Muskeln, von denen ich bisher nicht einmal geahnt hatte, dass sie überhaupt existieren. Zwischenzeitlich hatte ich ein Stechen in der Brust, fiese Seitenstiche und merkwürdigerweise sogar Zahnschmerzen. Die Füße tun naturlich auch weh, gar keine Frage, aber sie schmerzen lange nicht so sehr wie die Beine. Das soll es nun aber gewesen sein mit dem Gejammer. Wenn ich den Tag Revue passieren lasse, fallen mir zwei Punkte besonders auf: Ich habe weniger Zeit benötigt, als ich für die Strecke eingeplant hatte, habe aber dennoch viel mehr Eindrücke allein an meinem ersten Tag auf dem Camino gewonnen, als ich je gedacht hätte.

Zubiri (11. September)

Um 6:00 Uhr morgens unliebsam geweckt zu werden, indem das Licht angemacht wird und eine keifende Stimme »¡Buenos dìas!« krakeelt, ist nur bedingt angenehm. Die spinnen doch in ihrer Herberge! So »bueno« wird der Tag jetzt ganz sicher nicht mehr. Schlafsäcke werden raschelnd zusammengerollt, Handtücher ausgeschüttelt, Reißverschlüsse auf- und wieder zugezogen. Hier und da fallen Teleskopstöcke oder Trinkflaschen zu Boden, Schuhe sowie Schmutzwäsche werden knisternd in Plastiktüten verpackt, Kamera- und Handyladegeräte aus den Steckdosen gezogen. Das alles passiert möglichst leise, und dennoch ist es für all jene, die noch schlafen wollen, eine Geräuschkulisse wie auf einer Großbaustelle in Berlin-Mitte. Begleitet wird das von einem monotonen Hintergrundrauschen: dem Flüstern der Pilger, die sich voneinander verabschieden oder sich gegenseitig ein »Buen Camino« wünschen. Ich krieche weiter in meinen Schlafsack hinein, ziehe das Kopfteil tief ins Gesicht und versuche händeringend, noch einmal einzuschlafen, aber es will mir nicht gelingen. Nachdem ich noch zwanzig Minuten lang mit offenen Augen in meinem Hochbett liege und dem Schlafsaaltrubel lausche, stehe auch ich resigniert auf und füge mich meinem Schicksal.

Mit dem allgemeinen Gewusel laufe ich um 7:00 Uhr ganz gemächlich los, denn es ist draußen noch stockfinster. Da ich den Weg so oder so nicht einmal erahnen kann, laufe ich einfach vorsichtig der Masse an Pilgern hinterher, die gleichzeitig mit mir aufgebrochen ist. So kann ich mich wenigstens schon mal nicht alleine verlaufen. Chris aus Alaska ist zusammen mit seiner Mom Laura und Kevin aus Wales ein paar Minuten vor mir gegangen. Die niederländische Nervensäge habe ich heute Morgen gar nicht mehr gesehen. Gestern hat er uns erzählt, er müsse sehr früh aufstehen, da er bis nach Larrasoaña laufen wolle, was noch ein paar Kilometer hinter meinem heutigen Ziel liegt: Zubiri.

Auf der kleinen Terrasse einer süßen Bar in Burguete, neben der örtlichen Kirche, entdecke ich Kevin, Chris und Laura. Der Tisch vor ihnen ist mit einem reichhaltigen Frühstück gedeckt. Ich winke ihnen, und sie geben mir zu verstehen, dass ich mich an den vierten noch freien Platz setzen solle. Der Einladung komme ich gerne nach, allein schon, um noch einmal Kevins tollen Akzent zu hören, aber auch, um in guter Gesellschaft endlich meinen knurrenden Magen zu füllen.

Heute soll der Weg nicht so beschwerlich werden. Einzig und allein der Abstieg nach Zubiri sei etwas anspruchsvoller, koste einiges an Kraft und Energie, so erzählen mir die anderen. Ich bin gespannt auf das, was mich erwartet. Die Zeit ist inzwischen weit vorangeschritten, die Sonne strahlt mir mitten ins Gesicht, sodass ich die Augen zusammenkneifen muss, um meine Gegenüber zu erkennen. Alles um mich herum leuchtet in diesem morgendlichen hellen Goldton. Es ist Zeit aufzubrechen. Mit einem herzlichen »Buen Camino!« verabschiede ich mich von meinen Mitpilgern und mache mich auf den Weg. Allein. Nur ich, mein Wanderstab, der Hut und mein limonengrüner Rucksack. Unter einem Baum auf dem Kirchvorplatz sitzt die niederländische Nervensäge. Er sieht oder erkennt mich nicht, aber ich denke belustigt bei mir: »Der ist aber weit gekommen, dafür dass er so früh aufgebrochen ist.«

Der Weg ist wunderschön und auch gar nicht schwierig zu gehen. Er führt mich über Kuhweiden, durch gelbe Kornfelder und saftige, dunkelgrüne Wiesen, mitten zwischen Schafen und Pferden hindurch. Es geht vorbei an vielen kleinen Flussläufen, durch Waldstücke, an deren Rändern Beerensträucher die Wege zieren, welche die größten Brombeeren tragen, die ich je gesehen habe. Sie sind riesig, tiefschwarz mit einem leichten rötlichen

Schimmer, wenn ich sie in die Sonne halte, und sie sind unfassbar saftig. Meine rechte Hand ist ganz klebrig von dem süßen Brombeersaft, der immer wieder darüberläuft und den ich versuche mit der Zunge abzulecken. Die Steigungen sind nicht besonders anspruchsvoll, das Wetter den ganzen Vormittag und Mittag über angenehm warm, aber nicht heiß. Immer wieder komme ich auch durch kleine baskische Dörfer.

Nach dem letzten Dorf, Lizoàin, und somit zwei Dritteln meiner heutigen Etappe muss ich ein letztes Mal einen Anstieg bewältigen. Allerdings bin ich einen solchen Anstieg wahrlich noch nie gelaufen, oder besser: dicht über den Boden gebeugt gekrochen. Anfangs hatte ich noch versucht, diesen Berg in Richtung Erro-Pass halbwegs aufrecht hinaufzukommen, dabei hatte ich aber das Gefühl, rückwärts wieder hinunterzufallen, weil er so steil war. Natürlich denken sich nun alle erfahrenen Wanderer, das sei vollkommener Blödsinn, aber ich musste wirklich mit der Nase fast den Weg streifen, damit mich mein limonengrüner schwerer Freund auf dem Rücken nicht nach hinten zog und umriss. Auf dem Alto de Erro angekommen, einem grün bewachsenen Plateau, mache ich eine Pause, fülle meine Wasserflasche auf und lasse mich an einem Kilometerstein im Schatten niedersinken. Viele Pilger sitzen hier. Manche von ihnen wirken kraftlos, der Schweiß rinnt ihnen über die Stirn und die roten Gesichter. Einige Pilger haben ihre Wanderschuhe ausgezogen und die heißen, brennenden Füße aus den dicken Socken befreit. Andere hingegen sind quicklebendig, hüpfen auf der Wiese umher, ohne dass man ihnen auch nur die geringste Erschöpfung ansehen würde. Mich aber sieht man wahrscheinlich schon von Weitem. Mit meinem hochrot leuchtenden Kopf könnte man mich fälschlicherweise mit einer Ampel verwechseln. Hätte ich aber zu dem Zeitpunkt gewusst, was noch kommen sollte, hätte ich mich definitiv nicht schon jetzt im Selbstmitleid gesuhlt.

Nach meiner kleinen Pause ist der Abstieg nach Zubiri die reinste Farce. Im Reiseführer steht hierzu: »Nach dem Haus, was einst Herberge war, wird der bisher angenehme Abstieg anstrengend.« Wovon bitte spricht der Autor? Ich bin verzweifelt, komme mir komplett verhöhnt vor von diesem Büchlein in meiner Hand. Am liebsten würde ich es weit in den Wald hineinpfeffern. Angenehm? Was zur Hölle ist hier *angenehm*? Ich kann nicht mehr laufen, und wo zur Hölle – ja Hölle, schon wieder Hölle – ist dieses verdammte Haus, das zum Kuhstall umfunktioniert wurde und früher Herberge gewesen sein soll? Wie soll dieser Weg noch anstrengender werden? Ich bin drauf und dran, den Reiseführer anzuschreien und die Seiten herauszureißen, projiziere meinen Schmerz und die damit verbundene Wut auf eben diesen Gegenstand, weil ich nicht weiß, wen ich sonst dafür verantwortlich machen sollte. Ich bin stinksauer, habe aber weit und breit kein Ventil für meinen Ärger. Dabei muss diese negative Energie dringend aus mir heraus. Aber wie? Ich kann nicht einmal mehr losheulen, so viel Anstrengung kostet mich das Gehen. Irgendwann setze ich mich einfach auf einen alten umgefallenen Baumstamm am Wegrand im Gras. Ich laufe nicht weiter. Selbst wenn ich wollte, ich könnte gar nicht. Meine Füße wollen nicht mehr, und mein linkes Fußgelenk schmerzt stärker denn je. Ich bleibe einfach sitzen, mindestens bis morgen früh, vielleicht aber auch länger. Vielleicht so lange, bis ich zu Stein werde, zu einer der Pilgerstatuen, mit denen sich die Menschen immer fotografieren, wobei die Inschrift unter meinem wohl eher »Antipilger« lauten sollte. Da das aber nicht passieren wird, werde ich wohl für alle Ewigkeit hier sitzen bleiben.

Inzwischen schießen mir vor lauter Verzweiflung doch die Tränen in die Augen. Ich weiß nicht mehr weiter. Hier sitzen bleiben kann ich nicht. Ich bin weder ausgerüstet für eine Nacht im Freien, noch könnte ich mir eine solche Niederlage jemals eingestehen oder gar verzeihen.

Zwei ältere deutsche Pilger kommen des Weges und unterhalten sich, so wie es der Deutsche normalerweise gern bei einem großen Bier tut: lautstark, sodass man sie bereits von Weitem hört – über ihr bisheriges Leben, wo, wie lang und vor allem wie hart sie geschuftet haben und dass man von der Minirente heute gar nicht mehr leben könne, weil der Staat das Geld nur in »die Ausländer« pumpe. Die beiden pausieren an meinem Baumstamm, beäugen mich kurz, um herauszufinden, ob vielleicht die Möglichkeit bestehen könnte, ich sei auch Deutsche und unterhalten sich demonstrativ deutlich sprechend in meine Richtung weiter. Ich widme mich, möglichst desinteressiert dreinblickend, meiner fast leeren Wasserflasche. Den Reiseführer lasse ich unauffällig in meiner Bauchtasche verschwinden. Dann lächle ich einem der beiden Männer kurz zu, lege den Kopf auf die Knie und schließe die Augen, so als würde ich nicht verstehen, wovon sie sprechen. Bloß keine Aufmerksamkeit erregen, denke ich mir. Auf dass die mich bloß nicht anquatschen. Ich will mich auf meiner Flucht aus dem eigenen Land weder mit diesen beiden herumnörgelnden Deutschen unterhalten noch mit überhaupt irgendwem.

So lange die beiden neben mir stehen und vor sich hin meckern, hebe ich den Kopf nicht mehr von den Knien und schalte auf Durchzug. Aber wenn man jedes Wort versteht, ist es gar nicht so einfach, so zu tun, als würde man dem Gespräch nicht folgen können. Die beiden schimpfen derweil weiter über die schwachsinnige Idee einer Europäischen Union, für die jetzt ihre hart erarbeiteten Rentengelder draufgingen, und über die Spanier, die selbst schuld an der Pleite ihres Landes seien, wenn sie jeden Tag Siesta machten. Als Spanier könne man nicht erwarten, dass sie als Urlauber auch noch freundlich zu ihnen seien, und genau das wolle einer der beiden denen jetzt auf die harte Tour beibringen, schließlich würden sie es anders eh nicht verstehen. Zwei wirklich sympathische Großväter, denke ich mir. Gerade als ich meinen Entschluss weiterzugehen gefasst habe – lieber habe ich Schmerzen in den Beinen, als mir das Gerede noch eine Minute länger anzuhören –, packen die beiden ihre Wasserflaschen weg, nehmen ihre Teleskopstöcke in die Hände und laufen los. Ich lasse sie stillschweigend ziehen, gehe aber nach einigen Minuten und in sicherem Abstand hinterher. Die zwei haben mich mit ihrem Rumgejammer darüber, wie schlecht die Welt ihnen gegenüber sei, unglaublich motiviert. Ja, mir tun die Beine weh, und ja, ich habe keine Lust mehr zu laufen, und ja, mein Reiseführer ist wohl nicht auf dem neusten Stand – aber das alles würde sich auch nicht ändern, wenn ich miesepetrig und voller Selbstmitleid wie ein Häufchen Elend auf diesem Baumstamm sitzen bliebe. Ich will endlich ankommen. Je früher ich in Zubiri bin, desto eher kann ich frisch geduscht die Beine hochlegen, mich ausruhen und den Rest des wunderschönen, sonnigen, warmen Tages genießen. Also los!

Die beiden Männer laufen relativ langsam, sodass ich sie schnell eingeholt habe und mein Plan des Abstandhaltens scheitert. Ich spüre die Energie in mir, merke den Schmerz in meinen Gliedern nicht mehr. Also hüpfe ich schon fast den steilen Waldweg hinunter, und die deutschen Pendants der meckernden Waldorf und Statler lassen mich nach kurzer Zeit überholen. »Vielen Dank, die Herren!«, sage ich beherzt und lächle ihnen beim Vorbeiziehen ins Gesicht. Woraufhin der eine verdutzt den anderen fragt: »Hast du das gehört? Die hat doch deutsch gesprochen! Hast du gewusst, dass das eine Deutsche ist?« Das bringt mich zum Schmunzeln. Ja, na klar hat er gewusst, dass ich Deutsche bin. Wir kennen uns schon ewig, das wollte er dir nur nicht erzählen. Die Antwort seines Freundes toppt die Arroganz, die beide vorhin in puncto Spanien an den Tag gelegt haben, nochmals um Längen: »Nein, die ist nicht deutsch, sonst hätte die uns längst angesprochen, die hat uns doch gehört. Vielleicht ist die Holländerin, die sind alle blond und müssen immer damit angeben, deutsch zu sprechen. Kein Wunder, die haben auch keine eigene Sprache«, erwidert er lachend. »Oder sie wollte nicht mit uns sprechen«, entgegnet daraufhin die erste Pappnase. Beinahe bin ich gewillt mich umzudrehen, ihn anzugrinsen, denn das Grinsen bekomme ich so oder so nicht mehr aus dem Gesicht, um diesem windigen Dr. Watson zu seinem genialen Rückschluss zu gratulieren. Aber Mister Besserwisser, der pensionierter Lehrer sein könnte, da er auf alles eine Antwort weiß, ist sich sicher: »Nein, warum das denn? Die kommt auf jeden Fall aus Holland.« Innerlich schüttle ich den Kopf.

Motiviert von meiner kleinen Schandtat, ziehe ich mein Tempo noch weiter an und bin schnellen Schrittes innerhalb von nur zehn Minuten am Waldrand angelangt. Mir entfleucht ein lauter Jubelschrei, und ich renne mit meinem hüpfenden Rucksack auf dem Rücken, den Wanderstab in die Luft schleudernd, zur Puente de la Rabia, der Brücke der Tollwut, über den Río Arga hinein nach Zubiri. Ihr Name geht auf einen alten baskischen Volksglauben zurück: Wer sein Vieh dreimal um den mittleren Pfeiler der Brücke treibt, dessen Herde bleibt ewig von Tollwut verschont. Dafür sorgen angeblich die unter dem Pfeiler befindlichen Reliquien der heiligen Quiteria.

Ich laufe durch das kleine Dörfchen, vorbei an der Pfarrkirche San Martín über den Platz mit dem großen Brunnen, immer weiter, bis zur staatlichen Herberge. Die Übernachtung im Großraum mit Doppelstockbetten kostet mich 4 Euro. Die Duschen haben warmes Wasser, es gibt einen riesigen Garten, durch den Leinen für die Wäsche gespannt sind, einen Gemeinschaftsraum und eine kleine Küche. Im Garten steht sogar eine Tischtennisplatte, die momentan allerdings eher als zusätzliche Sitzgelegenheit genutzt wird. Die wenigsten Pilger haben Tischtenniskellen und -bälle dabei, und ausleihen kann man hier in der Herberge auch keine.

Nachdem ich mir meinen Stempel geholt, mein Übernachtungsgeld gezahlt und mein Bett bezogen habe – es ist schon wieder ein oberes, dabei möchte ich so gerne mal unten schlafen und nicht immer hinauf in mein Bett klettern müssen –, gehe ich duschen, Wäsche waschen und danach auf Erkundungstour durch den Ort. Zubiri ist nicht sonderlich groß, weshalb ich, der Hauptstraße folgend, das Dorf innerhalb von wenigen Minuten in einer Richtung passiert habe. Also heißt es umkehren. Aber auch in die andere Richtung geht es nicht sonderlich weit. Ich komme vorbei an einem kleinen Supermarkt, in Deutschland würde man ihn als Tante-Emma-Laden bezeichnen, einer Apotheke und einem Restaurant, das eher wie die riesige Cafeteria eines großen Unternehmens aussieht. Ich entschließe mich heute gegen ein Pilgermenü und kehre zum Supermarkt zurück, um dort ein paar Kleinigkeiten einzukaufen. Der Laden ist winzig und urig eingerichtet. Hinter einem Tresen mit verschiedenen Wurst- und Käsespezialitäten steht eine etwa vierzigjährige Spanierin. Hinter ihr auf einem dunkelbraunen Stuhl, von dem an einigen Stellen bereits der Lack abgeplatzt ist, sitzt eine alte Señora mit weißen Haaren und Brille, die Augen geschlossen und das Kinn auf ihren Gehstock gestützt. Sie sieht aus wie die spanische Version der Oma aus den Tweety-Comics. Die passende Katze liegt zusammengerollt auf der obersten Treppenstufe, die aller Wahrscheinlichkeit nach ins Lager hinabführt. Vergeblich suche ich Tweetys Vogelkäfig. Von der Spanierin hinter der Theke lasse ich mir ein frisches Bocadillo mit Salami, Paprika und Manchego belegen. Dazu gibt es noch eine Banane, und als Belohnung für die heutige Wanderung gönne ich mir zusätzlich ein Eis.

Als ich am Nachmittag meine Füße versorge und mein linkes Fußgelenk verarzten will, was über dem Spann in Höhe des Sprunggelenks blau angelaufen ist, setzt sich Alex aus Malta zu mir. Er macht mich darauf aufmerksam, dass der Schmerz im Fuß eventuell von der Zunge meiner Schuhe kommen könnte, und zeigt mir eine andere Schnürtechnik, sodass die Stiefel nicht mehr vorne aufs Sprunggelenk drücken. Zudem schenkt er mir noch ein kühlendes Gel mit abschwellender Wirkung und eine Gelenkmanschette, falls es nicht besser werden sollte. Die möchte ich zwar nicht annehmen, aber er versichert mir, dass er sowieso nur noch bis Pamplona laufe und sie von daher nicht mehr brauchen werde. Wenn doch, ist er sich sicher, dass bestimmt jemand in der Nähe sein würde, der ihm mit Manschette, Verband oder etwas Salbe aushelfen könne. Alex läuft den Weg über mehrere Jahre in vielen Einzeletappen, da er nicht genügend Urlaub am Stück nehmen könne. Er ist Mitte vierzig, arbeitet in der Tourismusbranche als Dozent einer Touristikakademie und nebenbei als Animateur in mehreren Hotels auf Malta: »Gute Jobs bekommst du auf unserer Insel nur im Tourismus. Etwas anderes haben wir nicht. Wir leben davon.« Er hat bereits den Camino del Norte bewältigt und ist im vergangenen Jahr vom französischen Le Puy-en-Velay nach Saint Antoine gelaufen. Dieses Mal geht es von dort eben nach Pamplona.

Den Abend verbringe ich mit einer ganz tollen Spanierin. Die dunkelhaarige Marita, deren kastanienbraune Augen beim Lächeln unzählige, liebevolle Fältchen umspielen, muss um die fünfzig sein, ist topfit und hat ein unglaublich fröhliches Gemüt. Sie stellt mich einer Gruppe dreier junger deutscher Männer vor. »Na toll«, denke ich mir, »eigentlich wollte ich doch unentdeckt bleiben.« Aber der Abend ist super. Unter den drei Deutschen befindet sich auch der Surferboy aus dem Zug nach Saint-Jean. Er heißt Flavio und ist gar kein Deutscher, sondern Schweizer.

Auch er hat mich wiedererkannt, und wir quatschen lange über unseren bisherigen Weg, vor allem aber Lebensweg. Flavio ist ein äußerst interessanter Mensch: Zweieinhalb Jahre arbeitete er in den USA bei einem Wertstoffunternehmen. Wegen des schlechten Arbeitsklimas unter den Kollegen hatte er eines Tages kurzerhand gekündigt. Als Reaktion darauf wurde ihm prompt das Visum entzogen. Da er dann erst einmal nicht wusste, wohin – denn zurück in die Schweiz zog es ihn nicht –, unternahm er eine kleine Weltreise. Von Florida aus reiste er durch Mittel- und Südamerika, von dort auf die Galapagosinseln, wo er an einem Klimawandelforschungsprojekt teilnahm, und anschließend weiter auf die Osterinseln. Naheliegend, dass Flavio dann auch gleich Neuseeland und Australien mitnahm. Hier arbeitete er für Hilfsprojekte zur Rettung des Great Barrier Reef und engagierte sich bei Initiativen, die sich für Walfangverbote im Pazifik einsetzen. Von dort aus ging es für drei Wochen zurück in die Schweiz, und nun war er hier auf dem Camino.

Michael aus Stuttgart und der achtzehnjährige Johannes aus München sitzen auch bei uns am Tisch. Johannes ist gerade mit dem Abitur fertig geworden und weiß nicht, welchen Studiengang er wählen soll. Er kann sich nicht zwischen Medizin und Philosophie entscheiden, wobei Letzteres seinen Eltern zufolge – brotlose Kunst wäre. Solche Probleme können auch nur einen Münchner auf den Camino schicken. Der schlaksige Junge in seinem lila Polohemd wirkt recht arrogant. Schon sein allererster Kommentar mir gegenüber ließ tief blicken: »Ich freue mich über jeden Deutschen, den ich hier treffe. Das sind so vernünftige Menschen.« Da ist er bei mir genau an die Richtige geraten. Er erzählt mir auch, ich hätte mich vorhin zu ihm auf die Bank gesetzt, aber da ich ihn auf Englisch angesprochen hatte, hätte er nicht angenommen, dass ich Deutsche sei: »Obwohl du mir gleich positiv aufgefallen bist. Endlich ein Mensch in meinem Alter.« Ich lache lauthals los und kläre ihn über mein tatsächliches Alter auf. Er scheint darüber etwas enttäuscht zu sein. Ich verabschiede mich von Johannes und Flavio, hole meine Schlafkleidung und meine Zahnbürste und gehe ins Bad. Michael ist schon vor mir schlafen gegangen.

Als ich im Bett liege, kommen zum ersten Mal seit meinem Aufbruch Gedanken an Daniel auf. War es richtig, mich von ihm zu trennen? Gebe ich mit dieser Trennung vielleicht zu viel auf? Doch schnell schiebe ich die Gedanken beiseite. Heute habe ich keinen Kopf mehr dafür. Stattdessen beschließe ich für mich noch zwei ganz wichtige Dinge für die Zeit nach dem Camino: Erstens werde ich nie wieder irgendwohin zu Fuß gehen, sondern künftig immer – und zwar wirklich immer! – das Auto oder Fahrrad nehmen, und zweitens muss ich in Berlin unbedingt Jakobsmuscheln essen gehen: als Wiedergutmachung für meine Qualen. Gute Nacht y hasta mañana!

Pamplona (12. September)

Ich habe mein Handtuch in der Herberge vergessen! Wie kann man nur so doof sein? Ich hatte es extra nicht draußen auf die Wäscheleine gehängt, nachdem ich heute Morgen nochmals duschen war, sondern über das Fußende meines Bettes, um eben genau das zu vermeiden. Immer wenn ich beim Packen von meinem Rucksack aufgesehen habe, fiel mein Blick sofort mahnend auf das Handtuch: »Bloß nicht vergessen!«, sagte ich mir mit einem letzten kurzen Blick auf das gute alte Stück, bevor ich dann doch, mit den Gedanken schon wieder bei der heutigen Strecke, meinen Rucksack geschultert und nach draußen gegangen bin, um meine Wanderschuhe anzuziehen. Dann ging es los, auf nach Pamplona, der Stadt des Stierkampfes. Natürlich ohne Handtuch.

Der Camino begann heute Morgen wieder mit einer orientierungslosen Suche. Selbst schuld, wenn man im Dunkeln, allein und ohne Lampe losläuft, anstatt auf andere Pilger zu warten – dann verläuft man sich entweder zusammen oder folgt den Wissenden. Ich hätte mich wirklich für den Kauf einer Stirnlampe entscheiden sollen, eine sinnvolle Investition. Wer schon einmal über mehrere Tage gewandert ist, weiß sicher, dass so eine Lampe im Ernstfall sogar Leben rettet. Na ja, und eigentlich sagt einem auch der gesunde Menschenverstand, dass es sinnvoll sein könnte, eine Lampe bei sich zu tragen, die mehr kann als die kleine Funzel des Smartphones. Der Lichtkegel ist minimal, eben nur das Licht eines Kamerablitzes, und davon abgesehen kann ich zusehen, wie sich der Akkustand des Telefons alle paar Sekunden dramatisch reduziert.

Auf Zubiris Plaza de la Iglesia entschließe ich mich dann dazu, auf die nächsten vorbeilaufenden Pilger zu warten. Schon nach wenigen Minuten kommt eine junge Frau mit großem blauen Rucksack. Ein knalliger Kontrast zu den feuerroten Haaren. Sie hat Kopfhörer auf den Ohren und einen Trinkhalm im Mund, der über ihre Schulter in den Wassertank ihres Gepäckstücks führt. Anstatt aber weiterzulaufen und mir somit ganz nebenbei die richtige Richtung zu zeigen, läuft sie lediglich ein paar Schritte an mir vorbei, um dann abrupt stehen zu bleiben. Sie kniet sich hin, löst die Schleife ihres rechten Schuhs und bindet sie von Neuem, dann richtet sie sich wieder auf, dreht sich zu mir um, setzt kurz darauf ihren Rucksack ab und kramt in dem oberen Fach, als würde sie etwas suchen. Na toll, jetzt stehen zwei Deppen auf dem Platz vor der Pfarrkirche und wissen nicht, wohin des Weges. Gerade als ich auf sie zugehen und sie ansprechen will, vernehme ich lauter werdende Stimmen. Eine ganze Gruppe junger Spanier und Spanierinnen. Sie lachen und unterhalten sich lautstark, setzen zu einem spanischen Kanon an und überqueren singend den Kirchplatz. Schnell schließe ich mich ihnen an, laufe hinterher, und auch der Rotschopf tut es mir gleich. Als wir um die nächste Ecke biegen, fängt der Trupp lautstark zu jubeln an: »¡Desayuno!«, »Frühstück!«, brüllen sie nacheinander und verschwinden allesamt in einer kleinen Kneipe. Schnell sprinte ich auf die offenstehende Kneipentür zu und frage den letzten der Jungs, bevor er durch sie hindurch huschen kann, ob er den Weg kenne, da ich kein Muschelzeichen entdecken könnte. Verdutzt blickt er mich an, vielleicht wegen meiner blöden Frage, auf dem Jakobsweg nach dem Jakobsweg zu fragen, oder aber, weil ich ihn mit meinem unerwartet schwungvollen Ansprechen überrumpelt habe. »Ich weiß es auch nicht«, entgegnet er achselzuckend. Sie wollen erst einmal frühstücken, um dann gestärkt den Weg zu suchen und in den Tag zu starten. Seine Einladung, ihn und die Gruppe zu begleiten, lehne ich dankend ab. Zum Essen ist es noch viel zu früh, und ich möchte erst ein paar Kilometer laufen, bevor ich mich einem ausgiebigen Frühstück widme. In Larrasoaña, dem nächsten größeren Dorf, soll es laut meinem Reiseführer ein hübsches kleines Café mit Garten geben, in dem ein vortreffliches Frühstück unter Orangenbäumen aufgetischt wird.

Der Rotschopf steht etwa 20 Meter hinter mir, nuckelt an seinem Strohhalm und schaut in der Gegend umher, wobei er die Landschaft bei der noch herrschenden Finsternis eigentlich nur erahnen kann. Hauptsache, interessiert in eine andere Richtung blicken, als würde man irgendein spannendes Naturspektakel beobachten. Was soll's, ich frage sie trotzdem, ob sie den Weg weiß, mehr als Nein sagen kann sie auch nicht. Und genau das tut sie dann auch. Der Schein trügt nicht, sie hat absolut keinen blassen Schimmer, wo der Weg entlangführt. Wir laufen gemeinsam zurück Richtung Plaza de la Iglesia, um dort nach einem Jakobswegwegweiser zu suchen. Dort treffen wir auf ein spanisches Pärchen Mitte vierzig, das uns tatsächlich den Weg zeigen kann. Wir müssen zurück über die Brücke, die Puente de la Rabia, und von dort ein Stück am Río Arga entlang.

Nachdem meine – unschwer an ihrem Akzent zu erkennen – britische Begleiterin und ich die Brücke überquert haben, beginnt es zu nieseln. Heute gehe ich das allererste Mal bewusst mit einem anderen Pilger zusammen. Ruth, so heißt sie, sieht aus wie der perfekte Mix aus der Ronja Räubertochter meiner Kindheitsvorstellungen und dem Sams. Sie ist klein, und ihre feuerrote Mähne wirkt wild, unzähmbar und abenteuerlich, was die vielen Sommersprossen in ihrem Gesicht noch unterstreichen. Während einer kleinen Rast an einer Waldgabelung treffen wir auf zwei ältere Britinnen, und da wir die Abzweigung nach Larrasoaña und somit zu dem schönen Frühstückslokal verpasst haben, beschließen die drei anderen, gemeinsam weiterzulaufen und bei der nächsten Gelegenheit einzukehren. Ich hingegen lasse mein Frühstück ausfallen, verabschiede mich von den dreien, die bedeutend langsamer unterwegs sind als ich, und laufe voraus.

Heute kommt zum ersten Mal mein Regencape zum Einsatz. Für den ersten kurzen, aber äußerst heftigen Schauer bin ich jedoch beim Auspacken viel zu langsam. Bis ich mich für das Cape entschieden, meinen Rucksack abgesetzt und es ausgepackt habe, ist der Regenguss fast wieder vorüber. Ich bin klitschnass und versuche das Wasser aus meinem Wanderhemd zu streichen. Vom Himmel fallen nur noch vereinzelte dicke, warme Tropfen. Das Cape stopfe ich zurück in die Verpackung und schnalle es griffbereit hinten an den Bauchgurt meines Rucksacks.

Der nächste Schauer lässt nicht lange auf sich warten, nach einer guten halben Stunde gießt es erneut wie aus Kübeln. Endlich nun sollte ich mein Cape überziehen und dem Regen trotzen können. Denkste! Wie um Himmels willen soll ich dieses Ding allein anziehen? Stülpe ich mir das Cape zuerst über den Kopf, komme ich hinten nicht über den Rucksack, da dieser über meinen Kopf hinausragt. Versuche ich sportlich, mit dem Rucksack hinter mir zu beginnen, entsteht ein einziges Wirrwarr, sodass das Cape weder vorne noch hinten vor Regen schützt. Blödes Teil! Ich schaue mich um, bin aber, so weit das Auge reicht, allein auf dem Camino unterwegs. Keine Menschenseele ist zu sehen. Mit zusammengeknülltem Regencape in den Händen stapfe ich weiter, inzwischen von oben bis unten aufgeweicht und triefnass. Kurz vor Pamplona treffe ich auf Dodge und Sylwia, das polnische Pärchen. Dodge hilft mir unter das bundeswehrgrüne Cape. Sofort fange ich zu schwitzen an. Unter diesem Schutz ist es nahezu unerträglich heiß. Da ich sowieso schon klitschnass bin, verdampft auch noch das Wasser in meiner Kleidung dank der Hitze, die unter dem Cape entsteht, und alles fühlt sich nur noch nasser und unangenehmer an. Mit Sylwia und Dodge gehe ich gemeinsam weiter, und bis zur Stadtgrenze Pamplonas stoßen immer mehr Pilger zu uns. Unter anderem Kevin aus Wales sowie Massimo, der kleine Italiener mit dem Indiana-Jones-Hut und dem rosafarbenen Hemd, welches unter seinem gelben Regencape hervorlugt, mit dem ich die Herberge in Roncesvalles gesucht hatte.

Nachdem wir die Brücke über den Río Arga, die Puente de la Magdalena, überquert haben, teilen wir uns wieder auf. Alle suchen sich ihre Herberge. Ich treffe auf Marita, die Spanierin von gestern Abend, und ihren französischen Kompagnon, den sie immer im Schlepptau zu haben scheint. Das Stadttor passieren wir exakt um 12:00 Uhr. Die Glocken der Kathedrale empfangen uns mit lautem Geläut und weisen uns die richtige Richtung, denn wir wollen zur Herberge Jesus y Maria in der Nähe des Gotteshauses, die wir nach einem klassischen Sprint durch die – vergleichsweise große – Stadt erreichen. Marita rennt eher, als dass sie den Camino wandert. Die kleine Frau legt ein Tempo an den Tag, bei dem ihr Freund und ich kaum mithalten können. Während sie immer zwei, drei Schritte vorausläuft, versucht sie uns anzuspornen: »Kommt schon! Wo bleibt ihr denn? Wir wollen noch ein Bett ergattern, oder? Venga, venga, vamos!« Über ihre geschundenen Füße braucht sich Marita allerdings nicht mehr zu wundern, so schnell wie sie einmal quer durch die Stadt läuft. Von Pamplona selbst bekomme ich derweil nichts mit.

Dieses Mal lautet die Devise leider »langes Anstehen für einen Herbergsplatz«, das hatte ich so bisher noch nicht. Mir wird – wie soll es auch anders sein – natürlich wieder ein oberes Bett zugewiesen. Als ich nach einem unteren frage, möchte der Hospitalero von mir wissen, ob ich irgendwelche Schmerzen hätte: »Klar«, sage ich, »mir tut alles weh, aber natürlich ist es nichts Akutes.« Seine Antwort ist eindeutig: Nur Alte und Kranke bekommen ein unteres Bett, alle anderen erst dann, wenn kein oberes mehr frei ist. Damit muss ich mich abfinden. Ich schnappe mir mein Ticket mit meiner Schlafraum- und meiner Bettnummer sowie meinen Rucksack, den ich vorher in einer Ecke abgestellt hatte, und mache mich auf die Suche nach Bett Nummer 73 in Schlafraum eins.

Einige Meter von meiner Herberge entfernt liegt die Kathedrale von Pamplona, die ich besichtigen möchte. Die gotische Kirche mit dem für Spanien typischen Namen Santa Maria la Real de Pamplona ließ König Karl III. von Navarra ab 1392 erbauen. Der Bau überdauerte seinen Bauherren um Längen und wurde erst 1501 fertiggestellt – unweigerlich denke ich an den BER, die Elbphilharmonie, die Kölner Oper und Stuttgart 21. Vor dem Portal stehen Marcel und Johannes. Marcel ist ein unglaublich netter Typ, ich vermute, Spanier, wir sprechen aber Englisch miteinander. Kennengelernt habe ich auch ihn gestern Abend in der Herberge in Zubiri. Er hatte dort mitbekommen, dass mein Fußgelenk schmerzte und dass Alex aus Malta mir eine Salbe und seine Manschette zum Verbinden gegeben hatte. Auch Marcel wollte helfen, hat sich meinen Fuß angesehen und mir empfohlen, das Ganze zu wärmen und nicht, wie Alex mir zuvor geraten hatte, die kühlende Creme aufzutragen. »Super«, dachte ich mir, »zwei komplett gegensätzliche Aussagen, und ich stehe dazwischen, habe aber keine Ahnung.« Marcel fragt, ob ich nicht Lust hätte, die Kathedrale mit ihnen beiden zu besichtigen. Natürlich möchte ich sie sehen, aber ich möchte das nicht mit dem blasierten Johannes zusammen tun. Ich lehne dankend ab und erkläre, dass ich mir zuerst noch die Stadt anschauen wolle und wir uns sicher später in der Herberge treffen würden.

Pamplona ist wirklich hübsch, eine helle Stadt mit vielen sandsteinfarbenen Gebäuden, zwischendrin bunt angestrichenen Häusern, weiten Plätzen, engen Gassen und unzähligen urigen Bars und Cafés, die zum Draußensitzen einladen. Bei einem Pilgerausrüster kaufe ich mir ein neues Handtuch für 20 Euro. Ob mein altes wohl noch immer über dem Fußteil meines Bettes in Zubiri hängt? Mein kleiner Stadtrundgang endet auf der Plaza del Castillo. Hier mache ich es mir auf einer Bank bequem und beobachte das rege Treiben, die vielen Pilger und die Einheimischen, die sich deutlich voneinander unterscheiden. Aber auch andere Touristen sind in Pamplona unterwegs, Städtereisende, die sich die einstige Wirkungsstädte Ernest Hemingways ansehen wollen, die Stierkampfarena, die Straßen des Sanfermines, wo der Stierlauf stattfindet. Die Plaza ist wunderschön, einladend, alles erscheint mir unglaublich hell, und zudem ist es wahnsinnig sauber. Hier liegt keinerlei Müll auf der Straße: »Genau das Richtige für ein German Girl«, denke ich belustigt.

Als ich so eine Weile auf meiner Bank vor dem Hotel La Perla sitze und mir die Sonne auf die Nase scheinen lasse, sehe ich aus dem Augenwinkel, dass jemand festen Schrittes auf mich zukommt. Ich habe eine graue Vorahnung, um wen es sich handeln könnte, und als er sich dann mit einem erschöpften »Hallo!« wie ein nasser Sack neben mich auf die Bank fallen lässt, frage ich mich ernsthaft, ob das vielleicht eine Art Strafe sein soll. Tatsächlich bin ich Johannes heute bereits fünfmal begegnet – so oft wie keinem anderen Pilger auf dem Weg. Und da gibt es den ein oder anderen, mit dem ich mich durchaus gern noch einmal auf ein Glas Wein und ein nettes Gespräch getroffen hätte. Aber es musste natürlich Johannes sein, der hier andauernd meinen Weg kreuzte.

Er sitzt da mit einer Packung Kekse in der Hand, wirkt vollkommen ausgelaugt und starrt mich penetrant von der Seite an. »Hey!«, sage ich recht widerwillig. Alle, die mich kennen, hätten meine Genervtheit bereits bemerkt. Johannes aber kennt mich eben nicht näher. Munter labert er also drauflos: wie anstrengend das Laufen sei, wie sehr ihm die Füße wehtäten, dass er eigentlich viel zu jung sei, um diesen Weg zu gehen – er habe noch niemanden getroffen, der so jung sei wie er. Da kann ich gegenhalten und erwähne Chris aus Alaska, der mit seinen sechzehn Jahren auf dem Camino unterwegs ist. Die Krönung aber kommt erst, als Johannes sich ernsthaft darüber beschwert, wie unverschämt all die Einheimischen hier am Jakobsweg seien. Er besitzt tatsächlich die Frechheit, sich über die Einwohner von Villava-Atarrabia, einem Vorort Pamplonas, auszulassen, die ihm armen Pilger keinen Platz auf dem Gehweg gemacht hätten. Für ihn grenzte es an einen Skandal, dass »diese Spanier« nicht auf die Straße auswichen, obwohl sie doch hätten sehen müssen, wie kaputt und erschöpft er war, und dass er kaum noch einen Fuß vor den anderen hatte setzen können. Anstatt also auf der Straße weiterzulaufen, damit dieser ignorante Kerl hier breit über die tatsächlich ziemlich engen Bürgersteige der Kleinstadt hätte stolzieren können, liefen diese »rücksichtslosen Egoisten« doch ernsthaft weiter auf dem

Fußgängerweg. Johannes aber wusste sich zu helfen. Er wich nach all den mühseligen Anstrengungen und Strapazen des Tages sicher nicht vom Weg ab, so weit sollte es noch kommen. Wahrhaftig erzählt er mir, dass er, seinen Pilgerstab quer vor dem Bauch, den Kopf gesenkt, schnurstracks ohne Rücksicht auf Verluste auf dem Gehweg weiter in Richtung Pamplona gestapft war. So waren dann alle anderen gezwungen, dem erschöpften Wanderer auszuweichen, wenn sie nicht die Metallspitze seines Holzstabes in der Magengegend spüren wollten.

Ich weiß überhaupt nicht, was ich darauf erwidern soll, sitze mit offenem Mund neben ihm auf der Bank, und mir fehlen die Worte. Mir selbst war es regelrecht unangenehm gewesen, dort entlangzuwandern. Nicht zuletzt deshalb, weil mir zum ersten Mal die Masse an Pilgern aufgefallen war. Ich bin nicht die einzige Wanderin, sondern eine von vielen. Zumindest für die Menschen am Wegrand. Es wirkt auf mich tatsächlich so, als bekäme ich mit Johannes mein exaktes Gegenbild vor Augen geführt. Zumindest hoffe ich das, denn dieser arrogante Schnösel ist genauso, wie ich um Himmels willen niemals sein will.

Eine junge Frau in meinem Alter kommt auf uns zu, sie begrüßt Johannes herzlich auf Deutsch mit einem österreichischen Akzent und stellt sich mir dann als Petra vor. Ich habe keine Ahnung, wer sie ist, aber bin froh, dass sie da ist. Petra ist heute mit einer Gruppe Australier unterwegs und fragt, ob wir Lust hätten, abends mit ihnen in eine Tapasbar zu gehen. Ich lehne dankend ab. Erstens bin ich zu müde, und zweitens habe ich bereits Lebensmittel für ein ausgiebiges Cena, ein Abendessen, gekauft. Auch Johannes sagt ab, er esse heute im Fünfsternehotel des Ortes, in dem er als Belohnung für die ewige Lauferei übernachte.

Petra kehrt zu ihrer Gruppe zurück, und ich nutze die Chance, mich unter dem Vorwand eines Einkaufs von Johannes zu verabschieden. Er blickt auf die Einkaufstasche neben mir auf der

Bank, aus der eine Salami und ein Bocadillo ragen, zieht fragend die Augenbrauen hoch und antwortet dann: »Okay!« Im ersten Moment ist es mir peinlich, bei einer offensichtlichen Lüge ertappt worden zu sein, aber ich möchte jetzt einfach nicht mehr hier sitzen und mir sein Gerede anhören.

Während ich durch die Straßen schlendere, bereue ich meine Absage für heute Abend. Vielleicht hätte ich Petra doch zusagen sollen. Irgendwie fühle ich mich allein. Überall sitzen lachende Gruppen von Pilgern auf den Plätzen, die sich zu gemeinsamen Unternehmungen zusammengeschlossen haben, ich aber laufe ganz für mich allein durch die Straßen der navarrischen Hauptstadt zurück in meine Herberge. Ich bin gern allein, darum geht es mir hier ja auch, aber irgendwie stimmt mich das Bild, das sich gerade in meinem Kopf manifestiert, traurig. Ich muss an meine Marburger Studienzeit denken. Da waren wir auch immer in Gruppen unterwegs, es gab kein Alleinsein. Dafür war das Städtchen schlicht zu klein. Ging man vor die Tür, traf man einen Bekannten. Die unbeschwerte Zeit in dieser Studentenstadt habe ich geliebt. Das Leben fühlte sich leicht an. Heute in Berlin ist das anders. Das Studium ist ein anderes. Vielleicht liegt es am Master? Daran, dass wir älter sind? Ich hatte mein Erwachsenenleben mit Daniel in Berlin. Wir waren so lange ein Paar, haben noch immer unsere gemeinsame Wohnung, die zwei Autos, ein Haustier. Er ist beruflich seit Jahren recht erfolgreich. Das ist nicht das Leben einer sechsundzwanzigjährigen Studentin, die nebenbei fürs Fernsehen und ihre Eltern arbeitet. Das ist nicht nichts – das ist mir bewusst –, aber etwas fehlt. Was mache ich denn Besonderes? Nichts. Ich bin einfach da. Aber ob ich da bin oder nicht, ist eigentlich ganz unwesentlich. Es ändert sich nichts auf der Welt durch meine Anwesenheit. Ob ich auf der Party erscheine oder nicht, ist eigentlich egal. Wenn ich komme, freut man sich, aber komme ich nicht, vermisst man mich auch nicht.

Hier auf dem Weg bin ich mir noch unsicher, ob ich überhaupt auf die Party will, ob ich andere Pilger wirklich näher kennenlernen will. Es sind so viele Menschen hier, und sie sind alle auf ihre Weise interessant, aber ich bin hier, um ein Stück weit herauszufinden, wer ich selbst bin. Wobei: Wer ich bin, das weiß ich. Ich bin Andrea. Aber warum bin ich? Was ist meine Aufgabe? Habe ich überhaupt eine, oder kann es sein, dass es für mich gar keine Aufgabe, kein Ziel, gibt? Wenn jemand fragt, weshalb ich hier bin, führe ich immer den britischen Soziologen Erving Goffman und die Thesen aus seinem Buch *Wir alle spielen Theater* an. Darin vergleicht Goffman das Leben mit unzähligen verschiedenen Theaterbühnen und stellt fest, dass wir alle andauernd eine bestimmte in den unterschiedlichen Situationen des Alltags wechselnde Rolle spielen. In der Kommunikation mit meiner Mutter schlüpfe ich in die Rolle der Tochter. Schwieriger wird es dann, wenn ich nicht mit ihr allein bin, sondern sie beispielsweise mit mir auf dem Unigelände ist. Hier muss ich zwei Rollen erfüllen: die der Tochter und die der Studentin. Beides darf nicht kollidieren, mein Spiel darf nicht als solches erkannt werden und ich nicht aus meinen Rollen fallen.

Ich möchte gern herausfinden, wie viel von mir, von meiner tatsächlichen Persönlichkeit in diesen Rollen wiederzufinden ist. Wie viel von mir steckt in jeder einzelnen dieser Rollen, wie viel Prozent einer Rolle machen mich tatsächlich aus? Kann ich das im Endeffekt vielleicht sogar zu meiner wahren Persönlichkeit zusammenfügen? Zu meinem Kern? Meinem eigentlichen, ganz subtilen Ich? So viele Philosophen haben sich an diesem kleinen Wort versucht und bei allen findet sich ein Quäntchen Wahrheit, mit einem immer ähnlichen, aber doch neuen Ansatz. Es geht mir nicht um Selbstfindung per se, sondern darum, eine Ahnung davon zu erlangen, wie viele ich bin, aus wie vielen verschieden kleinen Ichs ich bestehe – und in welchem Maß.

Vielleicht finde ich auf dem Camino keine Antworten auf diese Fragen, dann ist das alles hier ein großes sportliches Abenteuer für mich, ein Austesten der eigenen körperlichen Grenzen und ein Ausbruch aus dem gewohnten Alltag. Auch gut. Es gibt wahrlich Schlimmeres. Aber will ich die Antworten auf diese Fragen finden, darf ich mich nicht zu sehr von anderen ablenken lassen. Ich bin allein hierhergekommen. Ich bin hier, um allein zu sein, um Zeit mit mir selbst zu verbringen – und das will ich auch tun. Bisher komme ich ganz gut mit mir allein klar. Ich finde mich ganz nett, wenn auch etwas jammerig, aber vermutlich könnte ich es noch ein wenig länger mit mir aushalten. Womit ich tatsächlich nicht gerechnet habe.

Gerade sitze ich auf meinem Bett und denke über das bisherige Laufen nach. Die ersten 18 bis 20 Kilometer laufe ich bisher immer ohne Probleme durch, danach wird es anstrengend, beschwerlich, und jeder einzelne Kilometer zieht sich gefühlt über Stunden hin. Das liegt zum einen daran, dass mir die Füße und Schienbeine dann unglaublich weh tun und anscheinend keinerlei Interesse daran haben, auch nur einen weiteren Schritt zu gehen, zum anderen aber auch an meiner Ungeduld. Nach dreieinhalb bis vier Stunden werde ich nervös, kann mich weder konzentrieren noch abschalten, schaue stattdessen andauernd auf die Uhr. Die Schritte werden schwerer, und ich werde ganz leicht, aber latent aggressiv. Auch die Landschaft kann ich dann nicht mehr so genießen. Vermutlich bekomme ich sogar hektische Flecken im Gesicht. Die sind mir zwar bislang nicht aufgefallen, aber ich laufe auch nicht mit einem Spiegel in der Hand über den Jakobsweg. Ich muss mich erst an dieses Nichtstun gewöhnen. Normalerweise erledige ich fünf Aufgaben parallel, im Augenblick aber laufe ich nur. Gezwungen, lediglich eine Sache, diese dafür aber ganz bewusst zu tun. Ich gehe. Setze einen Schritt vor den anderen. Vier Stunden sind momentan meine

Obergrenze, dann beschleicht mich langsam und hinterhältig dieses Gefühl, etwas zu verpassen, nicht voranzukommen oder zumindest nicht schnell genug. Ich muss unbedingt noch einiges lernen: Geduld, abschalten, mich auf eine einzige Sache konzentrieren, und zwar nur darauf. Eines meiner Ziele ist also, dieses Nichtstun – was nicht im Ansatz dem gleichkommt, was man allgemein darunter versteht – auszuhalten, und wenn ich es aushalte, dann werde ich versuchen, es zu genießen. »Hoffentlich passiert das bald«, denke ich und zucke im nächsten Moment auch schon zusammen. Ertappt! Da ist sie wieder, die Ungeduld. Schmunzelnd lasse ich meinen Blick durch den Schlafsaal schweifen und bleibe an einer großen Landkarte Nordspaniens hängen, auf der der Camino eingezeichnet ist. Ich habe noch viel Zeit, die Ungeduld abzulegen, noch viele Kilometer zum Üben vor mir.

Am Abend sind Marcel und ich in einer kleinen, urigen Tapasbar namens El Gaucho gelandet, direkt am Hauptplatz von Pamplona. Wirklich Lust auf mein »Date« mit Marcel hatte ich nicht. Ich war unglaublich müde von den Strapazen des Tages und hätte mich lieber in mein Bett verkrochen, aber der Brasilianer ist so ein netter, hilfsbereiter Mensch. Gestern hat er mir ein kühlendes Spray für meine Blasen gegeben, mich heute mit einer Arnikasalbe gegen die Schwellung an meinem Spann und dem dazugehörigen Tape eingedeckt. So häufig erkundigt er sich nach meinem Befinden, guckt sich Knöchel und Spann an und ermutigt mich: »Das geht alles vorbei. Nach ein paar Tagen hat sich dein Körper an das Laufen gewöhnt. Dann tut es nicht mehr weh.« Als er fragte, ob ich ihm beim Abendessen Gesellschaft leisten würde – ich dürfe nicht Nein sagen, hat er mit erhobenem Zeigefinger und einem Zwinkern gemahnt –, konnte ich ihn nicht vor den Kopf stoßen. Etwa als Dankeschön für all seine Hilfsbereitschaft? Das habe ich nicht übers Herz gebracht.

Nach und nach bestellen wir die verschiedensten Tapas. Es ist großartig, sich durch die vielen kleinen Köstlichkeiten zu probieren, und auch der Wein schmeckt fantastisch. Auf Empfehlung des Barkeepers Antoine bestelle ich einen navarrischen Weißwein. Marcel und ich reden über Gott und die Welt, doch recht schnell kommen wir auf unsere Beweggründe für unseren jeweiligen Trip zu sprechen. Weshalb sind wir hier? Warum gehen wir diesen Weg? Ich bin beeindruckt. Der fünfunddreißigjährige Brasilianer aus São Paulo ist einfach unfassbar ehrlich. Von jedem hier habe ich bisher eine fantastische Geschichte gehört, weshalb der- oder diejenige auf dem Camino ist, nicht so von Marcel. Er sagt: »Ich weiß nicht, warum ich den Weg gehe. Ich laufe ihn einfach.« Der Weg habe ihn gerufen. Irgendwann hatte er das Verlangen, den Camino gehen zu wollen, ihn sogar gehen zu müssen. Es kam plötzlich, über Nacht. Von diesem ersten Verlangen hin bis zu seinem Aufbruch verging dann nicht viel Zeit. Natürlich hatte er zuvor Paulo Coelhos *Auf dem Jakobsweg* gelesen, wie es sich für einen Brasilianer, vielleicht sogar für einen echten Pilger gehört. Lange unterhalten wir uns über das Buch. Auch für Marcel spielen die spirituelle Reise und die Suche nach Gott oder einer Art Göttlichkeit eine Rolle, aber so recht wisse er noch nicht, was er auf diesem Weg eigentlich wolle. Er sei auf der Suche nach etwas, nach einer Antwort. Er habe etwas, was ihn antreibe, etwas Grundlegendes, etwas, womit er abschließen wolle und wobei ihm dieser Camino vielleicht helfen könne. Er hoffe darauf, seine Antwort zu finden. »Aber natürlich weiß ich nicht, was mich auf dieser Reise wirklich erwartet. Ich hoffe, sie verändert mich, verändert einen Teil von mir, meine Sicht auf manche Dinge, sodass ich ein Stück weit als ein anderer nach São Paulo zurückkehren kann«, erklärt mir Marcel. »Was ich aber definitiv weiß, ist, dass diese Reise gut für mich ist. Es ist richtig, dass ich hier bin, dass ich diesen Weg gehe und mir damit einen Traum erfülle. Egal was am Ende bei rauskommt«, ergänzt er und schiebt sich eine mit Sardellen umwickelte Olive in den Mund.

Marcel geht mit einem beeindruckenden, alles erfüllenden Optimismus an diese Sache, der mich staunen lässt. Auch ich weiß nicht genau, weshalb ich eigentlich hier bin. Klar, ich will diesen Weg schon lange gehen, es ist ein Traum, den ich mir jetzt endlich erfülle. Natürlich, auch mir geht es um Selbstfindung, auch wenn dieser Begriff inzwischen einen etwas faden Beigeschmack hat, aber im Grunde hat diese Reise doch recht viel damit zu tun. Und ich möchte mir selbst etwas beweisen, ich möchte mir beweisen, dass ich diesen Weg gehen kann, dass ich ihn allein gehen kann. 800 Kilometer auf meinen eigenen Füßen, quer durch ein Land, weitestgehend auf mich allein gestellt. Mit mir! Bislang wusste ich nie so recht, was ich den anderen Pilgern auf die Frage, weshalb ich hier sei, antworten sollte. Ich hatte nicht den Mut für: »Ich weiß es noch nicht genau. Aber ich werde es herausfinden.« Marcel hat mich inspiriert: »Sei einfach ehrlich. Ist doch egal, was die anderen denken. Das Wichtigste ist, dass du ehrlich zu dir selbst bist. Stehe zu dem, was du denkst, und stehe auch dafür ein, denn das macht dich aus. Du willst dich selbst finden? Dann fange an, dich selbst kennenzulernen. Es ist nichts falsch daran, die Dinge anders zu sehen oder mal keine Antwort parat zu haben. Sei ehrlich zu dir selbst und sei dann so fair, auch anderen gegenüber ehrlich zu sein.«

Unser Gespräch wird unterbrochen, als sich ein paar andere Pilger zu uns gesellen. Ich erkenne Kevin aus Wales, diesen großen, bärtigen, grauhaarigen, vor allem aber unglaublich liebenswürdigen, gemütlichen Bären, und ich glaube, das umschreibt ihn auch am allerbesten. Im Schlepptau hat Kevin ein kanadisches Ehepaar, Louise und Isaac, ein Ehepaar aus New Brunswick, der einzigen offiziell zweisprachigen Provinz Kanadas. Sie sehen sich auf irgendeine Art ähnlich, obwohl sie das eigentlich gar nicht wirklich tun, aber sie haben beide dieses freundliche, offene Gemüt, tragen fast identische Brillengestelle und die gleichen Laufshirts, wenn auch nicht in derselben Farbe. Der Jakobsweg ist Isaacs Geburtstagsgeschenk an Louise. Sie ist im vergangenen Jahr sechzig geworden und hat sich Zeit mit ihrem Mann gewünscht. Diesen Wunsch hat er ihr auf diese Weise erfüllt. Bis sie den Urlaub einreichen konnten und auch tatsächlich zwei Monate frei bekamen, verstrich die Zeit, und so sind sie erst über ein Jahr nach Louises Geburtstag losgekommen. Sie genießen das Beisammensein sichtlich und können die Hände kaum voneinander lassen. Irgendwie sind sie ein witziges Pärchen, beide nicht besonders groß, Louise hat einen dunkelroten Wuschelkopf, Isaac hingegen gar keine Haare mehr. Erst jetzt fällt mir auf, dass über den Stühlen der beiden die gleichen rot-schwarzen Regenjacken hängen. Die haben sie sich vor ihrem Urlaub gekauft: »So können wir uns nicht aus den Augen verlieren, auch wenn es regnet. Wenn ich die Jacke sehe, dann weiß ich, dass mein Isaac noch hinter mir ist, und bin beruhigt.« Die beiden hätten unterschiedliche Lauftempi, weshalb Louise meist ein paar Hundert Meter vor Isaac laufe. Wenn sie ihn dann eine Zeit lang gar nicht mehr sehe, lege sie eine Pause ein und warte auf ihren Mann, der dann meist mit einer neuen Bekanntschaft bei ihr ankomme. Dann würden alle gemeinsam weiterlaufen, und sobald es Louise in den Füßen jucke, verabschiede sie sich und gehe wieder voraus. »Das ist wie in unserer Ehe«, fasst es Isaac zusammen. »Louise ist diejenige, die den Ton an- und das Tempo vorgibt. Ich laufe ihr immer nach. Das war schon so, als wir uns kennengelernt haben, auch da bin ich ihr lange hinterhergelaufen, bis sie endlich auf mich gewartet hat.« Er lächelt sie liebevoll an, und ich bin ganz verliebt in die beiden.

Mit von der Partie ist auch Marino. Er ist Argentinier und in Marcels Alter. Beide debattieren lautstark, welches Land das schönere oder bessere sei, welches die coolere Sprache und die erfolgreichere Fußballmannschaft habe, welches Volk lebenslustiger sei und wo es das beste Essen gebe. Isaac lässt es sich nicht nehmen und stichelt die beiden Rivalen immer wieder an. Es ist ein lustiger Abend mit viel Wein, gutem Essen, philosophischen und humorvollen Gesprächen. Ich werde natürlich, wie bislang immer auf dem Weg, sofort für eine Deutsche oder eine Schwedin gehalten. Den schwedischen Part nehme ich als Kompliment, immerhin bringt das Land viele intelligente und hübsche Frauen hervor. Über den deutschen Teil mache ich mir allerdings so meine Gedanken. Wie kommen die Leute denn darauf? An meinem Akzent kann es nicht liegen, denn viele ergründen meine Nationalität bereits, bevor ich etwas gesagt habe. Vielleicht ist es das karierte Wanderhemd? So etwas trägt in unserer Runde niemand außer mir. Dafür habe ich bereits an meinem ersten Tag ein deutsches Pärchen mit roten, karierten Wanderhemden laufen sehen.

Um 22:30 Uhr liege ich todmüde und zutiefst zufrieden in meinem Herbergsbett. Etwas habe ich heute für mich erkannt: Mein Argument, niemanden kennenlernen zu wollen, um mir selbst näherzukommen, ist absoluter Blödsinn. Was macht mich denn aus? Das sind auch die anderen Menschen. Wenn ich sie kennenlerne, kann ich versuchen, mich durch ihre Augen zu sehen, und bekomme so ein neues, ganz anderes Bild von mir selbst. Zu mir gehört auch der Teil, der ich bin, wenn ich mit anderen zusammen bin. Auch das bin ich. Ich werde nicht zu mir selbst finden, wenn ich mich von meiner Umwelt distanziere. Ich bin froh, heute Abend mit diesen tollen Menschen unterwegs gewesen zu sein. Das hat mir viel gegeben. Vielleicht versuche ich in Zukunft einfach, Konfrontationen mit anderen ganz entspannt auf mich zukommen zu lassen, und wenn ich dann Lust verspüre, die Menschen mir gegenüber näher kennenzulernen, dann werde ich das tun und mich nicht länger verschließen. Schon Guy de Maupassant hat gesagt: »Es sind die Begegnungen mit Menschen, die das Leben lebenswert machen.« Also los: Machen wir das Leben noch ein wenig lebenswerter!

Noch etwas geht mir durch den Kopf, während ich den Tag Revue passieren lasse und um mich herum schon in verschiedensten Tonlagen geschnarcht wird: Johannes. Seine Einstellung, diesen Weg zu gehen, meine Einstellung, diesen Weg zu gehen: Sie sind völlig konträr, zumindest in Bezug auf unsere jeweilige Selbstwahrnehmung, den Umgang mit der fremden Kultur und den Menschen, in deren Land wir uns momentan aufhalten. Je mehr ich darüber nachdenke, desto mehr muss ich mir eingestehen, dass meine Einstellung auch nicht wirklich die einzig wahre ist. Ich muss mich doch zumindest nicht verstecken oder dafür schämen, hier zu pilgern, oder? Ja, viele gehen diesen Weg, aber das schmälert meinen eigenen noch lange nicht. Natürlich läuft man nicht mit einem Stock quer vor der Brust die Straße entlang. Aber abgesehen von solch dämlichen Aktionen sind einige von Johannes' Ansichten vielleicht gar nicht so verkehrt. Oder nicht? Sollte ich mich eventuell ein wenig mehr diesem Johannes anpassen?

Und damit schließe ich für heute. ¡Buenas Noches!

HÖHER, SCHNELLER, WEITER

»Ich habe so viele Gefühle in mir
und weiß nicht, wohin mit ihnen,
weiß sie nicht einzuordnen.«

Puente la Reina (13. September)

Heute möchte ich es ruhig angehen lassen, nichts überstürzen und langsamer gehen als an den Tagen zuvor. Denn meine Schienbeine erwecken den Anschein, als wollten sie Selbstmord begehen. Ich betrachte meine Beine inzwischen als eigenständige, von mir unabhängige Lebewesen, die lediglich so nett sind, mich immer ein wenig weiter meines Weges zu tragen. Dank des Muskelkaters tut heute jeder einzelne Schritt weh. Dieses ewige Gelaufe, bergauf und bergab. Was soll das denn auch? Warum muss ich den doofen Berg erst hinaufkraxeln, wenn ich ihn am Ende doch wieder hinunterlaufen muss? Warum ist die Strecke nicht einfach eben? Ich weiß, das Gejammer ist groß, aber ich komme einfach nicht mehr umhin, mich zu fragen, wie ich auf diese absolut schwachsinnige Idee kommen konnte, den Jakobsweg gehen zu wollen! Ich? Einer der unsportlichsten Menschen dieser Welt soll knapp 800 Kilometer laufen?

Zu allem Übel laufe ich hier sogar noch Umwege, denn eigentlich wollte ich nicht die längere Etappe über die Santa María de Eunate gehen, und doch ist es passiert. Die achteckige Kirche liegt auf einer Anhöhe, inmitten eines freien Feldes, und als sie mir am Horizont erscheint, kann ich nur mit den Augen rollen. Unbemerkt habe ich den längeren Weg eingeschlagen. Aufgrund meiner schmerzenden Schienbeine hatte ich eigentlich den kürzeren gehen wollen, aber nun bin ich doch hier und stehe vor verschlossenem Kirchenportal. Eunate, »hundert Tore«, aber die zwei Eingänge, die ich finden kann, sind versperrt. Also nichts mit hundert Toren. Um die Kirche herum finden sich riesige Arkaden, ein imposantes Bogenwerk. In jedem einzelnen dieser Bögen kann man Platz nehmen und sich ausruhen. Vielleicht meinen die hundert Tore eher die Bögen dieser Arkaden? Ich suche mir einen aus, setze mich und lausche der Stille. Es ist diese ganz besondere Ruhe, bei der man meint, die Stille selbst hören zu können. Sogar der Regen, der schon den ganzen Tag auf mich einprasselte, hat gerade aufgehört. Später lese ich in meinem Reiseführer, dass Eunate neben dem Taj Mahal und der Kathedrale Notre-Dame einer der drei Kraftorte dieser Erde sein soll, ein mystischer Platz also, der von einer besonderen Energie durchströmt wird. Wer weiß? Vielleicht ist da etwas Wahres dran? Ich genieße jedenfalls die einzigartige Stimmung dieses Ortes, bis eine Gruppe französischsprachiger Pilger ankommt, die wie wild an dem Eingangsportal der Kirche herumzerrt und anscheinend nicht verstehen will, dass dieses verschlossen ist.

Die Landschaft, in der ich mich bewege, mit ihren vielen verschiedenen Brauntönen, ist eindrücklich. Oberflächlich betrachtet könnte man meinen, sie sei karg und langweilig, aber das wäre weit gefehlt. Viele Felder sind hier bereits abgeerntet und leuchten gelbgolden in der tief stehenden Sonne. Rote Sandwege durchkreuzen dunkelbraune Erdhügel. An einigen Stellen hat der Regen modrige, rostbraune Kuhlen in die Wege gegraben. Gestrüpp und Sträucher, die sich am Ende ihres diesjährigen Sommers befinden, stehen ausgeblichen am Wegesrand.

Die Umgebung wirkt trocken, dürr, ein wenig bizarr. Die Landschaft hat ihren ganz eigenen Reiz, und überall finden sich bunte Farbtupfer inmitten all der Kargheit. Es sind Pflaumen, Datteln und Oliven, die an den Bäumen, Brombeeren, die an Sträuchern hängen, und riesige Weinreben mit dunkelroten Blättern. Einmal komme ich anscheinend vom Weg ab und laufe querfeldein durch einen Garten voller Chilis und Salatköpfe. Ich merke erst, dass ich über ein privates Grundstück laufe, als ich mittendrin stehe.

Seit ich die Eunate hinter mir gelassen habe, regnet es wieder, und es kostet mich immer noch einiges an Kraft und Nerven, unter dieses unsägliche Cape zu schlüpfen. Also heißt es bestimmt zwanzigmal an diesem Tag: Regencape an, Regencape aus, wieder an, wieder aus, an, aus, an, aus … Dieser Sonne-, Wolken- und Regenmix hat aber auch etwas wirklich Wunderbares an sich: Ich habe zum ersten Mal in meinem Leben einen vollständigen Regen*bogen* gesehen. Er entspringt scheinbar aus der Erde, reicht in einem vollkommenen Halbkreis herum und taucht auf der anderen Seite am Horizont wieder unter. Vielleicht liegt es daran, dass ich in der Großstadt aufgewachsen bin, und vielleicht stimmt es nicht, aber ich meine, in der Metropole Berlin hat es so etwas noch nicht gegeben. Mag es am ewigen Licht über der Stadt liegen, daran, dass es keinen Ort im Zentrum gibt, an dem man so auf den Horizont blicken kann, dass ein Regenbogen Platz darin findet, um sich voll auszubreiten – oder auch einfach an mir, aber ich habe so etwas noch nie zuvor gesehen. Ich nehme es als Geschenk und bin dankbar, denn ich hätte nicht damit gerechnet, so etwas Wundervolles überhaupt einmal zu Gesicht zu bekommen.

Gedankenverloren gehe ich die unendlich wirkenden Schotterpisten entlang, am Wegesrand immer wieder die richtungsweisenden gelben Pfeile oder die hüfthohen Wegweiser aus Stein mit der Plakette, die die gelbe Muschel auf blauem Grund ziert. Ich bin in Gedanken bei meinem Ex-Freund, bei unserer Beziehung. Nach fast acht Jahren des Zusammenseins fühlt sich die Trennung nach gut zwei Monaten noch sehr frisch an. Gerade als mir wieder der Gedanke kommt, es vielleicht doch noch einmal mit ihm zu versuchen, die Zeit, die wir hatten, nicht »einfach« wegzuwerfen, erreiche ich eine Weggabelung mit einem eben dieser Wegweiser. Abrupt bleibe ich stehen, denn davor liegt ein runder handballgroßer Stein, auf dem in roter Schrift geschrieben steht: »If it hurts, it is no love.«

Kann das wirklich sein? Dass ich über diese Beziehung nachdenke, darüber, dass wir unendlich viele gute Zeiten miteinander hatten, darüber, dass ich vielleicht nicht alles aufgeben sollte, nur weil er mich wieder einmal betrogen hatte? Nur weil der Schmerz diese eine Sache betreffend so groß war? Nur weil er nicht treu sein konnte? Darüber, dass ich vielleicht zu viel aufgab? Man kann schließlich nicht alles haben, und jeder hat seine Schwächen, aber dass er mich liebt, ist gewiss. Er will mir nicht wehtun, er braucht einfach dieses Gefühl, diese Selbstbestätigung, dass er auch noch andere Frauen haben kann. Sollte ich ihm das nicht einfach lassen? Aber jetzt liegt hier vor mir dieser Stein, auf dem steht, dass es eben keine Liebe sei, wenn es so wehtue. Das ist wie eine Reaktion auf meine Zweifel. Eine Antwort auf meine Gedanken. Als hätte jemand sie gehört und deshalb diesen Stein hier platziert, wo ich ihn garantiert sehen würde. Ein komisches Gefühl: Ich komme mir merkwürdig beobachtet vor, dabei ist weit und breit niemand zu sehen. Ich laufe bestimmt schon seit ein oder zwei Stunden, ohne dass mir jemand begegnet ist. Trotzdem schaue ich mich jetzt um, blicke in alle Richtungen. Niemand da. Und selbst wenn, was soll's? Worüber ich nachgedacht habe, konnte niemand hören, ich habe es nicht laut ausgesprochen. Und doch: Irgendwer hat mir meine Antwort hier auf diesen Stein geschrieben. Auch wenn sie nicht in erster Linie für mich bestimmt ist, da alle Pilger diese Zeilen anders deuten, so wird mir doch schlagartig klar, dass dieser Satz all das bedeutet, was ich bisher zu verdrängen versuchte. Ich bin ganz durcheinander. Just in diesem Moment beginnt es wieder zu regnen, ich hole also mein Cape heraus und versuche es geschickt um mich und meinen Rucksack zu schnüren. Fehlanzeige! Die Kapuze des Capes sitzt irgendwo unterhalb meiner Schulter. Ich sehe vermutlich aus wie der letzte Trottel. Aber das ist mir in diesem Augenblick völlig egal, denn ich bin mit meinen Gedanken ganz woanders. Von dem Stein schieße ich ein Foto, falls ich mich daran erinnern muss, und setze meinen Weg fort. Kann das gerade wirklich eine Antwort für mich gewesen sein? Und überhaupt: »Why does it always rain on me?«

Als ich Puente la Reina erreiche, hat der Regen endlich aufgehört. Die Herberge am anderen Ende der Stadt trägt den einfallsreichen Namen Santiago Apostel. Sie kostet nur 8 Euro pro Nacht und verfügt über einen riesigen Garten mit vielen Sitzgelegenheiten und einem Außenpool. Das ist genau das, was ich jetzt brauche. Voller Vorfreude darauf, die Füße in den Pool hängen und die geschwollenen Beine von eiskaltem Wasser umspielen lassen zu können, durchquere ich dieses wunderschöne Städtchen mit seinen Kopfsteinpflasterstraßen, in dem von jedem zweiten Balkon lange Chilistauden herabhängen.

Nach nur wenigen Minuten stehe ich vor der Brücke, die dem Ort einst ihren Namen gab: die Brücke der Königin, Puente la Reina. Schon wieder so ein Fotomotiv vom Jakobsweg. Die Puente ist die meistfotografierte Brücke Spaniens. Sie ist aber auch wirklich beeindruckend. Der Fluss unter ihr, der Río Arga, dem ich seit geraumer Zeit folge, trägt gerade nicht besonders viel Wasser. An seinen Ufern sitzen viele Pilger, halten ihre Füße ins kühle Nass, trinken Wasser oder Bier, unterhalten sich und lachen. Ein schönes Bild. Der Hund eines Pilgers nimmt gerade ein Bad. Ich höre sein Herrchen immer wieder nach ihm rufen: »Einstein! Einstein!« Nach einigen Minuten kommt der Gerufene aus dem Wasser, rennt mit wedelndem Schwanz zu seinem Herrchen und den um diesen herum im Gras liegenden Pilgern und schüttelt sich heftig. Geschrei und Gelächter sind groß, und auch Einstein scheint zu lachen, bellt und hüpft um die Pilger herum und rollt sich im Gras. Ein liebenswürdiger Kerl. Hinter der Brücke geht es einen kleinen Berg hinauf, und gleich nach einer Kurve soll dann die Herberge kommen.

Ich laufe und laufe. Es geht um eine Kurve: keine Herberge. Es geht um eine zweite Kurve: immer noch keine Herberge. Ich überlege schon umzukehren, da entdecke ich ein grünes, schmiedeeisernes Tor mit abgeplatztem Lack und der Inschrift »Santiago Apostel«. Ich muss wirklich dringend geduldiger werden! Da habe ich quasi alle Zeit der Welt, aber wenn es ums Ankommen geht, werde ich ungeduldig. Das hat sicher etwas damit zu tun, dass ich mir davon etwas verspreche, von diesem Ankommen an einem neuen Ort.

Mein steiler Aufstieg von etwa 350 bis 400 Metern wird sofort nach meiner Ankunft mit der Vergabe eines unteren Bettes belohnt. Ich freue mich diebisch, endlich einmal nicht zu meinem Schlafplatz hinaufklettern zu müssen. Zum ersten Mal herrscht in einer Herberge nicht so viel Gewusel. Bisher fühlte ich mich an den Nachmittagen immer, als würde ich einen Ameisenbau betreten, vor allem nach dem langen Weg allein. Ich treffe zwar immer wieder vereinzelte Pilger und sogar manchmal viele von ihnen auf einem Haufen, zum Beispiel in den Cafés am Wegesrand oder auf Wiesen, die sich als Rastplätze anbieten, wie das Plateau vor Zubiri, aber den Großteil des Weges habe ich für mich allein. Sobald ich aber am Nachmittag in der Herberge ankomme, bricht der Trubel aus. Pilger rennen von A nach B, packen ihre Rucksäcke aus, stellen sich zum Duschen an, schmeißen sich in ihre Nachmittagsklamotten, verarzten ihre Wunden, waschen Wäsche, hängen sie auf, holen sich Stempel für ihre Pilgerpässe. Es herrscht Betriebsamkeit und das reinste Durcheinander. Es macht zwar Spaß, diesem Treiben zuzugucken, heute aber erfreue ich mich einfach an der Ruhe.

Mit einem Café con leche mache ich es mir im Garten des Refugios an einem großen Holztisch gemütlich. Ein Pilger um die sechzig mit einem großen, eckigen, grünen Brillengestell auf der Nase fragt mich auf Englisch mit spanischem Akzent, ob er sich zu mir setzen dürfe. Ich freue mich über meinen neuen Gesprächspartner. Antonio, so heißt er, quatscht munter drauflos. Ich solle ihn Tonio nennen, alle seine Freunde täten dies. Als er erfährt, dass ich Deutsche bin, erzählt er mir begeistert, dass er in Saragossa im Süden Spaniens lebe und dort für Opel arbeite. Seine Verantwortung im Job lasse es nicht zu, aber er spiele oft mit dem Gedanken an ein Sabbatical: »Ein Jahr lang raus aus Spanien, raus aus dem Job, irgendwohin, wo die Sorgen keine Rolle spielen, wo ich all das vergessen kann«, schwärmt der Spanier und schaut gedankenverloren gen Himmel. Ich glaube, Tonio ist in Gedanken schon wieder in Saragossa bei der Arbeit, denn eigentlich hat er doch genau das, was er sich so sehr wünscht, gerade jetzt in diesem Moment. Wo könnte man besser in sich gehen als hier auf dem Camino? Aber vielleicht ist es für mich auf dem Weg auch eine andere Situation als für den Mann mit dem grau melierten Haar. Er ist noch immer im eigenen Land, er wird nicht einmal ganze zwei Wochen auf dem Camino unterwegs sein, sein Handy kann er nicht ausschalten seiner Frau zuliebe, vor allem aber aufgrund seiner Arbeit, denn auch wenn Tonio im Urlaub sei, erklärt er mir, müsse er erreichbar sein.

Masso, der eigentlich Massimo heißt und aus Verona kommt, gesellt sich mit einem Cortado, der spanischen Variante eines mit Milch aufgegossenen Espresso, zu uns. Der Italiener, mit dem zusammen ich die Herberge in Roncesvalles gesucht hatte und der in Zubiri mein Bettnachbar gewesen war, ist äußerst sympathisch, macht aber auch einen ziemlich schüchternen Eindruck. Mit Tonio spricht er kaum. Vielleicht liegt es aber auch an der Sprachbarriere, denn Masso spricht nicht besonders gut Englisch, und auf Spanisch schwenkt Tonio nicht um. Ich versuche zu vermitteln, stoße aber an meine Grenzen und bei den beiden Männern auf wenig Begeisterung. Vielleicht wollen sie sich gar nicht verstehen. Die Situation ist mir unangenehm, und ich bin froh, als Marcel in den Garten geschlendert kommt. Er war eine Runde im hauseigenen Pool schwimmen und setzt sich nun mit einem Schokoriegel aus dem Automaten im Aufenthaltsraum zu uns. Der gesellige Brasilianer ist in Quatschlaune, sofort liegt Leichtigkeit und Entspannung in der Luft. Während ich meine Unterhaltung mit Massimo fortsetze, schließen Marcel und Tonio Freundschaft. Die beiden verstehen sich prächtig. Ich bekomme nicht mit, über was sie reden, aber sie lachen laut und ausgiebig. Marcel trägt, wie jedes Mal, wenn ich ihn sehe, ein breites schwarzes Stirnband. Irgendwie ist das sein Erkennungszeichen auf dem Camino geworden. Wenn jemand von Marcel erzählt, ohne dessen Namen zu kennen, dann heißt es immer: »der Brasilianer mit dem Stirnband«, und alle wissen, von wem die Rede ist. Mit dem Stirnband versucht er seine vielen Haare zu bändigen und sie sich aus dem Gesicht zu halten. Die tiefschwarzen Locken stehen nach allen Seiten hin ab. Mit seinem blauen Funktionsshirt, den Schweißbändern an den Handgelenken und dem Stirnband wirkt Marcel wie ein Leistungssportler. Oder wie ein Model für einen Sportartikelhersteller, dessen Logo jedes dieser Utensilien auffällig ziert. Dieses inzwischen weltbekannte Logo wurde einst von einer jungen Grafikdesignstudentin für läppische 35 US-Dollar entworfen. Mit steigendem Marktwert des Unternehmens und wahrscheinlich auch einem schlechten Gewissen der Studentin gegenüber erhielt diese zwölf Jahre später neben einem diamantbesetzten Goldring ein Aktienpaket mit fünfhundert Stück. Im Jahr 2011 war das Paket glatte 643.035 US-Dollar wert. Es hat sich also doch noch gelohnt, und damit beende ich – swoosh! – meinen Exkurs in die Markenwelt.

Als ich abends in meinem großartigen unteren Bett liege, muss ich unwillkürlich an Johannes denken. Gestern in Pamplona hat er sich ununterbrochen an meinen Rockzipfel gehängt. Wieso hatte er denn nicht von sich aus gemerkt, dass ich keine Lust auf ihn hatte? Es heißt, alle träfen auf dem Camino ihren jeweiligen Schatten, aber muss ich meinen gleich schon am dritten Tag kennenlernen? Er hat sich vorgenommen, eine Nacht länger in dem luxuriösen Hotel in Pamplona zu nächtigen, so wie es einem Pilger mit schmerzenden Füßen gebührt. Vielleicht habe ich ja Glück, und er läuft mir jetzt nicht mehr über den Weg?

Inzwischen bin ich 96 Kilometer weit gelaufen – zwar unter unendlichen Qualen, Schmerzen und einem Haufen Gejammer und Gefluche, aber ich bin immer an meinem jeweiligen Tagesziel angekommen. Ich kann das kaum glauben. Morgen wird die 100-Kilometer-Marke geknackt, das ist selbst mit dem Auto schon eine ganz schöne Strecke. Ich bin ein bisschen aufgeregt. Insgesamt habe ich, je nach Reiseführer, eine Distanz von 780 bis 900 Kilometern zu bewältigen. Zwar habe ich immer davon geträumt, eines Tages den Jakobsweg zu gehen, aber es ist dann doch noch ein weiter Weg von einem Traum hin zur Umsetzung. Jetzt bin ich hier und lebe gerade meinen Traum. Marcels Quasisponsor würde sagen: »Just do it!« Also gut: Just do it!

Estella (14. September)

Es ist ein wirklich schöner, warmer Tag. Schon am frühen Morgen taucht die Sonne mit ihren Strahlen die weiten Ebenen in ein helles, beinahe grelles Licht. Beim Blick über die abgeernteten Felder blendet es, und nicht wenige Pilger sind heute Morgen schon mit Hut oder Basecap als Schutz vor der Sonne unterwegs. Ich genieße das Laufen und die wärmenden Sonnenstrahlen auf der Haut. Nach gut anderthalb Stunden erreiche ich das kleine baskische Bergdorf Cirauqui. Durch enge Gassen geht es den gelben Pfeilen folgend den Hügel hinauf. Oben angekommen thront, in der Dorfmitte, die Kirche. Ich hatte sie schon von Weitem sehen können, am höchsten Punkt des Hügels stehend und über die Bewohner Cirauquis sowie die umliegenden Felder wachend. Die romanischen Kirchen sollten mit ihren dicken festungsartigen Mauern, den Rundbögen und wuchtigen Überwölbungen die Allmacht Gottes repräsentieren. Auch wenn diese Kirche in Cirauqui nicht riesig ist, so wirkt sie doch mächtig und ist überaus präsent in dem mittelalterlichen Ort. Besichtigen kann ich die Kirche leider nicht. Sie ist verschlossen. Am Portal erfahre ich aber, dass sie San Román heißt und 1200 erbaut wurde. Über einige Treppenstufen geht es wieder hinab auf den kopfsteinbepflasterten Weg. Ich biege um die nächste Ecke und höre, immer lauter werdend, einen Chor singen. Auf einem kleinen hoch gelegenen Dorfplatz hat sich eine Gruppe von etwa fünfzehn älteren Menschen versammelt, die gemeinsam singen. Ich bleibe stehen, gebannt von der Klarheit ihrer Stimmen, und lausche. Die Musik zieht fast schon sichtbar durch die Gassen und Sträßchen, die von dem kleinen Platz abgehen, und füllt sie mit wunderschönem Gesang, der einem das Herz zu öffnen vermag. Ich genieße mein kleines Konzert in dieser einzigartigen Umgebung mit Blick auf die weiten Täler unter mir. Mit der Zeit gesellen sich weitere Pilger hinzu, bleiben stehen, legen eine Rast ein und erfreuen sich am Chorgesang. Unter dem tosenden Applaus ihrer Zuhörerschaft machen die Sänger nach gut einer Viertelstunde eine Pause. Ich laufe weiter, die steilen Gassen hinab, voller Energie und gestärkt für den beginnenden Tag.

Die Landschaft verändert sich. Die zeitweise immer wieder auftauchenden dichten Farnwälder der vorherigen Etappen erinnerten mich stark an die *Jurassic Park*-Filme, doch inzwischen ist davon nichts mehr zu sehen. Daran merkt man, dass man sich langsam den Riojaebenen nähert. Leuchtend grüne Weinreben bilden den Kontrast zur dunkelroten Erde und prägen, gemeinsam mit den silbrigen Olivenhainen und strohgelben Kornfeldern, diese einzigartige Landschaft. Den Blick kann man fantastisch weit schweifen lassen, bis hin zu den weit entfernten Bergen mit ihren schneebedeckten Kuppen am Horizont.

Auf einer kleinen romantischen Brücke, mitten im Nirgendwo, sitzt Marcel. In seiner Hand einen GPS-Tracker, vertieft auf das Gerät schauend. Ich setze mich einen Moment zu ihm, und wir unterhalten uns, bevor wir gemeinsam weiter in Richtung Estella laufen. Marcel will oder muss den Camino in nur 28 Tagen gehen, da er nicht länger Urlaub machen kann. Er arbeitet bei ASUS in Brasilien als Produktmanager und ist rund um den Globus viel unterwegs. Die meiste Zeit unseres Weges singt Marcel. Mal sind es Klassiker von Frank Sinatra, mal brasilianische Volkslieder oder Gauchomelodien. Die Texte übersetzt er mir vom Portugiesischen ins Englische und versucht mich zum Mitsingen zu animieren. So sehr kann ich mich dann doch nicht fallen lassen, summe aber die mir bekannten Lieder leise mit. Mir reicht es, Marcel und seine gute Laune um mich zu haben.

Letztlich müssen wir über uns selbst lachen. Marcel macht sich über mich lustig, weil ich einfach nicht so sehr aus mir herauskommen kann, wie ich gerne möchte. Ich lache über mich, weil ich mit einem nahezu fremden Menschen irgendwo in Nordspanien über Stock und Stein stolpere und dabei »I did it my way« vor mich hinsumme, während dieser Fremde mit dem Stirnband und dem verschmitzten Grinsen eine brasilianische, ganz eigene und inbrünstige Improvisation dessen aufs Jakobswegparkett legt. Im nächsten kleinen Dorf will Marcel bei einem Kaffee pausieren. Es war schön, ihn noch einmal zu sehen. Wir verabschieden uns herzlich, denn jetzt werden wir uns wohl nicht noch ein weiteres Mal über den Weg laufen. Er will heute schon weiter als Estella kommen. Der Schriftsteller Ludwig Strauss hat einmal gesagt: »Oft liegt das Ziel nicht am Ende des Weges, sondern irgendwo an seinem Rand« – so wie gestern der Stein, der mich so zum Nachdenken gebracht hatte, oder heute Marcel, der auf der kleinen Brücke saß und mit dem ich ein Stück gemeinsam gehen konnte. Es hat sicher einen tieferen Sinn, diesen witzigen, hilfsbereiten Brasilianer kennengelernt zu haben, der so viel weiß von der Welt und den ich aufgrund seiner Offenheit und seines Frohsinns so bewundere.

In Lorca, einige Kilometer weiter, mache auch ich eine Kaffeepause. Ich war kurz vorher auf Matthias aus Essen und ein paar Spanier getroffen, mit denen er gemeinsam läuft. Matthias hatte mich auf Englisch angesprochen. Er wollte wissen, wo ich heute hinliefe und wie lange ich schon unterwegs sei. Irgendwann fragte er mich, ob ich aus Dänemark oder Schweden komme. »Nein, aus Berlin!«, antwortete ich, und Matthias war in schallendes Gelächter ausgebrochen. In diesem Moment erschien er mir ein wenig merkwürdig, und ich hatte kurz überlegt, ob ich nicht einfach einen Schritt schneller laufen und ihn hinter mir lassen sollte, als er mir noch einmal die Hand reichte und sagte: »Dann lass uns doch auf Deutsch weiterreden! Matthias, Polizist, Essen, etwa 500 Kilometer von Berlin entfernt«, grinste er mich an. Jetzt musste auch ich lachen. Nun dauert unsere

Kaffeepause in der Sonne eine geschlagene Stunde, und wir sprechen – wie kann es auch anders sein? – über unsere Motivation, den Jakobsweg zu gehen. Dieses Mal erzähle ich es, Marcels Rat befolgend, offen und ehrlich. Matthias hat verstanden, worauf es mir ankommt. Nur mit der Trennung von meinem Ex-Freund halte ich hinterm Berg, denn sie hat weniger mit der Tatsache zu tun, diesen Weg zu gehen, als vielmehr mit dem Zeitpunkt. Die Entscheidung, den Weg jetzt im September zu gehen, hier und heute, die hatte ich nach meiner Trennung von Daniel getroffen. Die Beziehung zu ihm hatte mich immer zurückgehalten. Aber jetzt war ich frei: frei in der Entscheidung, mein Ding durchzuziehen.

Trotz der langen Pause in Lorca habe ich den Weg in weniger als den vorgegebenen fünfeinhalb Stunden zurückgelegt. Um genau 12:20 Uhr bin ich an der Herberge, also exakt viereinhalb Stunden nach meinem Aufbruch in Puente la Reina. Mein persönlicher neuer Rekord: 21 Kilometer in dreieinhalb Stunden, zieht man die Pause ab. Im Schnitt bin ich also 6 Stundenkilometer gelaufen. An die Geher bei Olympia komme ich damit leider noch nicht ran. Die legen die 20 Kilometer in weniger als anderthalb Stunden zurück. Aber was nicht ist, kann ja noch werden – ein paar Wochen Trainingszeit habe ich noch vor mir, und soweit ich weiß, müssen die Geher auch keine Berge rauf und runter.

Am Mittag in Estella treffe ich mich mit Matthias, den drei Spaniern und zwei israelischen Frauen, Fay und Paz, um gemeinsam in einem kleinen spanischen Restaurant am Hauptplatz zu essen. Fay und Paz haben beide ein Auge auf den gut aussehenden Deutschen geworfen und scheinen wenig erfreut darüber, dass nun noch eine Nebenbuhlerin den Ring im Kampf um den Essener bestiegen hat. Ich versuche ihnen deutlich zu machen, dass sie sich meinetwegen keine Sorgen machen müssten, doch damit bin ich wenig erfolgreich. Matthias ist siebenundzwanzig, hat ein verschmitztes Lächeln, strahlend weiße Zähne, kastanienbraune Augen, in denen man zu versinken meint, einen muskulösen, von der spanischen Sonne gebräunten Körper und ein mitreißendes herzliches Lachen. Fay und Paz denken sich wahrscheinlich ihren Teil, was meine Nichtabsichtsbekundungen angeht. Nun ist ein Mann – und sei er noch so heiß – ziemlich das Letzte, was mich im Moment interessiert. Ich bin nicht hierhergekommen, um mich mit jemandem einzulassen. Paz und Fay versuche ich also auszublenden und genieße stattdessen das Essen an der großen Tafel, mit vielen Menschen um mich herum, die aus der ganzen Welt hergekommen sind.

Nachdem wir pappsatt und kugelrund aus dem Restaurant stolpern, spazieren wir gemeinsam durch die Stadt und landen letztlich in einem kleinen Park nahe dem Río Ega, in dem wir unsere Schuhe ausziehen und uns in das sommerlich duftende Gras legen. Nach einem kurzen Powernap öffne ich die Augen wieder und schaue in das tränenerfüllte Gesicht des Spaniers zu meiner Rechten. Ich schrecke hoch. »Was ist mit dir?«, frage ich und lege behutsam meine Hand auf Albertos Schulter. Er schluchzt weiter und fängt gleichzeitig irgendwie auch zu lachen an: »Ich bin so ein Weichei. Das ist echt unglaublich.« Ich versuche ihn zu trösten: »Aber nein, ganz sicher nicht. Wie kommst du denn darauf? Was ist los?« Ganz sicher bin ich mir nicht, ob er überhaupt getröstet werden muss. »Ich sitze hier wie ein Baby und heule, weil mir die Füße wehtun« – daraufhin muss auch ich ein wenig schmunzeln, kann ihn aber dennoch verstehen. »Alberto«, erkläre ich ihm, »du bist kein Weichei, wir könnten alle heulen, weil uns die Füße wehtun, der eine mehr, der andere weniger. Ich könnte jeden Morgen erst einmal schreien, wenn ich aus den Betten der Herbergen krieche, weil meine Schienbeine so schmerzen.« Alberto wischt sich die Tränen mit dem Handrücken weg. Seine feuchten Wimpern kleben zusammen, und seine

Nasenspitze ist ganz rot. Ich krame ein Taschentuch aus meiner Gürteltasche und reiche es ihm. Er schnäuzt sich mit lautem Trompeten die Nase. Das ganze Szenario wirkt schon ein wenig amüsant. »Hast du Blasen an den Füßen, oder was genau tut dir weh?«, hake ich nach.

»Willst du mal meine Füße sehen? Aber das ist wirklich ekelig«, antwortet Alberto, während er sich bereits die Schuhe auszieht. Eigentlich würde ich gerne auf den Anblick geschundener Füße verzichten, aber ich glaube, der Spanier mit dem wuscheligen Lockenkopf muss die Quelle seiner Schmerzen unbedingt jemandem zeigen. Nach dem Motto »Geteiltes Leid ist halbes Leid« pult Alberto seinen linken Fuß möglichst behutsam aus der Socke: »Die Blasen sind aufgegangen, jetzt klebt die Socke an meinem Fuß fest. Das suppt die ganze Zeit über. Beim Laufen merke ich, wie die Socke im Schuh feucht wird. Wenn ich dann noch anfange zu schwitzen, brennt es wie Feuer.« Während Alberto erzählt und langsam den Fuß von seiner weißen Tennissocke befreit, dreht sich mir der Magen um, und es wird nicht besser, als er ihn mir direkt vor die Nase hält. Eine Mischung aus Schweiß, Betaisodona-Salbe und dem markanten metallischen Geruch von Eisen steigt mir in die Nase. Ich weiß nicht einmal, ob man Letzteres wirklich riechen kann oder ob der modrige Geschmack, der sich auch im Mund festsetzt, nur eine Illusion ist, auf jeden Fall schüttelt es mich einmal komplett durch. Albertos Fuß gleicht einer einzigen offenen Wunde. Auf dem Fußrücken hat er so viele offene Blasen, dass man die einzelnen wunden Stellen gar nicht mehr auseinanderhalten kann. Blut, Plasma, Eiter: Alles bedeckt den Fußrücken, und mitten in den Wunden hängen noch einzelne Fusseln der Tennissocken. »Du bist kein Weichei«, merke ich an, fast schon voller Bewunderung, »ich würde nicht nur hier sitzen und weinen, ich würde gar nicht mehr weiterlaufen mit einem solchen Fuß.«

Alberto scheint in dem Moment, in dem er mir seinen Fuß zeigen konnte, eine Last von den Schultern gefallen zu sein. Die Rötungen im Gesicht gehen zurück, die feuchten Augen fangen wieder an zu strahlen, und der Spanier reißt nun einen Witz nach dem anderen darüber, dass er schon immer ein Muttersöhnchen gewesen sei. Ob ich keine Blasen hätte, will er wissen. »Doch, na klar!«, antworte ich und zeige ihm nun auch meine geschundenen Füße, die im Vergleich eine recht gute und gesunde Figur machen. Die einzig wirklich schmerzhafte Blase befindet sich unterhalb meines mittleren Zehs. Alberto bewundert die riesige, prall gefüllte Blase, und ich bekomme mich nicht mehr ein vor Lachen.

Was für eine skurrile Situation. Wir sitzen bei schönstem Wetter in einem Park im spanischen Estella und zeigen uns gegenseitig unsere kleinen schmerzenden Wegtrophäen. Zu Hause könnte ich das niemandem erzählen. Alberto bekommt von mir einen Verband, den soll er sich beim Wandern um den Fuß binden, zuvor aber die Blasen mit einer Heilsalbe eincremen. Der Verband muss wirklich fest sitzen, damit er nicht so sehr an den offenen Wunden reibt wie Albertos Tennissocken. Außerdem soll er die Wanderschuhe an den Rucksack hängen und mit seinen Sandalen laufen. Vorsichtig natürlich. Am Nachmittag soll er den Verband dann wieder abwickeln und Luft an seinen Fuß lassen. Das hilft sicher bei der Heilung. Nachdem das geklärt ist, mache ich mich auf den Weg zurück in die Herberge, denn jetzt ist es auch für mich an der Zeit, meine Füße zu versorgen.

Meine kleine Herberge hat einen wunderschönen Innenhof mit einem hübsch angelegten Garten mit vielen bunten Tischen und Stühlen. Am Abend mache ich es mir hier gemütlich und breite meine spanische Brotzeit aus, als ich eine mir wohlvertraute Stimme sagen höre: »¡Hola, señorita! Puedo sentarme aquí?« Dass mein brasilianischer Freund Spanisch spricht, wusste ich bereits, aber dass ich ihn noch mal wiedersehen würde und das auch noch so schnell, damit hatte ich nicht gerechnet. Langsam frage ich mich, wie er den Weg in seinem vorgegebenen Zeitfenster eigentlich bewältigen will. Doch die Freude auf beiden Seiten ist groß, und so sitzen Marcel und ich den ganzen Abend zusammen, teilen das Bocadillo, die Fuet, den Manchego, die leckeren Oliven, besorgen uns von der Herbergsmutter noch zwei Gläser Wein und merken gar nicht, wie die Zeit vergeht. Marcel erzählt mir von seiner zweijährigen Tochter. Er vermisst sie schrecklich, vermisst es, sie jeden Tag in die Arme schließen zu können, vermisst es, ihr abends vor dem Schlafen vorzulesen, vermisst den Pfirsichduft ihrer Haare und sogar den Klang ihrer quietschigen Stimme, mit der sie die ganze Zeit vor sich hinbrabbelt, auch wenn er davon nur die Hälfte versteht. Es ist schön und traurig zugleich, ihn von seiner Tochter reden zu hören. Es zerreißt mir das Herz, wenn ich die Tränen in seinen Augen sehe und höre, wie seine Stimme immer wieder erstickt. Sogar seine Frau würde er vermissen. Als ich ihn frage, wie er das meine, weshalb »sogar«, antwortet er nur, es sei gut so, gut zu wissen, dass er sie vermisse, und gut, dieses Gefühl zu haben. »Eine Ehe ist nicht immer einfach. Nein, sie ist sogar meist recht kompliziert«, murmelt er, und wir belassen es dabei.

In meinen Schlafsack eingekuschelt denke ich über meine drei bislang intensivsten Bekanntschaften hier auf dem Weg nach: Marcel, Masso und Johannes. Irgendwie erkenne ich mich in allen dreien ein Stück weit wieder. Sie fungieren für mich wie eine Art Spiegel meiner Eigenschaften. Wie der schüchterne Masso, der eigentlich gar nicht so schüchtern ist, sich am Anfang aber doch sehr zurückhält. Auch ich bin anfänglich recht schüchtern. Allerdings habe ich vorrangig dank meines Jobs gelernt, diese Eigenschaft weitestgehend zu überspielen: Eine schüchterne Reporterin, die nicht fragt, was sie wissen will, wird auch keine

Antworten erhalten. Dennoch, privat merkt man mir die Zurückhaltung sofort an. Zu wichtig ist mir, was andere über mich denken. Ich will um keinen Preis etwas Dummes sagen. Da sage ich lieber zu wenig als zu viel. Eine schreckliche Angewohnheit, die ich nicht ablegen kann.

Marcel ist Massos genaues Gegenteil: Er ist laut, fröhlich, offenherzig und fällt gleich mit der Tür ins Haus. Er zeigt mir die Andrea unter ihren Freunden. Ein Wirbelwind: glücklich, ausgelassen, vielleicht manchmal ein wenig zu überschwänglich. Marcel ist aber auch intelligent, weise, versinkt in tiefsinnigen Gedanken und Gesprächen, philosophiert über das Leben und darüber, was es ausmacht. Er ist gern und viel unter Menschen, versteht sich mit allen, ohne dabei den Eindruck zu erwecken, sich verstellen zu müssen. Trotzdem schafft er es, sich seine Freiräume zu nehmen und sich zurückzuziehen, ohne jemanden vor den Kopf zu stoßen.

Und der Letzte im Bunde zeigt mir, wie ich bitte niemals sein möchte: ignorant, rücksichtslos und an unsagbarer Selbstüberschätzung leidend. Aber auch von Johannes steckt etwas in mir – ob ich das nun wahrhaben möchte oder nicht. Auch ich habe schon Dinge ohne Rücksicht auf Verluste durchgezogen. Vielleicht ist das manchmal aber auch gar nicht so negativ zu sehen, wie ich das gerade tue.

Mit diesem Gedanken und einer zwickenden Boxershorts schlafe ich ein. Es ist wirklich unglaublich, ich laufe jeden Tag um die 25 bis 30 Kilometer, schaffe es aber trotzdem zuzunehmen. Das gelingt vermutlich nur mir, als einziger Pilgerin hier auf dem Camino.

Logroño (16. September)

In Spanien und wahrscheinlich überall in Europa ist es Mitte September um 5:30 Uhr noch zappenduster, aber eben auch noch um 6:00 Uhr und 6:30 Uhr. Hier geht die Sonne ziemlich genau um 7:50 Uhr auf. Es ist demnach also eine unfassbar doofe Idee, um 5:30 Uhr loszulaufen – und das allein. Immer wieder höre ich andere Pilger, den knirschenden Kies unter ihren Schuhen, ihr leises Flüstern, oder ich sehe den Schein ihrer Taschenlampen. Sonst sehe ich nichts. Abgesehen von einem atemberaubenden Sternenhimmel. Dafür hat es sich also doch gelohnt, so früh loszulaufen. Ich kann meinen Blick kaum von diesem überwältigenden Sternenmeer abwenden. Es wirkt wie eine dunkelblaue Satindecke, die sich, mit strahlenden Punkten betupft, quer über die Erde legt und sie beschützt. Ich weiß nicht, ob ich jemals so viele Sterne so hell und klar gesehen habe – wie in dem Kinderlied, das mir mein Vater immer vorgesungen hat, als ich noch klein war: »Der Mond ist aufgegangen, die goldenen Sternlein prangen, am Himmel hell und klar …«

Inmitten dieser Decke verläuft die Milchstraße – das himmlische Äquivalent zum irdischen Pilgerweg. Über mir befindet sich das sagenumwobene Sternenfeld. Die Compostela, unter der schon zahlreiche, nein: unendlich viele Pilger ihren Weg zurückgelegt haben. Das Himmelsschauspiel ist so beeindruckend, dass ich am liebsten alle paar Meter stehen bleiben möchte, um es genauer zu betrachten. Ich laufe aber weiter, ohne wirklich auf den Weg zu achten, die Augen fest an das riesige Meer unzähliger Sterne geheftet. Eigentlich kann nichts schiefgehen, denn die Milchstraße weist mir ja quasi den direkten Weg nach Santiago de Compostela. Nur führt dieser direkte Weg quer über die Felder der spanischen Bauern und nicht entlang meiner vorgegebenen Schotterpiste, daher stehe ich immer wieder auf halb abgeernteten Feldern. Das Stroh sticht durch meine Wanderhose und pikst mir in die Waden. Also zwinge ich mich, dem irdischen Pfad zu folgen, und kehre immer wieder zurück auf den Weg. Doch viel sehen kann ich noch immer nicht, und so passiert es natürlich gleich an der nächsten Weggabelung: Ich schlage den falschen Weg ein. Auf der Suche nach Muschelzeichen oder gelben Pfeilen irre ich orientierungslos umher. Aber dabei bin ich nicht die Einzige. So treffe ich auf Michael aus Stuttgart, der sich mit einer Gruppe von vier Pilgern aus Australien und Spanien trotz Stirnlampe ebenfalls verlaufen hat. Gemeinsam setzen wir unsere Reise fort und stoßen schnell auf die große Nationalstraße. Instinktiv schlagen wir die richtige Richtung ein, und nach kurzer Zeit können wir auf einem Straßenschild »Logroño 28 km« lesen. Im Gänsemarsch watscheln wir eng am Straßenrand entlang. Michael als Gänsemama mit der Stirnlampe voraus, damit uns die entgegenkommenden Autofahrer sehen können. Nun habe ich doch tatsächlich den Jakobsweg verlassen und laufe, wenn auch aus Versehen, eine ganz andere Strecke. Aber ans Zurücklaufen ist nicht zu denken, denn das würde viel zu lange dauern, und wir laufen immerhin in die richtige Richtung. Im nächsten Dorf stoßen wir dann endlich wieder auf den Camino!

Jubelnd ziehen wir an dem ersten Jakobszeichen, einem blauen Schild mit gelber Muschel, vorbei. Mit einem Blick in meinen Reiseführer stelle ich fest, dass wir uns in Sansol befinden, einer kleinen Ortschaft mit etwa einhundert Einwohnern, gerade einmal 7 Kilometer hinter Los Arcos. In meinem üblichen Tempo hätte ich hier also gegen 6:30 Uhr ankommen müssen, aber unser Abstecher hat mich über eine Stunde gekostet. Die Australier und Michael beschließen, hier zu frühstücken. Die zwei Spanier wollen warten, bis die Kirche öffnet, um sie zu besichtigen, also ziehe ich allein weiter. Die Sonne ist bereits aufgegangen: Jetzt ist es kein Problem mehr, den richtigen Weg zu finden.

Als wir uns verabschieden, fragt mich Michael, ob ich wüsste, wo Flavio und Johannes inzwischen seien, und erinnert mich damit an eine rückblickend ziemlich unangenehme Aktion meinerseits gestern in Los Arcos. Auf meinem Nachmittagsspaziergang durch die Stadt mit ihren herrschaftlichen Häusern, den unzähligen schmiedeeisernen Balkonen, von denen nicht selten riesige Chilistauden zum Trocknen herabhingen, habe ich mich doch tatsächlich vor Johannes versteckt. Als ich just durch den imposanten Säulengang der Iglesia Santa María schlenderte, entdeckte ich ihn auf der anderen Seite des Kirchplatzes. Er humpelte auf dem Platz zwischen den Bistrotischen hin und her, und als sein Blick Richtung Kirche wanderte, sprang ich mit einem gekonnten Satz hinter eine der großen, sandsteinfarbenen Säulen. Ganz langsam, den Atem anhaltend, lugte ich hinter der Säule hervor, Ausschau haltend nach meinem Landsmann, in der Erwartung, dass er in diesem Moment vor meiner Nase auftauchen und mich angrinsen würde. Aber nein! Er stand am Kopfende des Platzes und ließ seinen Blick suchend über all die Pilger schweifen, die sich hier versammelt hatten. Nach einer Weile schlurfte er weiter. Geradewegs in die nächste Gasse, und ich traute mich aus meinem Versteck hervor. Ich hatte einfach keine Lust auf eine Begegnung.

In einer Bar in Viana, der letzten Stadt vor Logroño, lege ich eine Pause ein. Nach kurzer Zeit setzen sich Joan, Alberto und Javier zu mir an den silbernen Bistrotisch. Joan dürfte Anfang sechzig sein, hat schlohweißes kurzes Haar, trägt eine helle Wanderhose, ein beiges Hemd und den dazu passenden Wanderhut: »Sieht aus, als würde ich auf Safari gehen«, zwinkert sie mir zu und reicht mir ihre Hand. »Ich heiße Joan. Aus Südafrika, falls du es nicht schon an meiner Kleidung erkannt hast.« Ich schaue an ihr hinunter, woraufhin sie laut und überschwänglich loslacht.

Ich erzähle den dreien, dass ich durch mein Verlaufen heute Morgen viel Zeit verloren hätte. Alberto bietet an, dass ich sie begleiten könne, da sie ziemlich schnell unterwegs seien, was mich sicher motivieren würde. Nach kurzer Skepsis, denn ich bin überzeugt davon, dass ich selbst schon ziemlich zügig unterwegs bin, willige ich ein.

Unser Weg führt entlang der N-111 und letztlich auf blutroten sandigen Pfaden mitten durch die Weinreben. Wir kommen der Rioja näher, dem Hauptweinanbaugebiet Spaniens. Auf rund 1.200 Weingütern werden jährlich etwa 278 Millionen Liter Wein hergestellt – eine unvorstellbare Zahl. Bei 69 Millionen Deutschen – Kinder und Jugendliche unter sechzehn Jahren bereits abgezogen – ergibt das einen Pro-Kopf-Jahresverbrauch von etwa 4 Litern. Schon ist das Ganze gar nicht mehr so unbegreiflich.

Etwa einen Kilometer vor Logroño kommen wir am Haus Doña Filisas vorbei, laut Pilgerführer war diese Frau eine waschechte Institution am Jakobsweg. Inzwischen hat Tochter Maria den Platz ihrer Mama eingenommen, auch wenn es den Anschein hat, als hätte sie darauf keine Lust. Hija[1] Felisa sitzt bräsig und anscheinend vollkommen erschöpft hinter ihrem Klapptischchen unter einem Sonnenschirm vor dem Haus und stempelt widerwillig die Ausweise der vorbeilaufenden Pilger, während sie etwas in ihren nicht – oder nur kaum – vorhandenen Bart nuschelt. Vielleicht macht ihr einfach die Hitze zu schaffen. Auch mir ist unglaublich heiß, und ich würde nur zu gerne meinen Hut aufsetzen, aber wir laufen schon weiter, und die Motivation, von der Alberto vorhin sprach, hat mich voll im Griff: Bloß nicht die Gruppe aufhalten, indem man stehen bleibt, das Gepäck

1 Hija = span. Tochter

absetzt und den Schlapphut vom Rucksack schnürt. Das kostet alles wertvolle Zeit. Also heißt es: ohne Hut weiter!

Logroños Vorstadt zieht sich eine ganze Weile hin, doch Joan, Javier, Alberto und ich sind derart in unsere Gespräche vertieft, dass uns die Hässlichkeit des Industriegebietes vor der Stadt mit seinen vielen Fabriken völlig gleichgültig ist. Ganz nach dem Sprichwort: »Es ist nicht wichtig, welchen Weg du gehst, sondern mit wem du ihn gehst.« Heute gehe ich meinen Weg mit diesen dreien, und es ist ein guter Weg. Als wir vor unserer Herberge, der Iglesia de Santiago el Real, der ältesten Kirche Logroños, ankommen, haben wir meine verlorene Stunde von heute Morgen mehr als wettgemacht: Die letzten 10 Kilometer sind wir in nicht einmal anderthalb Stunden gelaufen. Qué bueno!

Wir beziehen unsere Betten in der kirchlichen Herberge. Ich muss jetzt endlich mal etwas für meinen Draht zu Gott tun. Und zum ersten Mal fühlt es sich wirklich echt an, so wie es sein soll. Wir übernachten in einem Schlafsaal der Kirche, werden die Abendmesse besuchen und gemeinsam essen. Im Gegensatz zu den sonstigen Pilgermenüs wird das Essen nicht für uns vorbereitet, sondern wir schnippeln und kochen selbst, räumen auf, spülen und trocknen ab. Alles passiert gemeinschaftlich. Alle helfen bei dem, was sie am besten können. Einkaufen gehen die Hospitaleros mit den Spenden der Pilger vom Vortag. Es gibt keinen vorab festgelegten Preis für den Aufenthalt in der Jakobskirche, sondern alle leisten am Ende ein Donativo, eine Spende, die sie für angemessen halten.

Mit dem heutigen Tag bin ich genau eine Woche unterwegs. Um diese Zeit saß ich letzte Woche gerade im Zug von Toulouse nach Bayonne, war aufgeregt und hatte Angst davor, meinen Anschlusszug zu verpassen. Hier in Logroño habe ich das erste Mal Heimweh.

Nach der Abendandacht bereite ich mit vier anderen unser Pilgermenü zu: Spaghetti mit Tomatensoße, gemischtem Salat und Joghurt mit Früchten als Dessert. Vor dem Essen wird gemeinsam gebetet – viersprachig: Spanisch, Deutsch, Englisch und Italienisch. Es ist ein schöner, gemütlicher Abend, und wir sitzen noch lange zusammen. Anschließend laden die Hospitaleros zur Nachtmesse mit Pilgersegen ein. Ich habe Lust und gehe heute noch ein zweites Mal in die Messe, während andere das draußen in den Straßen tobende Erntedankfest besuchen möchten. So ein Gottesdienst aber hat immer etwas Beruhigendes und bietet einen schönen Tagesabschluss. Währenddessen und anschließend fühle ich mich immer behütet. Der Geistliche, der unsere Messe hält, teilt vorab noch Faltblätter in der jeweiligen Sprache der einzelnen Pilger aus. Darin steht der Pilgersegen, damit man, wenn man ihn auf Spanisch empfangen hat, später nachlesen kann, was eigentlich gesagt wurde. Ich weiß nicht, weshalb, aber als wir aufgefordert werden, in Ruhe über den heutigen Tag nachzudenken und ihn Revue passieren zu lassen, prasseln so viele Gedanken auf mich ein, dass mir die Tränen kommen. Erst sind es nur vereinzelte, die ich halbwegs unbeobachtet wegwischen kann, aber es werden immer mehr, und dann bricht eine wahre Flut aus mir heraus. Schluchzend und mit triefender Nase sitze ich da und kann mir selbst nicht erklären, woher dieser emotionale Ausbruch kommt. Es ist mir furchtbar unangenehm. Mein Sitznachbar Alberto ergreift meine Hand und drückt sie fest. Ich deute an, dass alles okay sei, will meine Hand zurückziehen, aber er lässt sie nicht los.

Ich habe so viele Gefühle in mir und weiß nicht, wohin mit ihnen, weiß sie nicht einzuordnen. Ich vermisse die Menschen zu Hause so sehr, dass es wehtut. Seit einer Woche habe ich mit keinem von ihnen mehr gesprochen, dabei passiert hier so viel, das ich loswerden möchte, das ich erzählen will. In Zubiri konnte ich wenigstens E-Mails schreiben und empfangen. Ich fühle mich einsam und verlassen, obwohl ich hier mit so tollen Menschen einen so wunderbaren Tag verbringen durfte. Gleichzeitig verachte ich mich dafür, dass ich nicht einfach dankbar sein kann für all das um mich herum. Ich spüre einfach eine enorme Last auf meiner Brust und meinen Schultern. Im Pilgersegen heißt es: »Christus, sei ihnen Begleiter auf der Wanderung, Führer an den Wegkreuzen, Herberge auf dem Weg, Schatten in der Hitze, Licht in der Dunkelheit, Trost in ihrer Mutlosigkeit und Gewissheit für ihre Vorsätze.« Das alles soll Christus für mich sein? Das habe ich doch alles gar nicht verdient! Ich nehme es nicht an. Irgendetwas mache ich falsch. Er führt mich nicht den richtigen Weg entlang, sonst hätte ich mich nicht verlaufen, und er spendet keinen Schatten in der Hitze, weil ich meinen Hut nicht aufgesetzt habe. Er soll sich gar nicht um all das kümmern. Wie könnte ich ihm das jemals zurückgeben? Ich habe das nicht verdient, weil ich einfach nicht so ein guter Mensch bin.

Am Ende der Messe fragen mich meine drei Freunde, was mit mir los sei, ob sie helfen, irgendetwas tun könnten. Natürlich können sie das nicht, ich weiß selbst nicht, was eben mit mir los gewesen war. Als ich im Bett liege, überkommt es mich erneut: Ich kann mich nicht zusammenreißen, heule in einer Tour und ärgere mich über mich selbst, weil ich nicht stark genug bin, um die Tränen zurückzuhalten. Javier und Alberto kommen an mein Bett und fragen wieder, ob sie irgendetwas für mich tun könnten, wollen mich trösten. Ich verneine und lächle, denn sie sollen nicht denken, dass ich ihre Anteilnahme nicht zu schätzen weiß. Joan ruft sie von meinem Bett weg und macht ihnen klar, dass sie mich heute Abend einfach in Ruhe lassen sollten. Sie verschafft mir den nötigen Raum, obwohl wir mit insgesamt sechzehn anderen im Schlafsaal liegen. Das Licht geht aus. Ich weine weiter, weiß noch immer nicht, warum, vermisse meine

Familie, meine Freunde, sogar meinen Ex-Freund. Ich vermisse ihn so sehr. Acht Jahre lang war er Teil meines Lebens, hat mir zugehört, wenn ich es brauchte. Aber jetzt bin ich allein – ohne zu wissen, ob ich überhaupt allein sein kann.

Zu diesem inneren Schmerz kommt der Schmerz in meinen Oberschenkeln. Sie brennen wie Feuer, und das nicht nur bei der kleinsten Bewegung, sondern auch dann, wenn ich ruhig daliege. Sie sind hart wie Stein, doch ich kann jetzt nichts dagegen tun, weil Nachtruhe ist und ich nicht einfach aufstehen und mich dehnen kann. Diese starken Schmerzen rühren ganz sicher von dem strammen Tempo, das ich gelaufen bin, um erstens meinen Fauxpas vom Morgen wieder wettzumachen, zweitens nicht länger als nötig in der prallen Sonne laufen zu müssen und drittens, um mir die Blöße vor den anderen zu ersparen. Schmerzender, juckender Sonnenbrand ziert meine Ohren, auf den Ohrläppchen pellt sich die verbrannte Haut. Das ist meine Quittung für das viel zu schnelle Laufen und für die dumme Idee, mit dem Sonnenhut lieber den Rucksack statt meine Ohren zu schützen. Hier auf dem Camino rächt sich so etwas sofort. Ich bin unschlüssig, ob ich morgen überhaupt weiterlaufen soll. Momentan kann ich mir nicht vorstellen, nach nur einer Nacht wieder funktionstüchtig zu sein. Von Logroño nach Nájera sind es 30 Kilometer, und wie heute soll es auch morgen wieder 32 Grad heiß werden. Vielleicht könnte ich schon vorher irgendwo einkehren? Ventosa wäre da eine Möglichkeit. Jetzt bleibt mir aber erst einmal nichts anderes übrig, als abzuwarten, wie es mir morgen früh geht. Langsam beruhige ich mich und schlafe, mit den Gedanken wieder im Hier und Jetzt und bei einem eigentlich doch wunderschönen Tag, ein.

VON JOHANNES ZU HANNES

*»Du wirst hier einen großartigen Camino haben,
Andrea, vielleicht den besten von uns allen,
da bin ich mir sicher.«*

Nájera (17. September)

Am Morgen hat mich dann doch wieder das Jakobswegfieber gepackt, und ich musste weiterziehen. Dafür habe ich aber länger geschlafen und anschließend ausgiebig in der schönen kleinen kirchlichen Herberge gefrühstückt, mit Weißbrot und zwei verschiedenen Sorten selbst gemachter Marmelade, Albaricoque und Fresa: Aprikose und Erdbeere. Dazu gab es frischen starken spanischen Kaffee und Saft. Im Raum sitzen nur noch zwei andere Pilger, der Rest ist bereits aufgebrochen. Ein älterer Spanier mit blauer Basecap zerrupft seine Weißbrotscheiben, tunkt die einzelnen Stücke in den vor ihm stehenden Kaffee, beobachtet, wie sie sich langsam mit der braunen Flüssigkeit vollsaugen und lässt sie dann doch hineinplumpsen. Er rührt einmal kurz um, setzt die Tasse an, trinkt den Kaffee und fischt im Anschluss mit der Zunge das aufgeweichte Brot heraus. Ich beobachte das Schauspiel ganze drei Mal und wundere mich, was es damit auf sich hat. Die andere mit am Tisch sitzende rothaarige Pilgerin und ich schauen uns irritiert an. Er – Jesús, wie sich herausstellt – bemerkt unsere Blicke und erklärt uns, erst auf Spanisch, wovon aber selbst ich nur die Hälfte verstehe, daher anschließend auf Englisch, was ich für die fragend dreinblickende, rothaarige Pilgerin übersetze, dass dies ein Sportlertrick sei. Er äße auf diese Weise nur ein paar Scheiben Weißbrot, die ihm die nötige Energie für den Tag lieferten, und keinerlei Belag wie Wurst, Käse oder Marmelade. Die Pilgerin stellt daraufhin traurig und etwas vorwurfsvoll in Jesús' Richtung fest, dass es in dieser Herberge gar keinen Käse gebe, obwohl sie im Moment nichts lieber essen würde als das, außerdem verstehe sie sowieso nicht, wie jemand so etwas verschmähen könne. Jesús versteht sie nicht und erklärt weiter, dass sein Sättigungsgefühl durch das mit Flüssigkeit vollgesogene Brot viel schneller einsetze, er also demnach morgens nicht zu viel zu sich nehme und dass das Ganze noch einen weiteren Vorteil habe, denn das aufgeweichte Brot, nunmehr ohne feste Rinde, ließe sich viel leichter verdauen. Schnell gebe ich lächelnd zu verstehen, dass ich es ihm auch so, also ohne noch detailliertere Erklärungen, glauben würde. Die – unüberhörbar aus Österreich stammende – Pilgerin will sich noch einmal übersetzen lassen, was der Spanier gerade erzählt hatte, und so kommen wir beide ins Gespräch. Wir beschließen letztlich, den Tag über gemeinsam zu laufen. Susanne kommt aus Wien und läuft ihrer eigenen Aussage nach unglaublich langsam. Sie möchte ihr Tempo ein klein wenig anziehen, und da ich als relativ schnelle Läuferin mein Tempo heute um jeden Preis drosseln möchte, könnte das ganz gut mit uns beiden passen. Außerdem habe ich Lust auf Gesellschaft, und meine drei Freunde von gestern müssen heute ohne mich vorliebnehmen: Noch so eine Tour würde ich nicht durchhalten. Das einsame Laufen ist wunderbar, aber ich bin ausnahmsweise weniger erpicht darauf, über Gott, die Welt, das Leben oder gar mein Leben zu Hause nachzudenken. Ich möchte mich vorerst auch nicht mit dem, was gestern Nacht passiert ist, auseinandersetzen und mich ständig fragen, weshalb ich geweint haben könnte, weshalb ich meine Tränen nicht zurückhalten konnte. Ich will mich ablenken, einfach quatschen und mich austauschen, warum also nicht mit ein wenig Wiener Schmäh?

Vom Frühstück gestärkt, hole ich meinen Rucksack und Wanderstock aus dem Schlafsaal, binde meine Schuhe und warte im Eingangsbereich der Kirche auf Susanne. Gegen 7:20 Uhr ziehen wir los Richtung Nájera. Das Fest am gestrigen Abend hat deutliche Spuren hinterlassen. Im Zentrum liegt der Geruch von Alkohol in der Luft, überall liegen Glasscherben auf den Straßen oder stehen halb volle Weinflaschen herum. Wir sind froh, als wir das Stadtzentrum hinter uns lassen und vorbei an einer überdimensionalen Golfanlage endlich zum Parque de la Grajera kommen. Das langsame Laufen ist mir nach dem gestrigen Gerenne durch das spanische »middle of nowhere« ganz recht. Wir haben uns gut arrangiert: Susanne läuft einen Schritt schneller und ich drei langsamer als sonst.

Der Park erinnert an einen riesigen Stadtpark, da vieles künstlich angelegt wirkt. Er ist unfassbar schön, umfasst etwa zwei Kubikhektometer und dient den Städtern als grüne Oase, um mal wieder ein wenig Energie aufzutanken. In seiner Mitte befindet sich ein Stausee, auf dessen spiegelglatter Oberfläche sich das genaue Abbild von Sonne und Wolken am Himmel abzeichnet. Die glitzernden Strahlen funkeln auf dem Wasser wie tausend kleine Diamanten, und die sich spiegelnden Farben sind beeindruckend intensiv. Die Zuckerwattewolken werden von der aufgehenden Sonne in verschiedene Rosa-, Rot- und orangefarbenen Tönen gepinselt. Es ist ein wunderschöner Anblick, also setzen Susanne und ich uns für einige Minuten auf die kleine Mauer am Seeufer und genießen die Schönheit der Natur.

Als wir weiterlaufen, treffen wir auf Masso. Eine Zeit lang gehen wir zusammen, doch dem Italiener juckt es in den Füßen.

Nach zwanzig Minuten Rumstehen und gelegentlichem Laufen verabschiedet sich Masso wieder von uns. Ich blicke ihm ein wenig wehmütig hinterher, aber vielleicht ist es gar nicht so schlecht, dass er geht. Die ganze Zeit über musste ich zwischen den beiden übersetzen, und ein wirklicher Sympathiefunke ist hier leider nicht übergesprungen. Man kann es nicht allen recht machen, und heute habe ich mich für Susanne entschieden. Vielleicht tut mir dieses »fast überhaupt nicht gehen« ja sogar gut. Susanne hat immer ein Lächeln auf den Lippen, doch mit der Zeit wird deutlich, dass sie zutiefst verletzt wurde und dass das schon seit Jahren an ihr nagt. Von ihrem Ex-Mann lebt sie getrennt. Die gemeinsamen Kinder bekommt sie kaum zu sehen, da diese bei ihm leben. Vor Gericht ficht sie seit Jahren einen nervenzehrenden und schier endlosen Sorgerechtsstreit aus, bei dem sie sich inzwischen auch nicht mehr sicher ist, ob es nach all den Jahren für die Kinder nicht doch das Beste wäre, bei ihrem Vater zu bleiben. Sie zweifelt daran, ob es richtig ist, die Kinder aus ihrer gewohnten Umgebung zu reißen, obwohl sie doch dort, wo sie jetzt sind, ihr gesamtes soziales Umfeld haben. Die Freunde, die Schule und den Vater, der nach Susannes Urteil zwar ein Arschloch, aber dennoch ein liebender Papa sei. Doch dann wäre all der Kampf der letzten Jahre umsonst gewesen. Susanne steckt in einem inneren Zwiespalt. Hier auf dem Jakobsweg will sie versuchen, eine Lösung zu finden, und nach dem Camino einen Neustart wagen. Den richtigen Partner meint sie diesmal gefunden zu haben. Ich wünsche es ihr.

Wir laufen weiter, kommen aber auch jetzt nur schleppend voran. Susanne fotografiert fleißig weiter die Wolken, mich, sich selbst, ihre Schuhe, einige von Pilgern aus Stöcken gebastelte Kreuze an einem Zaun, aufgeschüttete Steinpyramiden, Weinreben, das Tor zur Weinkooperative Montecillo, die bereits 1874 gegründet und inzwischen von der weltbekannten

Familie Osborne übernommen wurde, oder auch einfach nur gelbe Pfeile auf Wegweisern. Wenn es gerade kein Fotomotiv zu entdecken gibt, werden Pflanzen am Wegesrand bewundert – keine Ahnung, weshalb Susanne diese nicht auch fotografiert –, Beeren oder Weintrauben gepflückt und natürlich im Stehen verspeist, denn das Essen im Gehen sei ungesund, oder einfach mal eine Pause vom vielen Laufen, Stehen oder Sitzen gemacht. Wow, das ist viel anstrengender, als kontinuierlich schnellen Schrittes zu gehen.

Ich hatte zwar langsamer laufen wollen, aber laufen an sich, das wollte ich schon. Susanne und ich haben einfach eine ganz unterschiedliche Vorstellung davon, was das Laufen auf dem Camino bedeutet. Okay, die Österreicherin genießt, nimmt alles vielleicht noch intensiver wahr als ich, aber für mich ist das kein Genuss. Ich mag das Laufen, es beschwingt mich, gibt mir Kraft – wenn ich es nicht gerade so übertreibe wie gestern. Susanne läuft jeden Tag um die 15 Kilometer, weiter kommt sie nicht, da ihr die Füße dann wehtun. Ich versuche ihr zu erklären, dass das sicher auch mit dem vielen Stehen zusammenhängt. Der Mensch ist nicht dafür gemacht, ständig in der Gegend herumzustehen. Susanne schaut mich dumpf an und sagt: »Ich glaube, ich bleibe in Ventosa. Wir müssten dort bald ankommen. Ich will nicht mehr laufen. Ich bin schon viel länger unterwegs als die ganzen Tage zuvor.« Ich bin mir nicht sicher, ob sie mir vorher überhaupt zugehört hat. »Auch gut«, denke ich mir achselzuckend. Susanne lädt mich ein, auch in Ventosa zu bleiben, aber ich möchte noch ein paar Kilometer dranhängen und bis nach Nájera kommen. Ich freue mich darauf, so noch ein wenig allein weiterlaufen zu können.

In Ventosa bringe ich Susanne noch zu ihrer Herberge. Dann verabschieden wir uns. Durch das unterschiedliche Tempo werden wir uns wohl nicht wiedersehen. Die Österreicherin hat es geschafft, mir die Freude am Laufen zurückzugeben. Durch den strengen Marsch gestern, die abendlichen, immer noch anhaltenden Schmerzen hatte ich das Laufen verflucht und wollte eigentlich gar nicht weitergehen. Immer wieder habe ich mir die Frage gestellt, wie ich überhaupt auf die Idee einer solchen Unternehmung kommen konnte. Nun aber bin ich ganz gierig darauf, noch ein bisschen weiterzugehen, die Beine zu bewegen, die frische Luft, die Natur und das Wandern zu genießen. Jede Begegnung hier auf dem Jakobsweg hat ihren ganz eigenen Sinn, und vielleicht nicht nur hier.

Als ich am Dorfrand ankomme, entdecke ich Dodge und Sylwia in einer kleinen Bar. Ich setze mich an den benachbarten Tisch in den Schatten. Auch die beiden Polen waren gestern in der Jakobskirche in Logroño untergebracht, und ihnen dürfte mein emotionaler Ausbruch als Heulboje nicht entgangen sein. Als Dodge kurz in der Bar verschwindet, erkundigt Sylwia sich nach meinem Befinden. »Heimweh!«, erkläre ich und muss dabei verlegen lächeln. Sofort bricht es aus Sylwia heraus: »Ich habe auch solches Heimweh. Ich vermisse meine Familie so, meine Mutter und meine Großmutter. Sie ist schon so alt, und ich habe Angst, dass ihr etwas passiert, während ich hier bin. Ich kann dich so gut verstehen. Wenn Dodge nicht bei mir wäre, wäre ich vermutlich schon längst wieder zurückgeflogen. Ich könnte das nicht aushalten ganz allein hier auf dem Camino. Mein Englisch ist nicht so gut. Ohne Dodge könnte ich mich nie richtig unterhalten. Viel verstehe ich gar nicht. Mir fehlen auch meine Freunde so sehr.« Jetzt hat auch Sylwia feuchte Augen, und dann nimmt sie meine Hand: »Hier gibt es WLAN. Schreib deiner Familie. Sag ihnen, dass du sie vermisst. Das wird dir guttun.« Sie lehnt sich zurück in ihren Plastikstuhl und lächelt mir aufmunternd zu.

Als die Kellnerin mir meine Getränke bringt, frage ich nach dem WLAN-Schlüssel und schreibe eine E-Mail. Sie beginnt mit den Worten: »Hallo, ihr tollen Menschen, die ich unglaublich vermisse.« Ich schreibe von den vergangenen Tagen, von meinem gestrigen Wettlauf gegen die Zeit, den ich zwar gewonnen, aber im Nachhinein betrachtet auch irgendwie verloren habe, und ich schreibe von dem Weg, der heute noch vor mir liegt: 11 Kilometer nach Nájera bei 32 Grad, auf Staubwegen zwischen Olivenhainen und Weinbergen hindurch. Wenn ich in Nájera ankomme, liegen noch etwa 600 Kilometer vor mir. Im Umkehrschluss bedeutet das, dass ich schon 200 Kilometer bewältigt habe. Bei diesen Worten durchfährt mich ein warmes Gefühl. Als ich die E-Mail abgeschickt habe und von meinem Handy aufschaue, kommen Marcel und Johannes auf mich zu. Ich freue mich wahnsinnig, Marcel zu sehen, immerhin bin ich davon ausgegangen, dass der Brasilianer schon weit vor mir sein und ich ihn nicht mehr zu Gesicht bekommen würde.

Sie setzen sich zu mir und erzählen mir von ihren letzten Tagen. Marcel wird heute noch einige Kilometer dranhängen. Er ist gestern nur bis Logroño gekommen, wollte aber eigentlich schon weiter sein. Aufgrund seines eng getakteten Zeitplans ist keine Zeit für Tagesstrecken unter 30 Kilometern, zumindest dann nicht, wenn er nicht doch zwischendurch den Bus nehmen möchte. So will er heute auf jeden Fall bis nach Azofra oder sogar bis Cirueña kommen. Ich verabschiede mich von ihnen sowie von Sylwia und Dodge und nehme mir für den Weg noch ein Buttermilcheis aus der Bar mit. Als Marcel und Johannes mich mit dem Eis aus der Bar kommen sehen, winken sie mich noch einmal zu sich an den Tisch, und Marcel steckt mir einen Zettel mit seiner E-Mail-Adresse zu: »Melde dich, wenn du angekommen bist. Egal wo, ob in Santiago oder bei einer wichtigen Erkenntnis, melde dich! Du wirst hier einen großartigen Camino haben, Andrea, vielleicht den besten von uns allen, da bin ich mir sicher. Du bist weise und intelligent und wirst die richtigen

Entscheidungen treffen.« Ich kann nicht anders und falle ihm um den Hals. Marcel ist einfach unglaublich. Ich weiß nicht, wie er das macht, aber es fühlt sich so an, als könnte er in mein Innerstes sehen, als würde er meine Seele berühren. Und das hat er auf diesem Weg schon oft getan. Antonio aus Saragossa, den ich in Puente la Reina kennengelernt habe, hält Marcel für einen Engel. Er kam abends, als ich schon in meinem Bett in der Herberge lag, noch einmal zu mir, um mir eben dies zu sagen. Er war sich sicher. Vielleicht hatte er recht? Vielleicht ist ja jeder von uns für jemanden auf dieser Welt ein Engel?

In Nájera komme ich erst nach 15:00 Uhr an. Kurz bevor ich auf der massiven Steinbrücke den Río Najerilla in die Altstadt hinein überquere, schließt Johannes zu mir auf. Auf seine Gesellschaft habe ich herzlich wenig Lust, aber bis zur Herberge sind es nur noch ein paar Hundert Meter. Entlang des Flusses schlendern wir also gemeinsam zur Gemeindeherberge. Bereits von Weitem können wir die großen Buchstaben auf einem Schild an dem grünen hölzernen Eingangstor lesen: »TODO COMPLETO« – »Alles belegt«! Wir sprechen mit dem wenig hilfsbereiten Hospitalero, der uns nur zu verstehen gibt, dass es nicht sein Problem sei, wenn wir so spät ankämen. Ob er uns eine andere Herberge empfehlen konne? »Die sind alle ausgebucht. Ihr werdet nichts mehr finden«, entgegnet er schroff. Großartig! Stocksauer ziehen wir weiter in die nächste Herberge. Ein kleines privates Bed and Breakfast. Ob wir reserviert hätten, will die Dame am Empfangstresen wissen. Als wir den Kopf schütteln, schickt sie uns weg: »Todo completo. Es ist bereits alles reserviert.«

Gemeinsam klappern wir eine kleine Unterkunft nach der anderen ab. Nirgends ist noch etwas frei. Wir machen uns langsam mit dem Gedanken vertraut, unter einer der Brücken am Fluss schlafen zu müssen. Ich bin gereizt und lasse meine schlechte

Laune an Johannes aus. Die ganze Zeit jammert er, dass wir kein Zimmer mehr bekommen würden, dass er auf die Suche keine Lust mehr habe und dass wir uns doch einfach ein Hotelzimmer teilen sollten. Wir müssten nur erzählen, wir seien ein Paar. Ich funkle ihn böse an, aber er grinst. Als ich ihn gerade anbrüllen will, was ihm einfiele, kommt ein Spanier mittleren Alters auf uns zu und fragt, ob er uns helfen könne. Als wir ihm erzählen, dass wir auf der Suche nach einem Refugio seien, mustert er uns kurz von oben bis unten und sagt dann: »Kommt mit, ich weiß, wo noch etwas frei ist.«

Es geht durch ein paar kleine Gassen und letztlich in eine Bar, wo der Fremde mit einem Mann hinter der Theke spricht, um direkt danach die Bar wieder zu verlassen, ohne ein weiteres Wort an uns zu richten. Der dunkelhaarige Mann hinter dem Tresen erklärt, dass er uns leider enttäuschen müsse. Die Herbergsbetten seien bereits ebenfalls alle vergeben. Resigniert lasse ich mich auf einen Barhocker fallen. Johannes setzt seinen Rucksack ab, bestellt sich eine Cola und nimmt an einem der Holztische Platz. Der Mann hinter der Theke verschwindet kurz in einem Hinterzimmer. Zurück kommt er mit einer Dose Cola und den Worten: »Ihr könnt mein Gästezimmer haben. Ich muss nur die Matratzen beziehen. 25 Euro. Einverstanden?« Etwas verdutzt, aber nach dem letzten Strohhalm greifend, willigen wir ein. Endlich ein Zimmer! Wir müssen nicht bei den Mücken am Fluss schlafen, und wir müssen auch keine 6 Kilometer mehr weiter nach Azofra laufen. Ein eigenes Zimmer und ein eigenes Bett für jeden. Ich bin so glücklich, dass ich den Barmann und sogar Johannes küssen könnte. Stattdessen nehme ich Johannes' Hand und drücke sie fest.

Während unser Gastgeber verschwunden ist, um neue Laken über die Matratzen zu spannen, trinkt Johannes seine Cola aus. Danach beziehen wir unser Zimmer. Es liegt ein paar Straßen weiter und ist wirklich ekelhaft. Der ganze Raum ist feucht. Es schimmelt an der Decke und den Wänden, auch in der Dusche wuchert der Schimmelpilz. Der Lattenrost hat insgesamt fünf Latten, sodass ich, wenn ich mich auf das Bett lege, mit Schultern und Hintern samt der dünnen Matratze durch die Abstände zwischen den einzelnen Holzbrettern rutsche. Es muss urkomisch aussehen, jedenfalls kriegt Johannes sich nicht mehr ein vor Lachen. Schön, dass wenigstens einer von uns etwas davon hat.

Doch dann passiert etwas, womit ich nicht gerechnet hätte: Johannes leiht mir, wie selbstverständlich, seine Badelatschen! Ich habe ja keine dabei, ekle mich aber unglaublich vor der Duschkabine. Er wundert sich zwar, weshalb ich nicht wenigstens Flipflops dabeihätte, bietet mir aber anstandslos seine an. Nein, er drängt sie mir quasi auf: »Du kannst doch nicht ohne Schuhe in diese Dusche steigen! Jetzt nimm sie schon!« Ich ziere mich ein wenig, nehme sie aber letztlich doch dankend an. So selbstlos hätte ich ihn gar nicht eingeschätzt, vor allem da er weiß, dass ich Blasen an den Füßen habe. Darunter eine erschreckend aussehende, blutunterlaufene in blau-gelb, die jederzeit aufgehen könnte. »Ist mir doch egal. Du bist ja nicht giftig. Außerdem will ich mal Arzt werden – vielleicht –, da kann ich mich wohl kaum vor anderer Menschen Füße ekeln.« Voller Dankbarkeit genieße ich die Dusche nach dem langen Weg heute. Die schmerzende Blase steche ich anschließend unter Johannes' Anleitung auf und ziehe einen Bindfaden hindurch, der die Flüssigkeit aufsaugt. Bei dem Anblick wird mir übel. Gut, dass ich keine Ärztin geworden bin und das auch nie vorhatte.

Nájera hat eine hübsche Altstadt, mit vielen kleinen Gassen und Mosaiken auf dem Boden. An der Plaza de Navarra befindet sich ein altes ehemaliges Benediktinerkloster aus dem Jahr 1052. Der Legende nach ließ König García III. das Kloster erbauen, nachdem er einen Falken zur Rebhuhnjagd hinausgesandt, dann aber beide, Falke und Rebhuhn, später friedlich vereint in einer Grotte vor einem Marienbildnis vorgefunden hatte. An eben dieser Stelle ließ er das Kloster errichten. Heute gehört es zum Orden der Franziskaner. Ich hätte auf meiner kleinen Erkundungstour gerne einen Blick hineingeworfen, doch auch in Nájera findet heute ein Wein- und Erntedankfest statt, an dessen Aufbau sich auch die Mönche und Mitarbeiter des Klosters betätigen, weshalb es heute für Besucher geschlossen bleibt.

Wieder an der Uferpromenade angekommen, mache ich es mir auf einer Parkbank mit Blick auf den Fluss gemütlich. Ich denke über den gestrigen Abend nach, über mein Heimweh, darüber, dass ich meine Lieben so schrecklich vermisse. Selbst Daniel. Ich vermisse ihn so unheimlich, dass es weh tut. Es ist das erste Mal, dass ich die Entscheidung zur Trennung wirklich grundlegend infrage stelle. Darüber nachgedacht habe ich schon öfter auf dem Weg, aber meist ist mir dann doch in den Sinn gekommen, wie gut es mir seit der Trennung geht, wie befreit ich mich damit fühle. Und dann war da dieser Stein: »If it hurts, it is no love«.

Ein paar Hundert Meter entfernt baut einer dieser typischen Panflötenspieler im Indiogewand mit Kriegsbemalung und Federn in den langen dunklen Haaren seinen Verstärker auf. In der Hoffnung, die ein oder andere selbst gebrannte CD zu verkaufen, setzt er sich gekonnt in Szene, um auf seinem Instrument weltbekannte Popsongs zu trällern. Man kann sagen, was man will, aber die Musik klingt schön und passt ganz wunderbar zu der abendlichen Stimmung in dem kleinen Städtchen. Den Anfang macht natürlich »El Condor Pasa« von Simon & Garfunkel, anschließend gibt es noch »The Lonely Shepherd« von James Last aus dem Film *Kill Bill*. Ich schaue ihm beim Spielen seiner Panflöte zu, er hat die Augen geschlossen und ist voll und ganz in die Melodie vertieft. Ein paar Zuhörer haben sich auf der Wiese am Flussufer versammelt.

Vor dem nächsten Lied macht er eine kleine Pause, schaut mich an, doktert an seinem Verstärker herum und blickt noch einmal zu mir herüber. Ich lächle ihm zu. Winke. Mir gefällt, was er tut. Er nickt zurück, hebt die Hand zum Gruß und setzt zum nächsten Stück an: »Was das nächste Ufer bringt« aus Disneys *Pocahontas*. In dem Film geht es um das gleichnamige indigene Mädchen, welches nach ihrem eigenen, für sie richtigen Weg sucht und dabei ganz nebenbei den großen Entdeckern der sieben Weltmeere erklärt, worauf es wirklich im Leben ankommt. Übersetzt bedeutet Pocahontas so viel wie »die Verspielte«, die, die alles durcheinanderbringt, mehr will, sich nicht zufriedengibt. Sie ist der Wirbelwind.

»Was das nächste Ufer bringt« ist eines meiner Lieblingslieder, es spricht mir so sehr aus der Seele, und jetzt, wo ich hier sitze und wieder einmal darüber nachdenke, zu meinem vorherigen Leben zurückzukehren, spielt dieser Mann dieses Lied: »Nie schwimmt man zweimal im selben Fluss, das mag ich gern, denn ein jeder weiß: Die Flüsse sind nie, wie sie einmal waren. Wir Menschen, denk ich, wir sind nicht so, egal wie hoch der Preis, woll'n wir sicher sein und werden nie erfahren, was das nächste Ufer bringt, was für uns das nächste Ufer bringt.« Das Lied fordert dazu auf, aus der eigenen Komfortzone auszubrechen, mutig zu sein, unabhängig davon, wie unsicher etwas sein mag, Neues zu wagen, weil wir sonst niemals herausfinden werden, was uns entgeht, was auf uns wartet. In Daniel habe ich einen sicheren Hafen – zugegeben: einen, der fremdgeht. Aber abgesehen davon gilt eben auch: Wer immer im Hafen bleibt, kann keine neuen Ozeane entdecken.

In dem Disneyfilm soll Pocahontas Kocoum, einen der Stammeskrieger, heiraten und ist deswegen hin- und hergerissen: »Einen hübschen Mann mir nehmen, der ein hübsches Haus mir baut, doch niemals träumt, dass Großes wird geschehen?« Natürlich, es ist nur ein Lied, aber genau das ist doch meine Frage: Soll ich bei ihm bleiben, mir mit ihm eine Zukunft aufbauen, das rissige Fundament irgendwie kitten, weil ich eben nicht weiß, was da sonst noch auf mich wartet? Soll ich diesen sicheren Weg gehen? Ich will die Welt sehen, will mehr als mein bisheriges Leben. Ich will nicht die betrogene Frau sein. Das bin ich nicht, und es passt nicht zu mir. Wenn ich Daniel vermisse, dann ist es die Gewohnheit. Die Gewohnheit, ihn immer um mich zu haben, die Gewohnheit, mit ihm über fast alles zu sprechen, über alles Alltägliche. Nach dem Ende des Liedes schaut der Musiker noch einmal zu mir herüber, nickt mir erneut zu und macht eine Geste, die wohl sagen soll: »Bitteschön! Dieses Lied war für dich.« Ich bin zutiefst gerührt.

Jedes Mal, wenn ich auf der Suche nach einer Antwort bin, scheint sie mir zuzufliegen. Keine Ahnung, ob das diese besondere Spiritualität des Camino ist oder ob ich hier nur stärker auf solche Dinge achte, sie deshalb eher wahrnehme und sie eigentlich ganz alltäglich auch zu Hause passieren. Ich bleibe noch eine Weile auf meiner Bank sitzen, bis Johannes kommt, mit Keksen unter dem Arm baut er sich vor mir auf: »Kommst du mit auf das Stadtfest? Wir wollen es uns anschauen.« Im Schlepptau hat er ein junges deutsches Pärchen aus Dresden, Franzi und Wieland. Sie gehen den Camino, weil sie ihre Semesterferien diesmal anders verbringen wollen. Gemeinsam brechen wir zum hiesigen Erntedankfest auf.

Inzwischen ist es 22:30 Uhr, wir sind zurück in unserem Schreckensdomizil, und die Party vor unserem Fenster ist in vollem Gange. Der altmodische CD-Spieler leiert einen Miniclub-Titel nach dem anderen. Kinder grölen mit, singen laut, Erwachsene prosten sich zu. Die zwei Sängerinnen auf der Bühne am anderen Ende des Platzes feuern ihr Publikum an. Es wird geklatscht, geschrien und vor allem gefeiert. Gläser gehen zu Bruch. Ein Streit bricht aus – er wird anscheinend schnell geschlichtet. An Schlafen ist, trotz Ohropax, nicht zu denken. Um 2:30 Uhr checke ich das letzte Mal die Zeit, während eine Blaskapelle, mit einer Menschentraube im Schlepptau, durch die Stadt zieht. Immer wieder durch die kleinen Straßen, immer wieder an unserem Fenster vorbei. Ich sehne mich nach der deutschen Genauigkeit, nach Nachtruhe und dem heiligen Ordnungsamt. So etwas werde ich sicher nie wieder in meinem Leben sagen, aber jetzt hätte ich einfach gern ein paar deutsche Pedanten hier, die mit erhobenem Zeigefinger und strengem Blick auf ihre Armbanduhr verweisen. Ich will doch einfach nur schlafen! Noch vor ein paar Stunden fand ich das ewige Draußensein der Spanier großartig, jetzt aber sehne ich mich nach Schlaf. Aus dem Bett neben mir höre ich leises Schnarchen. Ich habe keine Ahnung, wie er das macht, aber Johannes schläft. Er stört sich überhaupt nicht an dem Lärm auf der Straße. Ich krieche tiefer in meinen Schlafsack, und irgendwann übermannt auch mich die Müdigkeit so sehr, dass ich über dem Trubel in Nájera einschlafe.

Santo Domingo de la Calzada (18. September)

Als um 5:30 Uhr der Wecker klingelt, drehe ich mich in meinem wohlig warmen Schlafsack einfach noch einmal um. Leider zu schwungvoll, denn bei dem klapprigen Bett verrutscht dadurch eine der wenigen Latten aus dem Rost unter mir, und ich plumpse samt meiner 5 Zentimeter dünnen Matratze durch das entstandene Loch auf den Holzfußboden. Johannes kriegt sich kaum ein vor Lachen, und nach dem ersten Schreck kann auch ich nicht anders, schlage die Hände vors Gesicht, werfe den Kopf in den Nacken und pruste aus voller Kehle los, hinein in den Morgen. Das mit dem Weiterschlafen hat sich somit wohl erledigt.

Um 6:00 Uhr brechen wir nach Santo Domingo de la Calzada auf. Obwohl es noch so früh am Morgen ist, quasselt Johannes in einer Tour. Es geht um seine Familie, die bayerische Familie mütterlicherseits und die nicht so gern gesehene pfälzische Familie väterlicherseits. Johannes schwärmt von seiner kleinen Schwester. Er bewundert seine Mutter. Seinen Vater hält er für einen weichen, aber warmherzigen Menschen, der es nicht immer einfach hat im Schatten der starken Mutter, die die ganze Familie zusammen- und am Laufen hält.

Unser Weg führt eine ganze Zeit lang weiter auf rotbraunen, sandigen Staubpisten durch die hügelige Rioja. Auf beiden Seiten liegen unzählige Äcker, Getreidefelder und Weinberge. Auf einem von ihnen steht ein älterer Spanier mit Schiebermütze und auffällig buschigem Schnurrbart, umgeben von leuchtend grünen, gelben und roten Weinblättern. Er inspiziert die Reben, schaut sich die prallen lilafarbenen Weintrauben an. Ich denke, bald müsste die Lese beginnen, wenn sie das nicht sogar schon hat. Als wir vorbeilaufen, schaut er von seinen Trauben auf und ruft uns zu sich heran. Die Daumen unter die grünen Hosenträger geklemmt, fragt er uns mit seiner rauchigen Stimme: »Seid ihr Pilger? Wollt ihr nach Santiago?« Ich bejahe für uns beide, denn Johannes spricht kein Spanisch, auch wenn er die einfache Frage vermutlich selbst verstanden haben dürfte. Der Alte heißt Luis und ist Weinbauer: »Das alles hier ist mein Land. Aber ich bin alt, und irgendwann kann ich das alles nicht mehr bewirtschaften.« Ich bin unsicher, was ich darauf antworten soll, frage nach Sohn oder Tochter. Beinahe wehmütig blickt er über die Weite der hügeligen Landschaft: »Die jungen Leute wollen keinen Wein mehr anbauen.« Als wollte er die Gedanken, denen er gerade nachhängt, vertreiben, schüttelt er den Kopf und sagt schnell: »Aber sicher, ich habe einen Sohn. Er ist auch einmal nach Santiago gegangen, da bin ich sehr stolz auf ihn. Er ist ein guter Sohn.

Ich habe das nie geschafft, obwohl ich hier am Weg lebe, bin ich doch niemals gepilgert. Das Leben ist Pilgerweg genug. Ich bin Pilger meines eigenen Lebens.« Er zwinkert uns zu. »Woher seid ihr?«, fragt er weiter. »Aus Deutschland«, antworte ich. Er greift in seine Gesäßtasche und holt eine Gartenschere heraus: »Gardena! Auch aus Deutschland!«, ruft er lächelnd, wobei seine vom Nikotin verfärbten Zähne hervorblitzen. Er kniet neben uns nieder, seine Schiebermütze ragt ihm tief ins Gesicht, und während er etwas vor sich hinbrabbelt, schneidet er mit der Gartenschere eine riesige Rispe mit einem ganzen Ballen großer blauer Weinbeeren ab und drückt sie mir in die Hand: »Daraus wird rotes Gold gewonnen. Die Trauben sind süßer als Zucker und saftiger als alles, was ihr je zuvor gegessen habt. Sie geben euch Energie, stärken euch auf dem Weg.« Ich bin überwältigt. Johannes fragt, ob er sie uns wirklich schenken wolle. Die Rispe ist so groß und schwer, dass ich sie mit beiden Händen halten muss. »Warum schenken Sie uns die Trauben? Ist nicht bald Ernte?«

»Wir lesen schon seit fast zwei Wochen!«, antwortet Luis. »Warum soll ich sie euch denn nicht schenken? Sie sind gut. Und so werde auch ich ein Teil eurer Pilgerreise. Vielleicht erinnert ihr euch an mich, wenn ihr in Santiago ankommt. Oder an meine Trauben.« Er steht lächelnd vor uns. Lächelt mit den warmen dunkelbraunen Augen, die unter seiner Mütze hervorlugen. »Das werden wir!«, gebe ich ebenso lächelnd zurück, und wir bedanken uns für den Proviant. Der Alte widmet sich wieder der Inspektion seiner Reben.

Als wir gehen, drehe ich mich noch einmal zu ihm um: »Buen Camino!«, rufe ich ihm zu. Luis schaut hoch und winkt: »Buen Camino, Peregrinos!« Johannes und ich machen uns sogleich beim Gehen über das zuckersüße Glück in meinen Händen her. Die Trauben sind einfach köstlich, bei jeder einzelnen schmeckt man die Sonne heraus, von der sie jeden Tag geküsst wurde.

»Warum ist der so nett?«, fragt Johannes und meint noch immer den alten Winzer. »Das ist der Jakobsweg!«, antworte ich, und die Dankbarkeit, die mich in diesem Moment erfüllt, lässt mein Herz hüpfen – bei jedem Schritt, mit jeder Traube, die in meinem Mund verschwindet.

Obwohl wir uns die Bäuche vollgeschlagen haben, sind nicht mal die Hälfte aller Trauben aufgegessen, als wir das Neubaugebiet bei Cirueña erreichen. Auf und vor einer Parkbank sitzen zwei australische und ein italienischer Pilger bei einem Mittagsimbiss, denen wir unsere restlichen Trauben überlassen. Unsere Hände sind klebrig, rot und blau vom Saft der Trauben. Gegenseitig übergießen wir sie mit ein wenig Wasser aus unseren Flaschen, um wenigstens das Gröbste abzuwaschen. Dann ziehen wir hinein in die sich teilweise noch im Bau befindliche gespenstische Neubausiedlung. Die Ein- und Mehrfamilienhäuser sind so gut wie fertig, und von außen ist nicht zu erkennen, was noch zu machen ist. Hier und da stehen Bagger und Baustellenfahrzeuge. Menschen sind nicht zu sehen. Alles sieht verlassen aus, als hätte hier seit Monaten niemand mehr gearbeitet. Abgesehen von den drei Pilgern, die wir am Anfang der Siedlung getroffen haben, begegnet uns niemand. Keine Menschenseele. Es ist wirklich unheimlich, fast schon wie ausgestorben. Auch sieht es hier gar nicht aus wie überall auf dem bisherigen Weg, der uns durch alte Dörfer mit Kopfsteinpflaster oder größere Städte geführt hat, die ihren historischen Charme behalten hatten. Hier ist es ungewöhnlich sauber und aufgeräumt. Nicht dass es bisher irgendwo dreckig war, nur ist in diesem Vorort von Cirueña alles ganz penibel, nahezu klinisch. Auch an einem eingezäunten Spielplatz laufen wir vorbei. Die Geräte sehen nicht so aus, als hätte jemals ein Kind auf ihnen herumgeturnt. An den einzelnen Häusern hängen immer wieder Schilder mit der Aufschrift »Se vende« – »Zu verkaufen«. Beim Verlassen des Neubaugebietes überqueren wir einen großen Kreisverkehr. Darauf steht eine gut 4 Meter hohe Plakatwand mit derselben Aufschrift, einer Telefonnummer darunter und dem Foto eines wunderschönen, lachenden spanischen Pärchens darauf, welches potenziellen Käufern wohl signalisieren soll, dass sie hier ihr Glück finden würden. Johannes und ich hingegen sind froh, als wir diesen einsamen, so völlig unspanischen Ort verlassen.

Nach etwa 6 weiteren Kilometern erreichen wir schon um 11:20 Uhr Santo Domingo de la Calzada. Johannes kann es nicht fassen, und auch ich frage mich, wie wir in so kurzer Zeit ankommen konnten. Das Refugio hat noch geschlossen. Ein paar Pilger sitzen neben dem hölzernen Eingangstor an die großen Steinmauern gelehnt und warten auf den Einlass. Johannes lässt sich als Letzter in der Schlange nieder. Ich stelle meinen limonengrünen Rucksack neben ihm ab und mache mich auf zu einer klitzekleinen Stadterkundungstour in Richtung Hauptplatz, der Plaza España, um einen kurzen Blick auf die beeindruckende und neben den Kathedralen von Burgos, León und Santiago wohl bekannteste Kirche am Camino zu werfen.

Um die gotisch-barocke Kathedrale von Santo Domingo rankt sich die Legende eines jungen Mannes, der hier wegen Diebstahls zu Unrecht gehenkt worden war, als er sich gemeinsam mit seinen Eltern auf der Pilgerreise nach Santiago befunden hatte. Auf ihrer Rückreise, die sie auch wieder durch Santo Domingo de la Calzada führte, staunten seine Eltern nicht schlecht, als sie ihren Sohn, noch immer am Galgen vor der Kirche mit dem Strick um den Hals, quicklebendig und lachend auf den Schultern des Apostels sitzen sahen. So liefen sie zum Bischof, der gerade zu Tisch war, und verkündeten ihm dieses Wunder. Dieser glaubte ihnen natürlich kein Wort und spottete: »Euer Sohn ist so lebendig wie die beiden gebratenen Gockel hier auf meinem Teller. Es sei denn, er ist unschuldig des Vergehens, weshalb er gehängt wurde.« Kaum ausgesprochen, erwachten die Brathühnchen zum Leben, der Hahn unter ihnen krähte, und sie flogen zusammen davon. Sodann sprang der Bischof auf und ließ den Jüngling vom Strick befreien, sodass dieser seine Pilgerreise nun allein fortsetzen konnte. In Erinnerung an diese Geschichte befindet sich heute im Gotteshaus ein Hühnerkäfig mit Hahn und Henne darin. Kräht der Hahn, sobald ein Pilger die Kirche betritt, kommt dieser, laut Verheißung, heil und gesund in Santiago an. Ich für meinen Teil möchte mein Glück nicht herausfordern und betrete die Kathedrale deshalb lieber gar nicht erst.

Zurück am Refugio, hat dieses seine Tore inzwischen geöffnet, so reihe ich mich also neben Johannes ein und nehme ihm meinen Rucksack ab, den er vor sich her bugsiert. Es geht nur langsam voran. Die Sonne brennt uns auf die Köpfe. Nach und nach trotten alle durch die riesige Holztür. Ich sehne mich schon nach dem Schatten und dem kühlen Luftzug, die hinter dem Eingang auf uns warten dürfte. Nur noch ein paar Pilger vor uns. In diesem Moment kommen Joan, ihr Freund John, Alberto und Javier freudestrahlend auf uns zu. Auch John und Joan haben sich hier auf dem Camino kennengelernt und schnell festgestellt, dass sie sehr viele Gemeinsamkeiten haben. John, der Dozent in Cambridge ist, kommt ursprünglich auch aus Südafrika. Er denkt darüber nach, zurückzugehen in das Land, in dem er die ersten Jahre seines Lebens verbracht hat, und Joan soll ihm bei dieser Entscheidungsfindung helfen. »Andrea, wie schön dich zu sehen, wie geht es dir, Liebes?«, fragt meine südafrikanische Freundin und streicht mir über die Wange, wohl immer noch meinen Ausbruch in Logroño im Hinterkopf. Peinlich berührt schaue ich kurz zu Boden, muss aber sogleich schmunzeln und freue mich über ihr Mitgefühl: »Es geht mir gut, danke! Was ist mit euch? Bleibt ihr auch hier in der Herberge?« Schnell antwortet sie: »Nein, nein, wir wollen noch weiter nach Grañón. Es ist doch noch viel zu früh, um irgendwo anzukommen. Willst du nicht mitkommen? Begleite uns doch! Es sind nur noch 7 oder 8 Kilometer.«

Alberto und Javier stimmen mit ein: »Ja, komm mit, das wird großartig.« Gerührt lehne ich dankend ab. Zum einen, weil ich an meine schmerzenden Beine denke, die mich dann erwarten würden, wenn ich mich ihrem Tempo noch einmal anschließen würde. Zum anderen denke ich an meinen Freund neben mir. Sicher, ich hätte Lust, mit den Spaniern und Südafrikanern bei Kaffee und Wein heute Nachmittag zusammenzusitzen, über Gott und die Welt zu philosophieren, zu lachen, gut zu essen und einfach das Leben zu genießen, aber ich bin mit Johannes hier. Den heutigen Tag habe ich mit ihm begonnen, gemeinsam wollten wir nach Santo Domingo, und gemeinsam sind wir jetzt hier. Den anderen wünsche ich noch ein »Buen Camino!«, lange verabschieden brauchen wir uns nicht, denn wir sind sicher, dass wir uns irgendwann auf diesem Weg wieder begegnen werden. Die vier ziehen weiter, und der Bayer und ich werden in die Herberge gerufen. Endlich Schatten!

Die Albergue Cofradía del Santo ist wirklich sauber und modern eingerichtet. Es gibt eine große, komfortable Küche, einem Aufenthaltsraum und vor allem: ein separates Zimmer für Schnarcher! Fantastisch! Das bedeutet für mich: schlafen können! Ruhe haben! Gerade nach den letzten beiden durchzechten Nächten kann ich mir kaum etwas Schöneres vorstellen. Schon jetzt freue ich mich diebisch auf meinen Schlafsack später.

Nachdem wir geduscht und unsere Betten bezogen haben, suchen Johannes und ich uns einen Supermarkt. Gemeinsam mit Franzi und Wieland, die wir in der Herberge wiedertreffen, wollen wir heute Abend Salat machen und Spaghetti kochen. Wenn wir schon eine so schöne, große und moderne Küche zur Verfügung gestellt bekommen, wollen wir sie auch nutzen. Wir besorgen Spaghetti, Tomaten, Knoblauch – Johannes liebt ihn abgöttisch, er isst sogar Knoblauch auf Weißbrot –, Oliven und Anchovis. Olivenöl, Salz und Pfeffer wurden in der Herberge von bereits abgereisten Pilgern zurückgelassen. So müssen wir das Grundlegende nicht kaufen. Ich will noch einen Spaziergang durch die wunderschöne Altstadt machen und irgendwo einen Kaffee trinken. Da Johannes sich lieber von dem anstrengenden Lauf heute erholen will, gebe ich ihm unsere Einkaufstaschen mit und mache mich allein auf den Weg durch die kleinen, verwinkelten Gassen dieses historischen Städtchens. Die warme Sonne taucht den Ort in ein goldenes Licht, welches von den sandsteinfarbenen Herrenhäusern aus dem achtzehnten und neunzehnten Jahrhundert reflektiert wird. Ich studiere die Wappenschilder, die an einigen der Häuser zu finden sind. Es sind bunte Familienwappen, die von der langen Geschichte der Stadt erzählen. Lang gezogene filigrane Balkone mit schmiedeeisernen Geländern sowie die Knoblauch- und Paprikastauden an ihnen zieren die Hausfassaden. Auf der schmalen Hauptstraße und der von Arkadenhäusern gesäumten Plaza España tummelt sich anscheinend ganz Santo Domingo. Hier tobt das Leben. Einheimische und Touristen schlendern umher, Letztere bestaunen die Kathedrale, den Parador oder das Rathaus, während Erstere ihre Einkäufe nach Hause tragen, sich mit Freunden und Bekannten unterhalten und ihren tobenden Kindern hinterherrufen, sie sollen doch bitte vorsichtig sein.

Abseits dieser Straßen sieht es anders aus. Der Hauptwirtschaftszweig Santo Domingos ist der Tourismus, der es aber nicht bis in die kleinen Gassen fern der Pilgerroute schafft. Hier sind die meisten Geschäfte geschlossen, die Türen verriegelt und die Schaufenster mit Holzplatten verbarrikadiert, auf denen meist mit schwarzer Farbe »Se vende« und eine Telefonnummer geschrieben steht. Durch die Türen kann ich hineinspähen. Viele

Läden sind halb leergeräumt, als hätten die Besitzer es nicht einmal geschafft, sie komplett auszuräumen, bevor sie sie aufgeben mussten. Wie kann das sein, dass es einem westlichen EU-Land wirtschaftlich so schlecht geht? Auf dem bisherigen Weg ist es mir bereits immer wieder aufgefallen, aber so deutlich sehe ich es hier das erste Mal. Mit einem Kloß im Hals und etwas bedrückt betrete ich ein kleines Café. Der Kellner hinter der Bar schaut von dem Flachbildschirm auf der Theke auf und begrüßt mich herzlich. Er muss etwa in meinem Alter oder ein klein wenig älter sein. Als einziger Gast im Lokal habe ich freie Platzwahl. Ich lasse mich am Fenster nieder. Auf der zum Café gehörigen Terrasse sind zwei Tische besetzt, einer mit etwa sechs Spaniern, davon vier Männer und zwei junge Frauen. Ihre Kinder spielen Fangen um die Sonnenschirme und Bäume herum. An dem anderen trinken zwei ältere spanische Männer Kaffee, rauchen und spielen Backgammon – oder die spanische Variante: Tocadille.

Während ich entspannt meinen Kaffee trinke und verträumt aus dem Fenster schaue, stelle ich mir das Leben dieser spanischen Familien vor. Die jungen Frauen müssen um die dreißig sein, eine diskutiert und gestikuliert laut mit den Männern an ihrem Tisch, die andere schaut zwischen ihrem Handy und den spielenden Kindern hin und her. Wie sie wohl zusammengehören? Ob einem dieser Männer dort draußen vielleicht eines der Geschäfte gehörte, an denen ich gerade vorbeigelaufen bin? Vielleicht war der Mittvierziger in dem weißen verschmierten Poloshirt und den onyxschwarzen welligen Haaren einmal Besitzer des Schokoladengeschäftes, das jetzt mit gelbem Absperrband verriegelt ist. Die kleine Tochter, die gerade in dem weißen Kleidchen mit der rosafarbenen Schleife um die Bäume tollt, um ihren Bruder zu fangen, lebt das ausgelassene Leben eines Kindes. Sie liebt es, an der frischen Luft in der Sonne zu spielen. Sie liebt ihren Bruder und ihre Eltern, und sie liebt Schokolade.

Manchmal fragt sie nach: »Papa, können wir in den Laden gehen?« oder »Papa, bringst du mir Schokolade mit?« Ihrem Vater zerreißt es jedes Mal das Herz, und er spürt einen tiefen, stechenden Schmerz in der Brust, der ihm für einige Sekunden die Luft zum Atmen nimmt …

Der junge Kellner reißt mich aus meinen Träumereien. Ob ich etwas essen möge, fragt er mich. Ich lehne dankend ab, bestelle aber einen weiteren Kaffee. »Nicht viel los heute?«, frage ich ihn und lächle ihm aufmunternd zu. »Nicht weniger als sonst«, gibt er ebenso lächelnd zurück. Ich nicke als Zeichen, dass ich verstanden habe. »Zu mir verirren sich kaum Touristen. Die Pilger bleiben auf ihrem Weg, und nach 30 Kilometern am Tag schlendern sie nicht noch stundenlang durch eine Stadt, in der sie eh nur die krähenden Hähne interessieren«, fügt er zwinkernd hinzu.

Nach dem Abendessen in der Herberge sitze ich noch mit Franzi, Wieland, Johannes und Nicole, einer offenherzigen rothaarigen Dresdnerin »auf Männerjagd«, wie sie selbst sagt, zusammen. Wieland erklärt uns, das Rätsel um den krähenden Hahn in der Kirche gelöst zu haben. Über der massiven Eingangstür sei ein Bewegungsmelder angebracht der, sobald sich die Tür öffnet, reagiert und oben im Hühnerkäfig per Fernmechanismus ein grelles Licht angehen lässt. Mehrmals habe er das Ganze beobachtet und es auch selbst ausprobiert. Das Licht in dem Käfig geht nach etwa acht Minuten aus und erst dann wieder an, sobald sich die Tür erneut öffnet und, im besten Fall, ein Pilger die Kirche betritt. Der Hahn wird ziemlich arglistig getäuscht, da er denken muss, ein neuer Tag bräche an, und so kräht er munter vor sich hin. Der eintretende Pilger wiederum ist glücklich. Mich bestätigt es darin, die Kirche nicht besucht zu haben. Was für eine wahnsinnige Frechheit, das Ganze als eine Art Weissagung für die Pilger und ihren weiteren Weg zu verkaufen. Immerhin kostet der Eintritt in das Gotteshaus 8 Euro. Unglaublich, womit die Kirche ihr Geld macht, während in den kleinen Nebenstraßen ehrliche, hart arbeitende Menschen sitzen, die nicht genug haben, um über die Runden zu kommen. Nicole findet die Masche total witzig, was meiner Meinung nach einiges über sie aussagt.

Als Nicole und die Jungs ein Champions-League-Spiel auf dem kleinen Fernseher in der Herbergsküche anschauen wollen, ist für Franzi und mich der richtige Zeitpunkt fürs Bett gekommen. Ich freue mich schon wie verrückt darauf, endlich eine Nacht durchschlafen zu können. Santo Domingo ist für mich die letzte Station in der Rioja. Morgen geht es nach Belorado, und damit bin ich bereits in Kastilien-León, was bedeutet, dass ich schon mehr als 200 Kilometer gelaufen bin. Nie hätte ich gedacht, dass ich wirklich einmal freiwillig so weit zu Fuß gehen würde. Und niemals hätte ich gedacht, dass es mir – trotz all der Schmerzen – so unsagbar viel Spaß machen würde.

Ich schaue auf den Wecker, und meine Vermutung bestätigt sich: Es ist kurz nach Mitternacht. Ich habe gerade einmal zwei Stunden geschlafen, und es hat sich bereits ausgeträumt. Schräg gegenüber, am anderen Ende des Zimmers, in dem oberen Bett mit der Nummer 68 kann ich die Wurzel allen Übels ausmachen: ein Schnarcher! Aber nein, kein gewöhnlicher Schnarcher. Vielmehr schnarcht dieser Mann so laut, wie ich nie zuvor jemanden habe schnarchen hören. Nicht einmal meine Mutter – und sie zählt zu den Königinnen unter den Schnarchern! – kann da mithalten. Aber das hier ist kein Sägen eines Baumstammes, sondern ein ganzes Sägewerk, und zwar eines für Mammutbäume! Ich halte es nicht aus, habe es schon mit Ohropax versucht, tief in meinem Schlafsack vergraben, mit einem Pullover als Schalldämpfer über Gesicht und Ohren, aber irgendwie verstärkt das alles nur das Schnarchen meines Zimmergenossen. Ich verstehe das nicht, in dieser Herberge gibt es doch eigens für diese Pilger ein riesig großes Schnarcherzimmer! Aus meinem Rucksack am

Fußende krame ich ein Paar dicke, saubere Wandersocken heraus und schleudere das Knäuel mit einem gezielten Wurf in hohem Bogen, aber voller Wucht an den Kopf von Nummer 68. Na ja, ich treffe nur die Schulter, aber meine kleine Attacke zeigt dennoch Wirkung: Nummer 68 räuspert und dreht sich auf die Seite. Das Schnarchen hört auf. Endlich! Ich kuschle mich zufrieden in meinen Schlafsack, da fällt mir ein, dass ich aufstehen und die Beweise vom Tatort entfernen sollte. Also steige ich leise aus dem Bett, klettere die Leiter hinunter, schleiche auf Zehenspitzen quer durch den Raum und taste im Bett des Überschnarchers herum, in der Hoffnung, dass mich niemand dabei erwischt – das kann nur einen falschen Eindruck erwecken. Als ich mein Sockenpäckchen gefunden und es erfolgreich mit zurück in mein Bett transportiert habe, dauert es keine fünf Minuten, da dreht sich Nummer 68 zurück auf den Rücken, und das Privatkonzert beginnt von Neuem. Im Laufe der nächsten Stunden wird aus dem Solisten und gelegentlichen Gastauftritten weiterer Schnarcher ein ganzes philharmonisches Orchester. Über dem Gedanken, meine Sachen zu packen und in das benachbarte Parador, ein spanisches Fünfsterneluxushotel, umzuziehen, schlafe ich immer wieder ein. Von einer ruhigen Nacht kann ich so wenigstens zeitweise träumen.

Agés (20. September)

Nachdem ich gestern in Santo Domingo wegen Nummer 68 und seiner im Geiste verbundenen Schnarchkumpane vollkommen gerädert aufgewacht bin, fühle ich mich heute Morgen trotz eines langen, aber schönen Abends in Belorado erstaunlich fit. Vielleicht war der Abend etwas zu lang, mit zu vielen spanischen

Tapas und zu viel nach Barrique schmeckendem Rotwein, der auch heute Morgen noch pelzig auf der Zunge klebt.

Gemeinsam mit Johannes, Petra und Matthias haben wir Michaels Abschied gefeiert, mit dem ich mich auf dem Weg nach Logroño verlaufen hatte. Er nahm heute Morgen in aller Früh den Bus nach Sarria, um von dort aus die letzten 100 Kilometer nach Santiago zu wandern, denn auch ihm fehlte, wie vielen anderen hier auf dem Weg, die Zeit, um den gesamten Camino über mehrere Wochen lang zu pilgern. Unser Versuch, nach der Feierei gegen 1:00 Uhr nachts irgendwie leise in den Schlafsaal zu gelangen, scheiterte allerdings schon am Schließen der Tür, die stattdessen hinter uns mit einem lauten »Wumms« ins Schloss fiel. Als wir dann auch noch alle sechs nacheinander über denselben Rucksack stolperten, der an eines der Betten gelehnt halb im Durchgang lag, konnten wir nicht mehr an uns halten und lachten laut in den Raum voller schlafender Pilger hinein. Von allen Seiten her stöhnte es in den unterschiedlichsten Tonlagen, und aus einem der Hochbetten kam ein verärgertes »Ruhe!« Die Bemühungen, sich zusammenzureißen, missglückten aufs Neue, als Michael mit dem Fuß an einem Ladekabel hängen blieb und den Stecker aus der Steckdose riss, der dann mit Schwung alle danebenstehenden Hygieneartikel wie Deo, Duschgel und Fußcreme unter lautem Getöse umwarf. Wieder brachen wir in Gelächter aus. So sehr wir es auch unterdrücken wollten, es ging einfach nicht. Bei jedem noch so leisen Geräusch schoss uns das Blut in den Kopf, und jemand prustete los. Es versteht sich von selbst, dass wir nicht nur böse Blicke, sondern auch die Flüche der anderen Pilger im Raum auf uns zogen. Ich kann es ihnen nicht verdenken. Aber ich bin mir sicher, Michael hatte einen schönen Abschied, und das war nun einmal das Ziel des Abends.

Heute soll es nach San Juan de Ortega gehen – 24 Kilometer, eine kurze, aber recht anspruchsvolle Strecke. Mit Musik auf den

Ohren laufe ich los, bin so schnell wie selten zuvor, springe die Berge hinauf und hinunter, bemerke dabei die Anstrengung, die die Montes de Oca anderen Pilgern bereiten, kaum. Das Laufen ohne Gesellschaft hat mir gefehlt, denn auch gestern bin ich den Weg gemeinsam mit Johannes gegangen. Ich kann und will ihn weder ignorieren noch irgendwie abschütteln. Er gehört zu meinem Camino, das akzeptiere ich langsam, also baue ich mir kleine Pausen von seiner Gesellschaft ein. Außerdem nähern wir uns allmählich einander an, und ich glaube schon fast, mich in ihm getäuscht zu haben. Er ist vielleicht gar nicht der arrogante Bengel, für den ich ihn anfangs gehalten hatte. Dennoch hat er, als der Herrgott das Selbstvertrauen verteilte, ein gehöriges Maß zu viel davon abbekommen, und das ist, gelinde gesagt, auf Dauer ziemlich nervig. Wenn man jetzt auch noch knappe fünf Stunden am Stück mit Johannes gemeinsam unterwegs ist, der für keine zehn Minuten den Sabbel halten kann, dann gleicht das vermutlich der Überdosis einer starken Droge.

Von Santo Domingo ging es nach Grañón, der letzten Station vor der autonomen Region Kastilien-León. Die kleine Ortschaft mit ihren dreihundert Einwohnern – für diese Gegend ein beinahe pulsierendes Zentrum – liegt in der Rioja Alta, der Hochrioja. Hier vermischt sich die von grünen Reihen niedriger Rebstöcke durchzogene stierblutrote Erde mit den sandigen Staubwegen, die uns in das alte Königreich Kastilien führten. Unser Gastspiel im Land des schweren Barriqueweins war kurz. Jetzt kamen wir dafür in ein Gebiet, das mehr UNESCO-Weltkulturerbestätten verzeichnet als jede andere vergleichbare Region Europas. Nach 17 Kilometern, vorbei an leeren Kornfeldern und Abertausenden verbrannter Sonnenblumen mit tiefschwarzen statt leuchtend gelben Köpfen, kamen wir in Belorado an. Die verbrannten Sonnenblumen zieren auch heute die Hügel und Senken. Die Sonne hat in den letzten Wochen wohl mehr als ganze Arbeit geleistet.

Manchmal ertappe ich mich dabei, wie ich mit mir selbst rede, über ganz banale Dinge wie die Wolken am Himmel oder die Landschaft, die sich schon wieder so sehr verändert hat, über die Eichenwälder um mich herum oder wie ich Fragen, die mir im Kopf herumspuken, einfach laut ausspreche, ohne eine Antwort zu erwarten: Ob ich mich wohl verändern werde auf diesem Weg? Ob ich mich vielleicht schon verändert habe? Werde ich mit irgendeiner großen Erkenntnis am Ende wieder nach Hause gehen? Gehe ich überhaupt wieder nach Hause? Und wo ist mein Zuhause? Diese Fragen auszusprechen, lässt sie realer, irgendwie wirklicher werden. Und die Umgebung um mich herum zu benennen, bringt sie mir näher, manifestiert sie an Ort und Stelle, aber auch in meinen Gedanken. Das tut gut und fühlt sich gleichzeitig skurril an: Ich führe Selbstgespräche! Als mir das klar wird, muss ich lachen.

In San Juan de Ortega treffe ich auf Joan und John, die bei einer Cola auf dem Klostervorplatz im Schatten eines großen Sonnenschirms sitzen. »Hej, meine kleine Schwedin!«, strahlt John mir entgegen. »Hej!«, antworte ich grinsend in meinem besten Schwedisch, breite die Arme aus, als wollte ich noch ein »Tadaaa« hinzufügen. »Dir geht es heute anscheinend richtig gut, wie?«, zwinkert Joan mir zu. Die beiden beklagen sich über die anstrengende Etappe, die so oft steil bergauf und, schlimmer noch, steil bergab geführt habe. Johns Knie schmerzen fürchterlich, weshalb er die letzten 3 Kilometer nur noch humpelnd und von Joan gestützt vorangekommen war. Das Wasser eines getränkten Stofflappens, der auf seinem rechten Knie liegt, läuft ihm in vielen kleinen Rinnsalen kühl am Bein hinab, staut sich oberhalb seiner schwarzen Socken zu einer kleinen Pfütze und verschwindet dann, von der Sockenkante tropfend, in seinem Wanderschuh. Die beiden bleiben heute in San Juan und warten nur noch darauf, dass die Herberge öffnet, damit sie ihre Betten beziehen können. Dem einstigen Herbergsvater, der das Refugio bis zu seinem Tode im Jahr 2008 geleitet hatte, wurden heilende Kräfte nachgesagt. Ich hoffe für John, dass auch dessen Nachfolger über solche Kräfte oder zumindest – falls notwendig – über ausreichende Medikamente verfügt. In San Juan de Ortega leben gerade einmal achtzehn Einwohner. Abgesehen von dem alten Kloster, der heutigen Herberge, gibt es in diesem beschaulichen kleinen Ort rein gar nichts. Ich entscheide mich für das Weiterlaufen. Das nächste Dorf, Agés, liegt gerade einmal 5 Kilometer entfernt. Ich fühle mich noch frisch und habe einfach keine Lust, hier herumzusitzen und zu warten, dass die Herberge öffnet. »5 Kilometer«, denke ich mir, »die packe ich locker«, und setze den Weg über Stock und Stein fort.

Und ich packe es tatsächlich, wenn auch die letzten 2 Kilometer wieder eine Qual sondergleichen sind. Hinter jedem Hügel, jeder noch so kleinen Kurve sehne ich erwartungsvoll den winzigen Ort herbei, und wie groß ist jedes Mal die Enttäuschung, wenn er nicht in Sicht ist. Wie schon so oft auf dem bisherigen Weg. Und endlich, in der nächsten Senke sehe ich es vor mir: Agés. Es ist ein wunderschönes kleines Dörfchen, sehr idyllisch gelegen, halb umringt von dem Eichen- und Kiefernwald, den ich gerade durchquert habe.

Es ist so anders als das zerfallene Belorado, bei dem mein Reiseführer von einem hübschen, kleinen Städtchen mit unzähligen Cafés, Einkaufsmöglichkeiten und geschäftigen Bewohnern gesprochen hatte. Die Realität gestern sah anders aus. Abseits des Jakobsweges war der Ort, wie so oft, ausgestorben, Geschäfte geschlossen, die Schaufenster mit alten Zeitungen abgeklebt oder, wie schon in Santo Domingo, mit Holzbrettern verbarrikadiert. Und trotzdem hatte Belorado seinen ganz eigenen Charme. Vom Dorfkern zurück zur Herberge fielen mir die unzähligen Graffiti an den Mauern und Hauswänden auf. Sie zeigen Szenen der

Reconquista, Schlachten und Ritter zu Pferde. Sie zeigen den spanischen Nationalhelden und Inbegriff des spanischen Rittertums, El Cid, vor seiner am Dorfrand gelegenen Burg, von der heute nur noch eine Ruine übrig ist. Sie zeigen Pilger, die den Segen empfangen, und natürlich den heiligen Jakobus mit Muschel, Stab und Hut. In meiner Herberge erzählte mir einer der beiden Hospitaleros auf meine Nachfrage hin, dass die Graffiti das Ergebnis eines Wettbewerbes seien, der erst vor einigen Monaten hier stattgefunden hatte. Die Stadt wollte die vielen leer stehenden Grundstücke verschönern lassen, und als möglichst kostengünstige Variante entwickelte man die Idee eines Wettbewerbes. Der erstplatzierte Sprayer erhielt ein Preisgeld, und von allen Graffiti wurden Kopien angefertigt, die eine eigene Ausstellung bekommen sollten. Aus der ganzen Region reisten junge Künstler an, die sich mit ihren farbenprächtigen leuchtenden Kunstwerken auf den grauen steinernen Mauern Belorados verewigen wollten.

Am Abend leeren Franzi, Wieland und ich bei ein paar vorzüglichen Tapas eine Flasche Weißwein, den die beiden Dresdner einige Tage zuvor von Giovanni, einem älteren Italiener, geschenkt bekommen haben. Die beiden erzählen mir die rührende Geschichte Giovannis und seiner verstorbenen Frau, für die er diese Reise angetreten hat. Giovannis Frau war Deutsche, gemeinsam lebte das Paar in Kanada, bis Mrs Giovanni vor einem Jahr an Krebs starb. Sie war bereits über sechzig, und ihr Tod kam nicht plötzlich. Die Familie hatte mehrere Monate Zeit, um mit der Diagnose umzugehen, sie zu akzeptieren und sich zu verabschieden. Ein unerfüllter Wunsch der Mrs Giovanni war es jedoch, einmal den Jakobsweg von Saint-Jean nach Santiago zu laufen. Giovanni konnte sich für diese Art von Unternehmung erst nicht begeistern, und dann war es zu spät, seine Frau zu schwach. Zwei Tage vor ihrem ersten Todestag stieg er in ein

Flugzeug, flog nach Spanien, nach San Sebastián, und fuhr von dort aus mit dem Bus nach Saint-Jean, um pünktlich zum Todestag und bekleidet mit einem weißen T-Shirt, auf dem das Foto seiner Frau in jungen Jahren aufgedruckt ist, die Reise nach Santiago anzutreten. Ich bin zutiefst gerührt von dieser Geschichte. »Giovanni sagt, dass er durch das Bild seiner Frau auf dem T-Shirt immer um ihre Nähe weiß. So geht er den Weg nicht allein, er geht ihn nicht für sie, sondern mit ihr«, erklärt mir Franzi. Ich hoffe inständig, dass auch ich diesen Menschen einmal kennenlernen werde.

Burgos (21. September)

Beim Frühstück für unschlagbare 3,50 Euro in meiner hübschen kleinen Herberge in Agés schaue ich mir noch einmal die heutige Etappe in meinem Reiseführer an. Wovon die letzten zwei Tage bereits alle um mich herum gesprochen hatten, lese ich jetzt auch in meinem eigenen Büchlein: »Nehmen Sie unbedingt den Bus nach Burgos!« Die letzten Kilometer nach Burgos hinein führen wohl durch ein stinkendes und angeblich auch gefährliches Industriegebiet, in dem schon der ein oder andere Pilger von Kriminellen ausgeraubt worden sei. Der Autor meines Wanderführers empfiehlt nachdrücklich, den Bus zu nehmen. Ich denke kurz darüber nach. Der Bus nach Burgos kommt nur einmal pro Stunde, und eigentlich hatte ich mir fest vorgenommen, die gesamte Strecke zu laufen, solange ich gesundheitlich dazu in der Lage bin. Der Camino steht doch sinnbildlich für das Leben, und in diesem gibt es nun einmal auch weniger schöne Passagen. Andererseits: Wenn man schon vorher weiß, dass das, was kommt, nicht gut zu sein vermag, ist es sicherlich schlauer, eine

Alternative zu wählen. Ich bin hin- und hergerissen. Ich will laufen! Der Gedanke an die Fahrt in einem klimatisierten Bus, der einige meiner schwitzenden Mitpilger überholt, widerstrebt mir zutiefst. Wer fährt, tut das aus einem guten Grund, und dieser Grund sollte nicht sein, dass ein Streckenabschnitt hässlich ist. Das Wort »gefährlich« hingegen könnte ein solch guter Grund sein. Allerdings gibt es bei mir nichts zu holen. Ich habe – abgesehen von meiner Kreditkarte, die ich immer in einem Zweitfach in meiner Hosentasche versteckt habe – nichts Wertvolles bei mir. Was also sollte man mir rauben?

Als ich aufbreche, treffe ich im Garten der Herberge auf Dirk und seinen Hund Einstein, die mir vor einiger Zeit in Puente la Reina das erste Mal und anschließend immer wieder auf dem Weg begegnet waren. Für den Aachener und seine Begleitung ist es nicht einfach, jeden Abend einen Schlafplatz zu ergattern, denn Hunde sind nicht in allen Herbergen gern gesehen. Umso mehr freut es mich, dass sie hier in Agés eine schöne Übernachtungsmöglichkeit hatten. Ihr Zelt durften sie im Garten aufschlagen. Hund und Herrchen wirken noch sehr verschlafen. »Wir haben nicht besonders gut geschlafen. Irgendwer hat Steine in dieses Beet gelegt, genau unter unser Zelt«, gähnt Dirk und reckt sich ausgiebig. Ich frage mich derweil, ob die beiden ihr Zelt auch wirklich hätten im Beet der Hospitaleros aufbauen sollen. Ein paar platt gedrückte Weinreben und etwas, was aussieht wie Fenchel, lugen unter dem Zeltboden hervor. Ich rate Dirk, ihre Sachen zu packen, bevor die Hospitaleros hier auftauchen, aber er und Einstein ziehen es vor, sich noch mal eine Runde hinzulegen: »Schlaf braucht der Mensch – und der Hund!«

12 Kilometer vor Burgos erreiche ich ein altes, mit Weinlaub überwuchertes Steinhaus, in dem sich ein Café mit einer riesigen Terrasse befindet. Ich besorge mir drinnen einen köstlich

duftenden Café con leche und stolpere hinaus auf die Terrasse. An den großen runden Tischen deren massive Steinplatten, die an das überdimensionale Mühlrad aus Agés erinnern, entdecke ich einige bekannte Gesichter. Am anderen Ende der Terrasse sitzen Franzi und Wieland. Sie winken mir zu und signalisieren, dass bei ihnen noch ein Platz frei sei. Als ich durch die Reihen in Richtung Franzi und Wieland schlendere – so gut das mit einem großen limonengrünen Wanderrucksack eben möglich ist –, packt mich plötzlich jemand am Handgelenk. Es ist Alberto, der mit Joan und Javier zusammensitzt, seinen rechten, immer noch blasenüberzogenen Fuß auf einem leeren Stuhl abgelegt. Bei dem Anblick der offenen, suppenden Wunden und dem mir schon bekannten modrigen Geruch schüttelt es mich erneut. Die drei erzählen mir von John, der heute den Bus nach Burgos genommen habe. Die Entzündung in seinem Knie habe sich so sehr verschlimmert, dass er nicht mehr weiterlaufen konnte. Er musste sich verabschieden. Am frühen Abend würde er mit dem Zug nach Bilbao reisen, von dort in den nächsten Tagen zurück nach London fliegen. John – so ein herzensguter, lieber Mensch. Es ist traurig, dass er seine letzte Etappe nicht mehr laufen konnte. Sehen werde ich ihn heute Abend in Burgos wohl nicht noch einmal, aber ich werde immer an ihn denken, wenn ich jemanden mit meinem Gute-Laune-»Hej« begrüße.

Bevor ich weiter zu Franzi und Wieland gehe, lasse ich den Blick einmal quer über die Terrasse schweifen und winke den mir bekannten Gesichtern zu. Endlich bei den beiden Dresdnern angekommen, habe ich nur noch eine Pfütze in meiner Kaffeetasse, und auch die Studenten haben inzwischen sowohl ihren Kuchen verputzt, als auch ihre Tassen leer getrunken. Wir sitzen noch zehn Minuten zusammen, bevor es uns weiterzieht.

Franzi und Wieland gehen am liebsten allein, um in ihren Semesterferien auch ein wenig Zweisamkeit genießen zu können, also lasse ich die beiden hinter mir zurück. Daniel und ich wären nie auf die Idee gekommen, die Wochen zwischen den Semestern mit einer Wanderung auf dem Jakobsweg zu verbringen. Dabei finde ich die Idee großartig. Ein Paar, das zusammen den Camino gelaufen und am Ende gemeinsam irgendwo angekommen ist, kann auch den zukünftigen Weg ohne großartige Probleme gemeinsam beschreiten. Der Camino ist in dieser Hinsicht sicher eine Probe fürs Leben.

An der Bushaltestelle, die sich gleich am Anfang des Industriegebietes befindet, stehen Trauben von Menschen. Alles Pilger. Einheimische entdecke ich nicht unter ihnen. Ich bleibe einen Moment auf der gegenüberliegenden Seite stehen und versuche mir vorzustellen, wie es wohl sein wird, in Santiago anzukommen, in das Pilgerbüro zu gehen und gefragt zu werden: »Sind Sie alles zu Fuß gelaufen, oder haben Sie auf Ihrem Weg irgendwann ein Verkehrsmittel genutzt?« Zwei Antworten spiele ich gedanklich durch: »Ich bin alles gelaufen. Von Saint-Jean bis hierher.« Bei diesem Gedanken muss ich schmunzeln und werde gleich 2 Zentimeter größer. Die andere Variante fühlt sich nicht so gut an: »Na ja, ich bin fast alles gelaufen. Das Industriegebiet vor Burgos habe ich ausgespart. Soll ja nicht so hübsch sein. Und vor León und hier vor Santiago fand ich es auch nicht so nett, da habe ich dann auch den Bus genommen. Ach ja, und oben auf der Meseta war es so windig, da bin ich lieber per Anhalter gefahren, und von Saint-Jean aus habe ich mir ein Taxi genommen, einfach viel zu hügelig alles.«

Ich will einfach nicht mit dem Bus fahren! Das wird mir immer klarer. Ich will meine 800 Kilometer! Die Sonne scheint. Mein Tempo ist gut. Das Laufen macht heute wieder richtig Spaß. Also geht es weiter, Kopfhörer in die Ohren, die »Happy«-Playlist an, leichtfüßig einen Fuß vor den anderen setzend, durch das Gewerbegebiet von Burgos. Meinen limonengrünen Freund auf dem Rücken bemerke ich fast gar nicht, und bedroht oder irgendwie in Gefahr fühle ich mich erst recht nicht. Burgos, ich komme!

In meinem lilafarbenen karierten Wanderhemd und der beigen Sporthose sitze ich vor dem Pancho, einer rustikalen Tapasbar in einer kleinen romantischen Gasse hier in Burgos, die von der Plaza Mayor abgeht. Vor mir ein Tonschälchen Patatas Bravas und ein ausnehmend leckerer Rioja. Langsam werde ich zu einem echten Rotweinfan. Noch nicht lange her, da hätte man mich mit einem guten trockenen Rotwein jagen können. Pelzig auf der Zunge und so trocken, dass sich alles im Mund zusammenzieht. Heute sitze ich hier, genieße den Wein, der mir langsam und kühl die Kehle hinunterrinnt, und betrachte das bunte Treiben in der Gasse. Ich schaue mich vor meinem kleinen Lokal um, gut aussehende Männer in weißen Hemden, wunderhübsche Frauen in engen Kleidern oder erstklassig geschnittenen Hosenanzügen, alle trinken Wein, lachen, reden laut und genießen das Leben.

Das Wahrzeichen der Stadt, die berühmte Kathedrale, an der jahrhundertelang gebaut wurde, kann ich mir heute leider nur von außen anschauen. Am frühen Nachmittag war mir die Warteschlange vor dem Einlass zu lang, und mein knurrender Magen zog mich in Richtung Tapasbar. Später war sie dann geschlossen. Aber allein von außen kann ich erahnen, wie beeindruckend das Bauwerk auch von innen sein muss. Die Kathedrale von Burgos ist, nach denen von Sevilla und Toledo, die drittgrößte Spaniens. Erhaben wacht sie über die ihr zu Füßen liegende Stadt. Im Mittelalter bereits Anlaufstelle Tausender Gläubiger, die von der Schönheit und Einzigartigkeit des sandsteinfarbenen Gemäuers angezogen wurden, ist sie auch heute noch ein Meisterwerk gotischer Baukunst. Seit 1984 gilt die Kathedrale mit ihrem dreischiffigen Langhaus und den zwei 84 Meter hohen Türmen als Weltkulturerbe.

Ich stehe auf dem großen, weiten Platz vor dem Haupttor des Gotteshauses und blicke zu den filigran verzierten Türmen hinauf. Sie scheinen sich unendlich gen Himmel zu strecken. Aufgrund ihres durchbrochenen Maßwerks strahlen die Türme eine schier grenzenlose Leichtigkeit aus. Was sich wohl Steinmetz Johannes von Köln beim Bau seiner Türme gedacht hatte? Ob er um die Unvergänglichkeit dieses monumentalen Baus wusste? Gehofft hat er es gewiss, wahrscheinlich träumte zu dieser Zeit jeder Steinmetz davon, einmal Dombaumeister zu sein, einmal eine Kathedrale dieser Größe und Schönheit zu erschaffen, einen späteren Bischofssitz, ein begehbares Kunstwerk für die Nachwelt. An die Baumeister dieser Kunstwerke erinnern wir uns nur selten. Anders ist es mit der Kunst in unseren Museen. Die Namen dieser Künstler werden nicht vergessen. So gut wie jeder kennt die Namen Leonardo, Rubens, Picasso oder Dalí. Vielleicht weil uns diese Kunstwerke direkt vor die Nase gesetzt werden, für die anderen aber müssen wir erst eine Reise auf uns nehmen. Vielleicht auch, weil die Architektur nicht als Kunst, sondern mehr als Berufszweig, als Handwerk begriffen wird, als Mittel zum Zweck, um den Menschen ein Dach über dem Kopf zu bieten? Auch ein Bischof brauchte damals einen Sitz, also musste ihn jemand bauen.

Auf der Plaza Antonio José, dem Hauptplatz, bummle ich an einigen Geschäften vorbei. Auch in Burgos finden sich die großen, global agierenden Ketten wie H&M, United Colors of Benetton sowie natürlich ihre spanischen Pendants Zara, Mango oder Bershka. Von kleineren Boutiquen fehlt jede Spur. In einem der Schaufenster hängt ein weißes T-Shirt auf einem rostigen Drahtbügel mit der Aufschrift »Believe in yourself«. Die letzten Tage habe ich immer wieder überlegt, ob ich mir nicht in Burgos ein T-Shirt kaufen sollte, um nicht auch nachmittags ständig die Wanderhemden tragen zu müssen. Mir ist zwar bewusst, dass es beim Pilgern auch um Verzicht geht und sicher nicht darum – zumindest nicht mir –, die bestgekleidete Chica auf dem Camino zu sein. Dennoch finde ich, dass ich mit meinen karierten Hemden, die ich vor dieser Reise keines Blickes gewürdigt hätte, schon viel durchgestanden habe. Immerhin bin ich damit quer durch Frankreich gefahren, dem Land sowohl der Mode als auch der hübschen Frauen, und bereits über 300 Kilometer durch Spanien gewandert. Ein T-Shirt sollte also wohl drin sein. Ich betrete den Laden und werde sofort argwöhnisch von einer attraktiven spanischen Verkäuferin begrüßt. Sie müsste hier eigentlich jeden Tag Pilgern begegnen, aber irgendwie schaut sie mich an, als würde sie mich am liebsten wieder hinauskomplimentieren. Wow, ist mir das Ganze unangenehm. »Ich möchte nur schauen«, sage ich zu ihr. Sie nickt mir zu und tippelt auf ihren Heels zu einer Kollegin. Beide stehen, an eine Kleiderstange gelehnt, ein paar Meter von mir entfernt und lassen mich nicht aus den Augen. Wahrscheinlich denken sie, ich stopfe mir gleich eines der T-Shirts unter das Wanderhemd und renne davon.

Die Kleidung ist nach Art und Farbe sortiert, das habe ich schon beim Betreten erkennen können, und so suche ich bei den weißen T-Shirts nach dem auserwählten. Zwischen all diese reinweißen T-Shirts hat sich ein korallfarbenes Top verirrt. Ich nehme es von der Stange und lege es mir über den Arm. Sofort kommt die langbeinige Kollegin, ebenfalls auf High Heels, angerauscht. Sie trägt eine weiße, enge Hose und ein türkises Bandeau, was ihre bronzene Haut förmlich erstrahlen lässt. Durch das enge Top zeichnet sich das Bauchnabelpiercing ab. »Kann ich dir helfen? Soll ich dir das abnehmen?«, fragt sie mich, und ihre strahlend weißen Zähne lächeln mir entgegen. Am liebsten würde ich im Erdboden versinken in meinem lilafarbenen Wanderhemd und mit der kaum zu bändigenden strohigen blonden Mähne. Sie streckt schon die Arme nach dem Oberteil aus, damit es bloß nicht mit was auch immer kontaminiert werden könnte, aber ich weiche einen Schritt zurück. Ich will ihr das Top nicht geben, stattdessen sage ich: »Ja, das weiße Shirt im Schaufenster, ich hätte es gerne in einer S. Kannst du es mir raussuchen?« Sie lächelt missmutig in meine Richtung, die Augen zu kleinen Schlitzen zusammengekniffen, macht aber zwei große Schritte zu der Kleiderstange, an denen die weißen Oberteile hängen, und hat das Shirt mit nur einem Handgriff gefunden. »Soll ich es mit an die Kasse nehmen?«, fragt sie. »Ich würde es gern anprobieren. Danke!« Auch ich strecke nun meine Hand nach dem Shirt aus, zögernd gibt sie es mir, wirft ihrer Kollegin einen verzweifelten Blick zu und sagt dann: »Dort hinten rechts sind die Umkleiden.« Ich lächle sie an, ziehe mit meinen beiden Shirts in Richtung Kabine und fühle mich, als hätte ich gerade irgendetwas Großes gewonnen.

In der Umkleide bin ich erstaunt, fast ein wenig erschrocken, mich nach so langer Zeit wieder in anderer Kleidung als den Karohemden zu sehen. Mir gefällt, was ich sehe. Mit einem Haargummi bändige ich halbwegs die dicken blonden Haare, zupfe hier und da noch etwas an dem weißen Shirt zurecht und gehe zur Kasse. »Ich nehme beide, kannst du mir bitte das Schild abschneiden? Ich lasse es gleich an«, sage ich zu der langbeinigen Schönheit, die ohne zu murren die Schilder beider T-Shirts abtrennt und sie einscannt. Als ich zum Bezahlen in meiner blauen Gürteltasche herumkrame, ernte ich noch einmal einen spöttischen Blick. Beim Verlassen des Ladens fühle ich mich gut, irgendwie befreit. Vor dem Schaufenster drehe ich mich noch einmal um und betrachte mein Spiegelbild: »Believe in yourself«. Okay, dann glaube ich jetzt mal an mich und das, was ich hier tue. Beschwingt geht es Richtung Herberge. Ich will mich noch für das Abendessen mit Franzi, Wieland und Nicole frisch machen.

Mein Bett habe ich heute in einem separaten Raum. Er ist durch eine Trennwand vom Großraum isoliert, mit lediglich einem Doppelstockbett. Ich habe die Nummer 166 und damit die untere Pritsche. Über mir bezieht ein Südafrikaner das Bett. Gregory ist dreiundfünfzig Jahre alt, Reiseleiter in Kapstadt und warnt mich jetzt schon davor, dass er ein ganz böser Schnarcher sei. Na super! Ich hab's irgendwie mit den Schnarchern.

Der Abend mit den drei Dresdnern ist gemütlich und ausgelassen. Wir essen Pizza bei einem Italiener auf der Burgos'schen Fressmeile. Franzi und Wieland haben heute ihren vorerst letzten Abend als Pilger. Morgen fahren sie nach Bilbao, wo sie das Guggenheim-Museum besuchen wollen, und werden am Tag drauf zurück nach Deutschland fliegen. Das Studium geht weiter. Das Paar ist sich aber sicher: Sie kommen wieder, vielleicht schon im nächsten Jahr. Sie wollen weiterwandern auf diesem Weg, der sie einander noch nähergebracht hat und auf dem sie viele tolle Menschen kennenlernen durften.

Als ich um 22:30 Uhr noch schnell durch das Hauptportal der Herberge flitze, versäumt der Herbergsvater es nicht, mich mit erhobenem Zeigefinger darauf hinzuweisen, dass ich spät dran sei und leise sein solle. Also schleiche ich in den Schlafsaal, krieche tief hinein in meinen Schlafsack und merke, wie mich die Müdigkeit übermannt. Nicht einmal das Schnarchen meines Bettnachbarn hält mich noch wach.

AUFGEBEN? DIE MESETA

»In meinem Reiseführer heißt es:
Alle gehen diesen Weg allein.
Aber in Wirklichkeit geht hier gar keiner allein!«

Hornillos del Camino (22. September)

Es ist nass! Alles! Klitschnass! Meine Wäsche, die ich gestern zum Trocknen im Innenhof der Herberge aufgehängt hatte, trieft. Mit aller Kraft wringe ich scheinbar literweise Regenwasser aus meiner Kleidung. Über Nacht habe es geschüttet wie seit Langem nicht mehr, erzählt uns ein Mitarbeiter der Herberge. Ich habe gar nicht so viele Haken und Ösen an meinem Rucksack, um alles außen zu befestigen. Die nasse Unterwäsche und die noch viel nasseren Socken stopfe ich in das oberste Fach meines treuen Begleiters. Ein Wanderhemd, den leuchtenden Fleecepullover und die Wanderhose binde ich außen fest. Ich schlüpfe in mein neues weißes Shirt, steige – ein wenig widerwillig – in die Unterhose von gestern und ziehe meine Freizeithose darüber. Ich rieche an den Socken, die ich nun den vierten Tag in Folge anziehen muss, und überlege kurz, einfach barfuß in die Wanderschuhe zu schlüpfen, entscheide mich aber aufgrund der vielen Blasen und Blessuren dagegen. Müssen die Stinkesocken eben noch einen weiteren Tag herhalten. Unten im Gemeinschaftsraum der Herberge treffe ich auf Matthias, den Polizisten, seine spanischen

Freunde Pedro, Fernando und Maria sowie die Österreicherin Petra. Gemeinsam laufen wir an diesem Morgen die erste Wegstrecke nach Hornillos del Camino.

An der viel befahrenen Bundesstraße kehren wir zum Frühstück ein. Wir bestellen Bocadillos mit Ei und Café con leche. Die Spanier ordern außerdem Torrijas, eine Art spanischer Armer Ritter, Buñuelos, die mit Spritzgebäck in Deutschland vergleichbar sind, und obendrauf gibt es noch ein paar Mandelkekse. Fernando erklärt uns, dass in Spanien traditionell süß gefrühstückt wird: »Man braucht doch Energie für den Tag. Zucker ist Energie, deshalb solltet ihr süß frühstücken. Der Körper baut den Zucker über den Tag ab und verwandelt ihn in Schwung, Power und Lebensfreude.« Petra und ich beschließen, jeweils bei unserem Bocadillo zu bleiben. Die Österreicherin zwinkert mir zu: »In dem Weißbrot ist auch ausreichend Zucker. Das sollte uns durch den Tag bringen.«

Ich stimme ihr lachend zu und schaue auf meinen kneifenden Hosenbund: »Wenn du mich fragst, hat so ein Bocadillo auf Dauer sogar etwas zu viel Zucker.«

Nach dem Frühstück lassen Petra und ich die anderen schnell hinter uns. Wir werden sie sicher noch mal wiedersehen auf dem Weg. Petra läuft recht zügig, manchmal sogar einen halben Schritt schneller als ich, obwohl sie ein einbandagiertes Knie hat.

»Was ist mit deinem Knie?«, will ich wissen.

»Es schmerzt furchtbar. Bei jedem Schritt. Kannst du dich an den Abstieg nach Roncesvalles erinnern?«

»Oh ja!« Ich erinnere mich in der Tat lebhaft daran. »Das kann ich nur zu gut. Ich dachte, ich käme niemals heile unten an.«

»Ging mir genauso. Ich bin dort sehr unvorsichtig gewesen, zu schnell gelaufen, weil es so steil war, bin ich fast gerannt. In riesigen Schritten. Dann hat es angefangen. Plötzlich! Ich habe gemerkt, wie irgendetwas in meinem Knie… na ja, nicht gerissen ist, aber es hat sich eben so angefühlt, als würde etwas reißen. Ein stechender, beißender Schmerz, sehr punktiert unter der Kniescheibe, der nach und nach bis in den Oberschenkel zog. Irgendwie habe ich es bis nach Roncesvalles geschafft. Als das Knie am Nachmittag nicht viel besser wurde, bin ich zu einer Ärztin. Die hat mir eine Salbe und diese Manschette gegeben und mich dazu verdonnert, mein Knie zu schonen. Das habe ich dann auch den ganzen Nachmittag über gemacht. Am nächsten Tag bin ich spät los nach Zubiri. Ich habe wirklich versucht, langsamer zu laufen, aber das kriege ich einfach nicht hin, sondern gerate sofort wieder in mein eigentliches Lauftempo und renne davon. Für das Knie ist das natürlich nicht so gut. Wenn ich in den Herbergen ankomme, kann ich mir meist die Orte nicht mehr ansehen. Ich kann dann einfach nicht mehr laufen. Mein Knie braucht die Erholung, bis es am nächsten Tag weitergehen kann.«

»Vielleicht ist das ja genau deine Aufgabe? Langsamer zu laufen?«

»Meine Aufgabe? Was sollte das für eine Aufgabe sein?«

»Meinst du nicht, dass es zumindest sein könnte, dass wir alle aus einem bestimmten Grund hier sind? Wenn du sagst, dass du es nicht schaffst, so sehr du es auch versuchst, langsamer zu laufen, dann ist das vielleicht das, was du hier lernen sollst.«

»Langsam zu laufen? Warum sollte ich?«

»Ich meine das nicht im wortwörtlichen Sinn, eher im übertragenen. Bist du ein eher hektischer Mensch? Hast du viele Ziele? Viel vor? Bist du ehrgeizig und optimierst dich gern selbst?« Ich klinge, als wollte ich ihr etwas verkaufen, als gehörte ich zu diesen Speakern, die über Instagram Berühmtheit erlangen und anschließend ganze Arenen mit Followern füllen.

»Ich glaube, ich weiß, worauf du hinauswillst. Ich soll das hier auf mein Leben abseits des Camino übertragen, richtig?« Bestätigend lächle ich sie an, und sie spricht weiter: »Ich würde mich schon als sehr ehrgeizig und zielstrebig beschreiben. Aber das ist ja auch nichts Schlechtes. Ich will eben das Beste aus mir herausholen und möglichst viel mitnehmen.«

»Stimmt, da gibt es grundlegend erst einmal nichts dran zu kritisieren. Aber hetzt du durch dein Leben?«

Petra blickt gedankenverloren auf den Horizont, mit den Händen fest die Schultergurte ihres Rucksackes umklammert.

»Hmm … vielleicht«, antwortet sie nach einer Weile.

»Und gefällt dir das?«, frage ich weiter.

»Weiß nicht«, gibt sie etwas trotzig zurück, den Kopf jetzt geneigt und den Blick fest auf ihre Schuhspitzen gerichtet.

»Wenn du magst, versuchen wir etwas langsamer zu gehen. Ich weiß, wie schwierig das ist. Ich versuche es seit Tagen, und es will mir nicht gelingen. Vielleicht schaffen wir es zusammen?«

Mit einem Mal wirft Petra den Kopf in den Nacken und lacht herzlich los. Sie lacht so überschwänglich, dass sie grunzt, weil sie so sehr nach Luft japst. Ich stimme mit ein, angesteckt von der Freude der Österreicherin. So laufen wir eine Weile lang gemeinsam nebeneinanderher. Ich weiß gar nicht, warum wir eigentlich lachen, aber ich kann nicht aufhören. »Das ist so bescheuert«, sagt die immer noch lachende Petra kopfschüttelnd. »Bildet man nicht Laufgruppen, um sich gegenseitig zu motivieren, das eigene Tempo anzuziehen und letztlich seine Laufzeiten zu verbessern?«

Ich zucke die Schultern: »Ich mache nie gerne das, was alle anderen tun. Lass uns also doch einfach aus ›Team Speedy‹ ›Team hedgehog‹ machen.«

Wir drosseln unser Tempo – was nicht heißt, dass wir wirklich langsam laufen, aber wir rennen auch nicht mehr ganz so zügig. Das Laufen mit Petra ist sehr angenehm. Die Österreicherin mit dem braunen wuscheligen Lockenkopf, den sie vergeblich mit einem Haarband zu bändigen versucht, erzählt aufgeweckt von ihrem Auslandsjahr in Italien. Neben den vielen Locken, die ihr freundliches, rundes Gesicht umspielen, erkennt man Petra schon von Weitem an der riesigen Kamera, die an einem langen Band um ihren Hals baumelt.

Die Landschaft hinter Burgos hat sich bereits stark verändert. Wir merken, dass wir kurz vor der Meseta, der spanischen Hochebene, sind. Der strahlend blaue Himmel bildet einen einzigartigen Kontrast zu den gelben Weizenfeldern. Wir wandern auf Sand- und Feldwegen, reden viel, genießen zwischendrin aber auch das Schweigen und lauschen dem knirschenden Boden unter unseren Wanderstiefeln. Immer wieder begegnen wir auf der Strecke anderen Pilgern. Irgendwann hören wir von hinten einen Traktor näher kommen. Der Fahrer, ein älterer Spanier mit schwarzgrauem Schnurrbart und Baskenmütze, verlangsamt seine Geschwindigkeit, sodass er neben uns herfährt. Er öffnet die Beifahrertür, lehnt sich zu uns herüber und brüllt gegen den Lärm des Traktors an, ob wir nicht ein Stück mit ihm mitfahren wollten. Petra und ich lehnen dankend ab, aber der Spanier, er stellt sich als Eugen vor, bleibt hartnäckig: »Kommt schon, Chicas. Es ist viel zu heiß zum Laufen, und ihr werdet hier kaum einen Schatten spendenden Baum finden. Ich nehme euch mit bis Frómista.« Das wären drei Tagesetappen für uns. Wir bedanken uns bei Eugen für das Angebot, erklären ihm aber, dass wir lieber laufen möchten und dass uns die Sonne nichts ausmache. Eugen fährt weiter neben uns her und ändert seine Taktik: »Mir ist so langweilig, den ganzen Tag tue ich nichts anderes als Traktor fahren. Habt Mitleid mit einem alten Mann und leistet mir etwas Gesellschaft.« Der Bauer ist schon ein lustiges Kerlchen, bringt uns mit seiner Hartnäckigkeit zum Lachen, und wir überlegen kurz, ob wir ein paar Meter mit ihm fahren sollen, damit sich sein Einsatz gelohnt hat, entscheiden uns aber dann doch dagegen. Ich will den Camino laufen – und zwar die ganze Strecke.

Enttäuscht fährt Eugen von dannen, winkt uns zu und ruft noch ein »Buen Camino, Chicas!«, was mit dem Fahrtwind davongetragen wird und sich auf den spanischen Feldern verteilt.

Nach unserer Ankunft in Hornillos del Camino widme ich mich nach einer kalten Dusche in unserer kleinen kirchlichen Herberge der täglichen Fußpflege. Inzwischen ist auch Johannes angekommen, der mir gefühlt hundertmal erklärt, dass er unter gar keinen Umständen kalt duschen könne, da er sonst garantiert morgen krank sein werde. Der Schlafraum der Herberge ist klein, jeder Zentimeter wird für ein weiteres Hochbett genutzt. Manche stehen so dicht nebeneinander, dass man über das Nachtlager eines anderen Pilgers klettern muss, um zum eigenen Bett zu gelangen. Ich habe eine obere Pritsche, und der Abstand zur Zimmerdecke ist so gering, dass ich mich nicht einmal im Bett aufsetzen kann. Die Luft in dem kleinen Raum ist stickig und unerträglich heiß. Nur zu gern würde ich mich hinlegen, mich ausruhen, ein bisschen für mich allein sein. Den ganzen Tag über war ich mit Petra und anderen Pilgern unterwegs. Nun brauche ich Zeit für mich, lege mich hin und schließe die Augen, doch schon nach wenigen Minuten rinnt mir der Schweiß über Stirn und Nase in die Augenwinkel. Es brennt fürchterlich. Mit dem Handrücken versuche ich mir den Schweiß aus dem Auge zu wischen. Vergeblich. Die stickige, feuchte Luft in der Herberge treibt mich dann doch vor die Tür. Mein Handtuch nehme ich mit – hier drinnen wird es sicher nicht trocken.

Auf dem Platz vor der Herberge und Kirche tummeln sich Pilger in Scharen. Sie sitzen vor dem kleinen Café am Platz in den grünen San-Miguel-Plastikstühlen, wie man sie nur vom Camino oder den Touristenorten auf Mallorca und den Kanaren kennt. Sie sitzen in Gruppen auf dem Boden, zwischen ihnen stehen Trinkflaschen, Bier- oder Coladosen und liegen Kartenspiele. Ich suche mir einen freien Fleck auf der steinernen Kirchentreppe, um mich herum: Pilger. Petra winkt mir zu. Auch Petra sitzt auf der Treppe. Bei ihr ist Johannes. Sie spielen Uno mit einem Australier, den ich schon vom Sehen kenne. Einladend winkt sie mich zu sich und den anderen, aber ich schüttle dankend den Kopf. Ich will jetzt nicht spielen, nicht reden müssen, nicht lachen. Ich will einfach nur einen Moment für mich sein. Allein. Ich lege den Kopf auf die angezogenen Knie, umschlinge ihn mit den Armen so, dass ich sie mir vor die Ohren halte. Die Stimmen werden gedämpft, aber ich höre sie immer noch. Es ist, als wären die Stimmen in mir, in meinem Kopf, ohne dass ich sie ausschalten könnte.

Zwanzig Minuten sitze ich so da, dann schnappe ich mir mein Handtuch und verschwinde in Richtung Friedhof, der sich an die Kirche anschließt. Vor dem Friedhofseingang befindet sich eine kleine Nische in der Wand. Ich breite mein Handtuch aus und mache es mir auf dem Boden in der Nische gemütlich. Hier in dieser Ecke von Hornillos ist kein Mensch. Endlich allein! Ich lehne mich mit dem Rücken an die Mauer meiner kleinen Nische und schließe die Augen. Ich genieße es, hier für mich zu sein. Dumpf höre ich noch den Lärm der anderen Pilger. Heute bin ich wirklich ununterbrochen mit anderen Wanderern gemeinsam gelaufen. Keine Minute hatte ich bisher wirklich für mich. Dabei genieße ich das sehr. Die Natur und alles um mich herum auf mich wirken zu lassen, es wahrzunehmen, aufzusaugen, nachzudenken über mich, über das, was war, das, was ist, und das, was sein wird. Ich gehe diesen Camino schließlich auch, um Zeit für mich zu haben, um Zeit mit mir allein zu verbringen und zu sehen, ob ich das überhaupt kann.

Ich schreibe ein wenig in meinem Tagebuch und schaue mir die Strecke des nächsten Tages im Wanderführer an. Ich hatte gedacht, es hätte etwas Gutes, von einem Tag zum nächsten zu leben – immer mit einem vorwärts gewandten Blick auf die nächste Etappe, auf das, was kommt, was vor mir liegt. Im Moment bin ich mir da aber nicht mehr so sicher. Ich bin mir dieses ganzen Weges nicht mehr sicher. Was soll das? Was mache ich hier eigentlich? Ich hatte gedacht, der Sinn des Weges sei auch das Alleinsein – wie sonst soll ich versuchen, mich in dieser großen, weiten Welt, in diesem vom Alltag bestimmten Leben wiederzufinden, wenn nicht dadurch, ganz bei mir sein zu können? Wo bin ich? Ich kann mich doch nicht finden zwischen all diesen Menschen, in diesem Gewühl von Pilgern.

Irgendwie wirkt es inzwischen auf mich, als sei der Sinn dieser ganzen Unternehmung gar nicht mehr das Alleinsein. Es geht vielmehr um das Zusammensein. Das Zusammensein mit anderen Menschen, in Cafés, Bars, Herbergen, der gemeinsame Spaß, das Kennenlernen, neue Freundschaften. Vielleicht ging es wirklich nie um das Alleinsein, und ich bin einfach mit vollkommen falschen Vorstellungen in dieses Abenteuer gestartet. Vielleicht ist das hier gar nicht das Richtige für mich? Dieser Camino ist eine einzige Party. Alle feiern ihn, aber das ist nicht das, was ich will! In meinem Reiseführer heißt es: Alle gehen diesen Weg allein. Aber in Wirklichkeit geht hier gar keiner allein!

Die vielen Menschen gehen mir auf die Nerven. Ich zweifle. Ich zweifle zum ersten Mal an diesem ganzen Weg. Zweifle daran, ob ich ihn überhaupt zu Ende gehen will. Was bringt es mir, ihn zu gehen? Wo ist der Sinn? Gibt es überhaupt einen, oder ist das Ganze nur ein langer Urlaub, den ich entgegen all meiner normalen Aktivitäten eben mit Wandern verbringe und dann auch noch ohne die Menschen, die ich liebe? Was soll ich hier? Will ich mir nur mal wieder selbst etwas beweisen? Diesmal geht es eben nicht darum, das Abitur zu machen oder zu studieren, einen Bachelor und einen Master zu machen, einen guten Job zu bekommen. Über 300 Kilometer bin ich schon gelaufen – was soll an der restlichen Strecke anders sein? Warum sollte ich die dann nicht auch noch schaffen? Reicht das hier nicht als Beweis?

Grübelnd versinke ich in einem halbstündigen Powernap und fühle mich anschließend gewappnet für den Pilgertrubel. Ich setze mich zu Johannes und Petra und spiele ein paar Runden Uno mit. »Hast du was?«, fragt Johannes mittendrin, und wieder einmal überrascht mich seine aufmerksame Art. »Alles gut«, antworte ich, merke aber, wie mir die Stimme versagt. Würde er weiter nachbohren, würde ich weinen. Aber er bohrt nicht nach – ich spüre nur seinen eindringlichen Blick auf mir.

Castrojeriz (23. September)

Nach einer Dreiviertelstunde moderaten Aufstiegs kommen Johannes, Petra und ich am sehr frühen Morgen oben auf der Meseta an. Der noch kühle Wind pfeift uns um die Ohren, wir ziehen unsere Fleecejacken weit ins Gesicht, bis über die Nasenspitze, und machen es uns auf einer kleinen Steinmauer gemütlich, um den Sonnenaufgang zu bestaunen. Es ist unbeschreiblich schön. Der Himmel wandelt sich von schwarz zu blau, während die Sonne bunte, warme Wolken in den verschiedensten Gelb- und Rottönen an den Morgenhimmel zaubert. Wie im Zeitraffer verändert sich die vor uns liegende Welt mit der aufgehenden Sonne. Der Morgendunst, der bis eben noch ganz leicht über den Wiesen und Feldern lag, verschwindet, und die zuvor darunter schlafenden Gräser stellen sich auf, als würden sie sich strecken und recken und so ihren Tag beginnen. Um uns herum zwitschern Vögel, erst leise, dann immer lauter singen sie ihre Lieder.

Wir bleiben noch eine Weile sitzen und lassen uns von der Sonne die verfrorenen Gesichter wärmen. Es ist schon ein merkwürdiges Gefühl, wenn man sich bewusst macht, dass nicht die Sonne dort hinter dem Horizont hervorkommt, sondern dass wir es sind, auf unserer kleinen Steinmauer inmitten der spanischen Hochebene, die sich drehen, sodass wir diesen riesigen Feuerball in unser Blickfeld rücken. Die Erde dreht sich und mit ihr alles, was sich auf ihr befindet. Sind wir gerade oben oder unten? Stehen wir auf der Erde, oder hängen wir an ihr dran? Gibt es überhaupt ein Oben und Unten in unserem Universum? Auf einmal komme ich mir winzig klein vor. Selbst diese riesige, wunderschöne, alles erhellende Sonne dort vor mir ist winzig klein im Vergleich zu dem, was sich alles um uns herum befindet.

Kurz nach unserer Rast kommen wir an San Bol vorbei, einem Dorf, das lediglich aus einer kuppelartigen Kirche, die heute als Refugio dient, und einem Häuschen für den Hospitalero besteht. Um den kleinen Ort ranken sich viele Geschichten. Eine Quelle hinter der kleinen Kirche, so sagt man, besitze eine besondere Heilkraft. Früher konnte das Wasser der Quelle Lepra heilen, weshalb es hier einst eine Leprastation gegeben haben soll. Heute soll das kühle Nass die geschundenen Pilgerfüße von Blasen befreien. Eigentlich wollten auch wir unsere Füße in die Quelle halten, aber so früh am Morgen ist es noch recht kalt, und keiner von uns verspürt auch nur die geringste Lust, die Schuhe auszuziehen. Stattdessen ziehen wir unser Tempo an. Johannes bleibt hinter uns zurück, Petra und ich laufen in nicht einmal einer halben Stunde bis nach Hontanas, wo wir uns eine Pause gönnen. Hontanas liegt gut geschützt vor den eisigen, ungestümen Winden, die über die Meseta hinwegfegen, in einer Senke. Petra und ich sitzen an einem roten Plastiktisch vor der Bar in der Sonne. Wir recken ihr unsere Hälse entgegen, um dann nach und nach den Zwiebellook aus mehreren Fleeceschichten abzulegen. Wir warten auf Johannes, überlassen ihm unseren Platz und machen uns weiter auf den Weg.

Nach einem kurzen Anstieg laufen wir lange Zeit auf einem in den Berghang geschlagenen Sandweg entlang. Rechts neben uns erhebt sich der Berg und auf ihm die Meseta, links des Weges geht es einen steilen, mit hölzernem Gestrüpp und vertrockneten Grasbüscheln bewachsenen Abhang hinunter. Ich schreie auf, als ich eine Schlange vor uns auf dem Weg erspähe, die sich in aller Seelenruhe zu einem großen Stein schlängelt. Petra fährt bei meinem Schrei vor Schreck zusammen. Mit einigem Abstand bleiben wir stehen und betrachten das Ding vor uns. Petra merkt an, dass es sich wohl weniger um eine Schlange als um eine Blindschleiche handle, was mir allerdings herzlich egal ist, denn meine Schlangenphobie macht auch vor Blindschleichen keinen Halt. Wie angewurzelt stehe ich da, nicht in der Lage, mich auch nur einen Zentimeter vom Fleck zu bewegen – nicht einmal rückwärts.

»Kommst du?«, fragt Petra stirnrunzelnd.

»Ich gehe keinen Schritt weiter, solange *das da* nicht weg ist«, antworte ich ihr mühevoll und versuche möglichst wenig und flach zu atmen, um die Aufmerksamkeit der Schlange nicht auf mich zu ziehen.

»Die tut dir doch nichts!« Petra hat einen verständnislosen Unterton in der Stimme.

»Ist mir egal«, antworte ich, behalte die Schlange, die sich langsam weiter auf den Stein zubewegt, dabei fest im Auge.

Petra schaut mich, dann die Schlange – oder Blindschleiche – und wieder mich an. Danach geht sie auf die Schlange zu, stellt sich vor das Tier, das zu meiner Verwunderung weder vor Panik angreift noch abhaut, sondern einfach weiterkriecht, wenngleich auch unwesentlich schneller: »Komm, ich bleibe hier stehen, und du gehst dort eng an der Böschung an uns vorbei. Dann fällst du ihr gar nicht auf. Sie sieht dich nicht. Ich stehe davor.«

Ich überlege einen Moment. In der Zwischenzeit hat der dicke Wurm es zu seinem Stein geschafft. Ob er es sich jetzt wohl dort in der Sonne gemütlich macht? Igitt! Ein Schauer durchfährt mich. Fest an die schräge Bergwand gepresst, laufe ich mit drei riesig großen Schritten an Petra und dem Tier vorbei, bevor ich die Beine in die Hand nehme und mit meinem limonengrünen Rucksack auf dem Rücken einen 100-Meter-Sprint den Berg hinunter hinlege. Hier warte ich auf Petra, die – sich vor Lachen krümmend – den Berg hinabgestiefelt kommt.

Immer wieder wurde auf dem Weg vor der Einsamkeit, der Kargheit und Einöde der Meseta gewarnt. Noch kann ich das nicht bestätigen. Wir laufen seit einiger Zeit an der asphaltierten, von jungen Laubbäumen gesäumten Allee entlang. Hinter einer Kurve taucht mit einem Mal wie aus dem Nichts die Ruine des ehemaligen Klosters San Anton vor uns auf. Wir sehen zwei Spitzbögen, die in einigen Metern Höhe quer über die Straße führen, über den einstigen und heutigen Jakobsweg nach Castrojeriz, und einige Mauern der alten, ursprünglichen Kirche. Das Konvent liegt so ruhig da, es wirkt nahezu magisch, fast mystisch, wie es sich in die Landschaft integriert. Gegründet wurde das Kloster im zwölften Jahrhundert von französischen Mönchen, die dort am Antoniusfeuer Erkrankte pflegten. Das Antoniusfeuer war eine sehr schmerzhafte Vergiftung, hervorgerufen durch Mutterkorn im Getreide, ein aggressiver Schimmelpilz. Die Erkrankten hatten Verbrennungserscheinungen und Geschwüre, offene, eitrige Wunden und Hautbrand. Im Mittelalter raffte das Antoniusfeuer ganze Dörfer dahin.

Petra und ich betreten ehrfürchtig die Ruine, die heute auch als kleine Herberge für bis zu drei Pilgern dient. Der Hospitalero sitzt mit einer Gitarre an eine der Kirchenmauern gelehnt und spielt ein paar sanfte Akkorde. Das Kirchdach fehlt, sodass das Licht auf eine ganz besondere Art in das zum Innenhof umfunktionierte Kirchenschiff fällt und es in einem warmen Licht erstrahlen lässt. Der Wind pfeift durch die alten, sandsteinfarbenen Mauern und spielt so sein ganz eigenes Lied zu den Akkorden des Hospitaleros. In den Fenstern und auf den Simsen nisten kleine braune Vögel und Schwalben. Es sieht traumhaft aus. So schön, dass Petra und ich bestimmt eine Stunde lang hier nebeneinander auf einer steinernen Bank sitzen, der Musik lauschen und einfach die Vollkommenheit des Moments genießen.

Irgendwann raffen wir uns auf. Der Weg ruft, wir müssen weiter. Gleich als wir das Kloster verlassen, fällt unser Blick auf die vor uns liegende Meseta. Auf ihrem Gipfel thront die erhabene Burgruine Castrojeriz, und zu ihren Füßen liegt das gleichnamige Dörfchen. Dort angekommen, beziehen wir gemeinsam mit Johannes drei Betten in einer sehr alternativ geführten, esoterischen Herberge. Gerade findet gemeinschaftliches Yoga statt. Alles duftet nach Räucherstäbchen, und bei unserer Ankunft hat uns der Hospitalero draußen vor dem Eingang mit einem Joint in der Hand begrüßt, den er liebenswürdigerweise gleich mit uns teilen wollte.

Am späten Nachmittag mache ich meinen typischen Rundgang durch den Ort und kehre letztlich in einer kleinen Bar ein, die eher an eine alte Kaschemme erinnert. Ausgeblichene Schwarz-Weiß-Fotos, rostige Hufeisen, leere, eingestaubte, dickbäuchige Weinflaschen und mindestens ebenso eingestaubte getrocknete Kornähren zieren die Wände aus roten Backsteinziegeln im Inneren. In den kleinen Gastraum sind möglichst viele Tische gequetscht. Auf allen liegen lange weiße Tischdecken, davor stehen durchgesessene, löchrige Baststühle. »Sieht gemütlich aus«, denke ich mir und nehme an einem kleinen Zweiertisch neben der Bar Platz. Der Wirt heißt Antonio und spricht nur Spanisch. Ich bestelle einen Weißwein und ein paar Oliven. Durch das regelmäßige Sprechen hat sich mein Spanisch in den letzten Wochen wieder deutlich verbessert. Es macht so viel Spaß, sich mit Menschen in ihrer Muttersprache austauschen zu können und die Worte um mich herum zu verstehen. Da ich der einzige

Gast in seiner Wirtschaft bin, zieht Antonio sich einen Stuhl an meinem Tisch, nachdem er Wein und Oliven gebracht hat. Wir unterhalten uns ein wenig über das Pilgern. Irgendwann verschwindet Antonio hinter der Bar und überlässt mich meinem Wanderführer.

Später betreten Johannes und Petra die Taberna. Sie haben Dirk und Einstein im Schlepptau und verteilen sich auf die übrigen Tische im Raum. Schnell einigen wir uns darauf, heute statt eines Pilgermenüs ein paar Tapas zu bestellen. Antonio ist begeistert. »So macht man das hier bei uns in Spanien!«, ruft er laut und düst in die Küche, ohne überhaupt unsere Bestellung aufzunehmen. Kurze Zeit später kommt er zurück mit einer Schüssel voller Datteln, reicht sie Johannes und gibt ihm zu verstehen, dass er sie an uns andere weitergeben solle. »Endlich Gäste, die richtig spanisch essen wollen. Es ist gerade einmal 18:00 Uhr, da kann man doch noch kein ganzes Menü verdrücken«, schüttelt Antonio seinen Kopf und zückt seinen kleinen Block und den Bleistift. »Was darf ich euch bringen?«, fragt er, und ich lege los mit meiner Bestellung für die gesamte Truppe. Singend wuselt der Spanier mit dem grau melierten Haar um uns herum, holt aus einem kleinen Gefrierschrank fünf Schnapsgläser, füllt sie mit einer goldbraunen, etwas zäh fließenden Flüssigkeit und reicht uns allen je ein Glas. Das fünfte hebt er zum Prosten in die Höhe: »Nussschnaps! Salut!« Wir prosten ihm zurück und stürzen – mit Ausnahme von Johannes, der nur einmal nippt und das Glas schnell wieder abstellt – das klebrige süße Getränk hinunter. Antonio sammelt die leeren Gläser ein und macht sich mit unserer Bestellung auf in die Küche.

Zu unseren bestellten Kleinigkeiten bekommen wir außerdem Wein, Erdnüsse, Unmengen Brot und Aioli sowie noch mehr Oliven und Datteln. Alles auf Kosten des Hauses. Wir schlemmen und genießen die Gastlichkeit der Taberna. Später an diesem

Abend kommt Antonio zu mir: »Niña, weißt du eigentlich, auf wessen Stuhl du da sitzt?« Ich schaue ihn erstaunt an: »Vermutlich auf deinem, oder?«, frage ich verwundert zurück. »An genau diesem Platz, auf diesem Stuhl, hat vor Jahren schon Paulo Coelho gesessen«, strahlt mich Antonio mit seinen vom Tabak verfärbten Zähnen breit grinsend an. Mir klappt der Mund auf, und Antonio breitet die Arme aus, wie ein Zirkusdirektor, der Applaus erwartet, als wollte er sagen: »Tadaaa, das hast du nicht erwartet, oder?« Von mir aus hätte er das ruhig sagen können, denn Paulo Coelho hat definitiv ein »Tadaaa« verdient. Ich kann es kaum glauben, und so holt Antonio aus dem Nebenraum ein paar gerahmte Fotos hervor, die ihn mit dem brasilianischen Schriftsteller Arm in Arm vor eben dieser Bar zeigen. Wow! Ich fühle mich, als würde eine neue Energie durch meine Adern strömen. Ich hätte mich überall hinsetzen können, aber ich sitze hier, wo einst Paulo Coelho saß, meiner Meinung nach einer der weisesten und bedeutendsten Schriftsteller unserer Zeit. Antonio, Petra und ich schwärmen uns gegenseitig von seinen Werken vor. Antonio fixiert mich mit seinen tiefbraunen Augen und sagt leise, aber bestimmt: »Du darfst nicht aufgeben. Du bist noch nicht angekommen.«

Stirnrunzelnd hake ich nach: »Woher weißt du das?«

»Was denn?«, fragt er und lächelt. Dann nimmt er die Weinflasche vom Tisch, schenkt Petra und mir nach, steht auf und verschwindet hinter der Bar.

»Was meint er? Wolltest du aufgeben?«, will Petra wissen und beugt sich mit ihrem Weinglas zu mir vor.

»Keine Ahnung, was er meint«, erwidere ich gedankenverloren, während ich den Mann hinter der Bar beobachte, obwohl ich genau weiß, wovon er spricht. Gestern noch wollte ich meine Zelte abbrechen, habe darüber nachgedacht, von León aus zurück nach Deutschland zu fliegen. Aber woher kann er das wissen? Die Anwohner hier am Jakobsweg scheinen oft ein ganz besonderes Gespür für ihre Mitmenschen zu haben. Sie erkennen vieles früher als wir anderen, die wir so sehr mit uns selbst und unserem Alltag beschäftigt sind. Obwohl es nicht ausgesprochen wird, haben sie eine Antwort parat. Ich klinke mich einen Moment aus den Gesprächen am Tisch aus. Vielleicht hat Antonio recht, vielleicht sollte ich meinen Weg bis zum Ende gehen? Deshalb bin ich doch schließlich hergekommen, oder? Auf der Suche nach Antworten schon bei der Hälfte abzubrechen, wirkt wenig erfolgversprechend auf mich. Was denn, wenn die Antworten erst später kommen? Aber auch wenn ich sie gar nicht finden sollte, dann bringt mich dieser Weg dennoch ein Stückchen näher an sie heran.

Den Rest des Abends verbringen wir bei feuchtfröhlichen Gesprächen. Dirk und Johannes kriegen sich einige Male in die Haare, und nach so manchem gescheiterten Schlichtungsversuch können Petra und ich letztlich nur noch über die beiden lachen. Als ich später zahlen will, fragt Antonio, woher wir seien. »Alemania. Deutschland. Petra ist aus Österreich«, antworte ich, woraufhin Antonio uns aufgeregt bittet, einen Moment zu warten. Oh, oh, was kommt jetzt? Merkel? Eurorettung? Böse Deutsche? Verdammt, ich hätte Berlin sagen sollen, schießt es mir durch den Kopf. Antonio kommt mit einem großen Buch in den Händen zurück. Er blättert einige Zeit darin, dann legt er das Buch aufgeschlagen auf den Tresen und dreht es in unsere Richtung. Es handelt sich um ein Gästebuch für Pilger. Antonio deutet mit dem Zeigefinger auf einen Eintrag: »Hape Kerkeling.« Ich breche in schallendes Gelächter aus und kann es schon wieder kaum glauben. Jetzt kommt auch die Erinnerung an diese Bar wieder. Der deutsche Comedian hat in seinem Buch über den Wirt Antonio und seinen Papagei geschrieben. »Wo ist dein Papagei?«, frage ich daher. Aber der kleine, alte Spanier schüttelt nur traurig den

Kopf. Ich hake nicht weiter nach, sondern lese Hapes Eintrag. Er schreibt, diese sei bisher die schönste Bar am Weg. Auch ich trage mich in das Gästebuch ein – mein erstes Mal auf dem Weg: »Danke für alles, Antonio! Ich gehe weiter. Bis zum Ende.«

Carrión de los Condes (25. September)

In der Nacht habe ich von der Meseta geträumt, vom Wind, gegen den ich verzweifelt ankämpfe. Ich bekam kaum einen Schritt vor den anderen gesetzt, ehe mich der Sturm wieder um Längen zurückwarf. Scharf peitschte mir der Regen ins Gesicht. Mit der einen Hand zog ich meinen klitschnassen, triefenden Hut tiefer in die Stirn, hielt ihn fest, damit er mir nicht vom Kopf wehte, mit der anderen klammerte ich mich fest an meinen Wanderstab, die Finger vor Kälte fast zu Eis erstarrt. Die Ähren rings um mich herum bogen sich im Wind, der durch sie hindurchpfiff und dabei ein schreckliches Geräusch erzeugte. Beim Anblick des dunkelblaugrauen Himmels schauderte ich. Es sah zum Fürchten aus. Mein Regencape flatterte um mich herum, versetzte mir immer wieder Schläge, und ich zitterte am ganzen Körper. So sehr ich mich auch bemühte, ich kam nicht voran.

Als ich am Morgen die Augen aufschlage, fällt mir ein Stein vom Herzen. Ich liege in meinem warmen Bett, ziehe den Schlafsack noch einen Moment über die kalte Nasenspitze und reibe auch sie warm. Was für ein Traum! Er war so real, und ich kann noch immer die Kälte, die meinen Körper durchzog, und die triefnasse Kleidung auf meiner Haut spüren. Hoffentlich wird dieser Tag entspannter als in meinem Traum.

Wie jeden Morgen schlüpfe ich nach dem Aufstehen in meine blaue Fleecejacke, schnappe mir meinen Kulturbeutel, mein Handtuch und schlurfe ins Bad der Herberge. Meine tägliche Morgenroutine: aufstehen, Zähne putzen, duschen, Handtuch aufhängen, anziehen, in den Frühstückssaal gehen, wenn Frühstück in der Herberge angeboten wird, ein großes Glas Wasser trinken, dabei ein Gedicht aus dem kleinen Band über das Wandern lesen, Rucksack wieder packen – das Handtuch nicht vergessen! –, Route für den Tag definieren, losgehen. Das alles läuft komplett automatisch ab. Ich muss nicht einmal mehr über die einzelnen Schritte nachdenken. Es ist wie Autofahren – einmal gelernt, funktionieren die Handgriffe fast wie von selbst.

Nicht ganz so schlimm wie in meinem Traum, aber doch sehr anstrengend ist die Wanderung auch heute wieder. Petra, Johannes und ich bekommen deutlich zu spüren, was es heißt, die Meseta zu bewandern: Es geht steile Hänge hinauf, oben angekommen jagt ein eisiger Wind über die tischflachen Ebenen, gegen den es anzukämpfen gilt. Der breite Kragen der dicken blauen Fleecejacke wird weiter über die Nase gezogen. So hoch wie möglich, um dem Wind wenig Angriffsfläche zu bieten. Bei erster Gelegenheit machen wir Halt in einer Bar und wärmen uns etwas auf. In dem kleinen Röhrenfernseher an der Wand hinter dem Tresen flimmern schrille Musikvideos über den Bildschirm. Gebannt von den bunten Farben, glitzernden Kostümen und schnellen Schnitten kleben wir an der Mattscheibe. Unten rechts in der Ecke ist das heutige Datum eingeblendet. Erst jetzt fällt mir auf, dass ich weder weiß, welchen Wochentag wir heute haben, noch wie lange ich schon unterwegs bin. Dafür weiß ich ganz genau, wie viele Kilometer ich schon gelaufen bin und wie viele noch vor mir liegen. Die Zeit hier auf dem Camino wird nicht in Tagen, Stunden oder Minuten gemessen, sondern in Etappen und Kilometern. Über 350 Kilometer habe ich schon hinter mich gebracht!

Irgendwann quälen wir uns wieder hinaus in die Kälte. Der Wirt zwinkert uns zu: »Meseta ist, wenn der Wind von vorne kommt.« Er lacht laut auf und setzt nach: »Kopf hoch und Buen Camino, Amigos.« Hintereinander schleppen wir uns durch die knarrende Tür in den kalten Wind hinaus. Das kleine Glöckchen im Türrahmen bimmelt zum Abschied, als wollte es uns aufheitern. Sobald wir das Dorf verlassen, bläst uns der Sturm wieder um die Ohren. Laufen macht so definitiv wenig Spaß. Obwohl wir nun keine großen Steigungen mehr zu bewältigen haben, ist das Wandern wahnsinnig anstrengend. Den Rest des Weges verbringen wir schweigend. Ich habe lange nicht mehr so wenig gesprochen.

Carrión de los Condes ist eigentlich kaum eine Erwähnung wert. Ich mag diesen Ort nicht. Ich weiß nicht, warum, aber ich verspüre eine unbegründete Abneigung gegen dieses Dorf. Ich fühle mich hier einfach nicht willkommen. Auf der Suche nach dem Kloster Santa Clara, unserer Unterkunft für die heutige Nacht, werden wir von einem Hund angefallen. Er knurrt, kläfft und verbeißt sich in einem von Petras Teleskopstöcken. Sie versucht ihn abzuschütteln. Wir gehen weiter, der Hund hängt noch immer am Stock, lässt aber letztlich los, weil er wohl nicht über die Straße geschleift werden möchte – kann ich verstehen. Er bellt noch einige Male, dreht sich dann aber um und läuft seines Weges.

Im Kloster lassen wir uns eines der Zimmer zeigen, in dem wir untergebracht werden sollen. Es ist schmuddelig, und man muss über mehrere Betten klettern, um zum eigenen zu kommen. Das Zimmer ist vielleicht für vier Hochbetten ausgelegt, tatsächlich sind aber acht hineingestopft. Es sieht schäbig und heruntergekommen aus, riecht muffig, und die Wolldecken auf den Betten sind feucht. Petra will sich eine andere Herberge suchen. Nach den Strapazen dieses Tages möchte sie ein ordentliches Bett haben und eine Dusche mit fließend warmem Wasser. Johannes und ich verabschieden uns vorerst von ihr, verabreden uns aber für den nächsten Morgen zu einem letzten gemeinsamen Frühstück. Anschließend wird Petra den Bus nach León nehmen, um ihr Knie zu schonen, aber auch weil ihr die Zeit davonrennt. Von León aus will sie dann versuchen weiterzulaufen. Damit wäre sie uns zwei Tagesetappen voraus.

Johannes und ich bekommen von dem Mönch, der uns die Zimmer gezeigt hat und der in diesem Nonnenkloster anscheinend die Aufsicht über die Pilger führt, je zwei Schlüssel für das Tor und die Zimmertür zugesteckt. Wir beziehen unsere Betten, und Johannes freundet sich mit zwei Mädchen aus Bayern an. Gemeinsam ziehen sie los, während ich mich eine Stunde aufs Ohr haue. Anschließend schaue auch ich mir Carrión an. Der erste Eindruck bestätigt sich: Während ich durch die Straßen ziehe, fühle ich mich zunehmend unwohl. Mit den glatten Sohlen meiner Stoffschuhe, die ich für die Nachmittage eingesteckt habe, rutsche ich auf den vom Regen glitschigen Pflastersteinen immer wieder aus, knicke am Bordstein um und lande prompt mit dem rechten Schuh in einer tiefen Pfütze. Der Schuh ist klitschnass, mit ihm zudem Socken und Fuß. Das ist einfach nicht mein Tag. An der Hauswand gegenüber entdecke ich ein Graffiti: »Cómo te sientes, te sucede a tí« – »Wie du dich fühlst, so passiert es dir auch« oder vielleicht: »Das Äußere ist ein Spiegel des Inneren.« Es stimmt, seit gestern kränkle ich ein wenig. Ich fühle mich nicht ganz fit. Der tägliche Kampf gegen Wind und Wetter hat mich geschwächt. Die letzten drei Tage waren wirklich anstrengend. Vielleicht liegt mein Unbehagen also gar nicht an Carrión de los Condes, und ich tue diesem Ort Unrecht.

Zurück im Lichthof des Klosters treffe ich unerwartet auf Petra. Sie hat keine andere Herberge gefunden und diskutiert nun mit dem Mönch.

»Was ist los?«, frage ich sie.

»Er will mir kein Bett geben, weil er beleidigt ist, dass das Kloster nur die ›zweite Wahl‹ für mich sei«, antwortet Petra verzweifelt. »Wo soll ich denn sonst hin?«

Ich biete an, dass Petra bei mir im Bett schlafen könne. Nach langem Hin und Her rückt der Mönch dann aber doch noch einen Schlüssel heraus und weist ihr einen Schlafplatz zu. Immer mehr Menschen stoßen zu uns in den Lichthof, auch Johannes und seine Begleitungen. Am Ende sind wir bestimmt fünfundzwanzig Pilger. Der kleine Mönch, der sich auf einen hohen Steinblock stellt, um für alle gut sichtbar zu sein, erklärt die Klosterregeln, wofür welcher Schlüssel sei und wann welcher Gang innerhalb der Klostermauern benutzt werden dürfe. Dabei hampelt er wie von einer Tarantel gestochen auf dem alten Mauerstein herum, bekommt daher von uns den Spitznamen »Ampelmännchen«, denn er wirkt wie ein Verkehrspolizist im Zeitraffer bei ausgefallener Ampelschaltung.

Später im Bett schwärmt Johannes von einem der beiden Mädchen und dass er nicht verstehe, dass sie weniger Interesse zeige als er, wo er doch so ein toller Typ sei. Petra und ich pressen uns die Schlafsäcke vor die Münder, damit wir nicht in schallendes Gelächter ausbrechen. Manchmal weiß ich nicht, ob er das, was er sagt, ernst meint oder ob er einfach ein Clown ist. Wir drei quatschen uns gegenseitig in den Schlaf. Es ist schon ein komisches Gefühl, dass Petra uns morgen verlassen wird. Obwohl wir uns nur kurze Zeit kennen, wird es ein schmerzlicher Abschied. Mit das Schönste am Camino ist es, auf so wundervolle, meinen Weg bereichernde Menschen wie Petra zu treffen.

Ledigos (26. September)

Zusammen mit Johannes feiere ich also heute Bergfest – na, bravo! Jetzt sind nur noch mein Schatten und ich übrig. Genauso habe ich mir das vorgestellt. Inzwischen erkenne ich immer deutlichere Parallelen zwischen uns. Ich sollte ihn wohl dringend abschütteln, bevor mir noch mehr grausige Wahrheiten über mich vor Augen geführt werden, die ich bislang gekonnt verdrängt hatte. Eigentlich will ich Johannes gar nicht mögen, so sehr wie er sich selbst mag. Das reicht nämlich für weit mehr als eine Person. Von ihm kann man noch einiges in puncto Selbstliebe lernen. Heißt es doch, man soll sich so annehmen, wie man sei, bringt Johannes das auf eine ganz neue Ebene. Er nimmt sich nicht an: Johannes feiert sich regelrecht. Aber dann sind da auch immer die kleinen Momente des Zweifels, zum Beispiel in Bezug auf seine Zukunft. Dann wird er richtig nahbar – und verletzlich. Einfach authentisch. So sehr ich mich anfangs dagegen zu wehren versucht habe, es geht nicht mehr: Ich mag ihn einfach. Er bringt mir bei, mich selbst mit anderen Augen zu sehen, nicht aus dieser übergeordneten Perspektive, von der aus man immer kritisch auf sich herabblickt, sondern liebevoll betrachtend. Ich glaube mittlerweile, Johannes gehört einfach zu meinem Camino, genauso wie ich zu seinem gehöre.

Unsere heutige Strecke verläuft schnurstracks geradeaus – 18 Kilometer auf einem alten Römerpfad, der Via Traiana. Der Wanderführer warnt vor dieser Strecke: Kein Baum wird uns am Wegrand begegnen, kein Unterstand, nichts, was Schatten spenden könnte. Auch Abwechslung in der Landschaft sollten wir heute besser nicht erwarten. Johannes und ich vertreiben uns die Eintönigkeit der Straße mit Musik, und so vergeht der Weg schneller als gedacht. Als »Angels« von Robbie Williams aus Johannes' Smartphone schallt, ruft er aufgeregt: »Das ist unser

Lied«, und singt beschwingt mit. Auch ich stimme ein, und so laufen wir lauthals trällernd auf der Via Traiana bis nach Calzadilla de la Cueza. Der Zusatz »Cueza«, »Pflasterstein«, begegnet uns häufiger am Jakobsweg, und er verleiht den Ortschaften, die ihn in ihrem Namen tragen, eine besondere Bedeutung, denn so wussten damals alle, dass besagter Ort an einer bepflasterten und von daher gut erreichbaren Straße lag.

Abgesehen von ein paar kümmerlichen und einigen wohl erst in diesem Frühjahr gepflanzten Bäumen ist wirklich weit und breit nichts zu sehen. »Es ist schön, wieder mit dir allein zu laufen«, sagt Hannes, als wir gerade eine kurze Pause auf der Pflasterstraße einlegen, und fingert einen labbrigen Toast aus seiner gelben Brotbox. Etwas verschreckt blicke ich von meinem Apfel auf. Damit habe ich nicht gerechnet. »Findest du?«, frage ich erstaunt und merke sofort, dass er eine andere Reaktion erwartet hatte. Wir sitzen auf dem Boden, hinter uns die Rucksäcke, die uns aufeinandergestapelt als Lehne dienen.

Johannes streckt die langen Beine von sich, rutscht mit dem Hintern vor, was ihn noch länger wirken lässt, und verschränkt die Arme vor der Brust: »Ja, du etwa nicht?« Betont locker antworte ich: »Doch, klar«, und beiße in meinen Apfel, damit ich nichts mehr sagen muss. Dabei blicke ich verstohlen auf den Jungen neben mir. Es ist ja nicht so, dass ich es nicht schön finde, mit ihm zu laufen, ich habe mir nur einfach keinerlei Gedanken darüber gemacht. Unendlich lange kaue ich auf dem Stück Obst in meinem Mund herum, nur um nicht reagieren zu müssen. Die Stille ist unangenehm, aber ich weiß einfach nicht, was ich sagen soll.

»Na ja, eigentlich ist es doch schade, dass Petra nicht mehr dabei ist. Mit ihr konnte ich so gut reden. Wir haben uns über so tiefgründige Dinge unterhalten. Das geht nicht mit jedem.« Wumms, dieser Satz aus seinem Mund hat gesessen. Ich schaue ihn aus großen Augen an. Mit einer solchen Retourkutsche auf meine vielleicht zu verhaltene Antwort hatte ich nicht gerechnet. Hannes, den Kopf an die Rucksäcke gelehnt, die Augen geschlossen und die Hände vor dem Bauch wie zum Gebet gefaltet, hat die Stirn in Falten gelegt. Ob er beleidigt ist?

»Ich rede auch gerne mit dir«, sage ich beim Aufstehen und ziehe an einem der Schultergurte meines Rucksacks, sodass dieser Johannes unter dem Kopf wegrutscht und er, vielleicht ein wenig unsanft, auf seinem eigenen aufschlägt. Bereits loslaufend, zurre ich den Bauchgurt fest. Mit meinem Apfelrest in der Hand stapfe ich von dannen. Hinter mir höre ich wuseliges, hektisches Geraschel, gleich darauf Johannes' schnelle Schritte sowie den schweren Rucksack, der auf seinem Rücken im Takt auf und ab hüpft: »Warte!«, ruft er und hat mich kurz darauf eingeholt. Ein paar Minuten laufen wir schweigend nebeneinanderher, dann sagt er, den Kopf nach unten geneigt und die Hände links und rechts unter seine Schultergurte geklemmt, sodass er aussieht wie ein kleiner, schüchterner Schuljunge: »Ich rede auch gerne mit dir.« Er schaut hoch und grinst mich an. Ich grinse zurück: »Na, dann ist ja gut.«

Auf unserem Weg sprechen wir über Erwartungen. Erwartungen, die wir selbst oder andere an uns haben, und das Unvermögen, das eine vom anderen zu unterscheiden. So vieles tue ich nur, um den Erwartungen anderer zu entsprechen, oft denen meiner Mutter. Meine Mutter und ich haben ein gutes, immer aber durch Spannungen bestimmtes Verhältnis. Ständig müssen wir aufpassen, was wir wie zueinander sagen. Die Kritik der anderen bekommen wir beide grundsätzlich in den falschen Hals. Als Kind oder Jugendliche musste ich mir bei Streitereien oft anhören, dass ich es so oder so zu nichts bringen würde, dass niemals etwas aus mir werden würde. »Du wirst Putzfrau!«, ist der Satz, der mir noch immer nachdrücklich in der Tonalität eines Stabsführers im Ohr hallt.

Das hat mich geprägt. War meine Mutter sauer auf mich oder enttäuscht von mir, weil ich eine schlechte Note nach Hause gebracht oder nicht im Haushalt geholfen hatte, warf sie mir diesen Satz an den Kopf. Gerade muss ich bei diesem Gedanken schmunzeln: Sollte ich wirklich so schlecht im Haushalt gewesen sein, wäre der Job einer Reinigungskraft wohl eher nicht das Richtige für mich gewesen. Dennoch hat mich der Kern dieser Aussage verletzt. Es sollte nicht weniger bedeuten als: »Ich glaube nicht an dich. Du kannst nichts, wirst es nie zu etwas bringen, weil du es einfach nicht draufhast.« Johannes gegenüber kann ich das nicht so offen kommunizieren. Ich will nicht, dass er schlecht von meiner Mutter denkt. Sie ist nicht schlecht. Im Gegenteil, sie ist ein großartiger Mensch, der gerne und immer viel gibt. Sie hat sehr viel für mich getan, war da, wenn ich sie brauchte, auch wenn ich das in meinem jugendlichen Leichtsinn sicher nie so wahrhaben wollte. Im Grunde wollte sie einfach nur, dass ich etwas aus meinem Leben mache. Vielleicht sogar, dass ich es besser mache als sie, denn sie hat sich ihre Träume und Wünsche nie erfüllt. Während der Krebserkrankung meines Vaters hat sie sich im Job beurlauben lassen, um für ihn und mich da zu sein. Ich war gerade einmal ein Jahr alt.

Mein Vater, dessen Krebs viel zu spät entdeckt worden und der von diesem Geschwür nahezu vollkommen zerfressen war, lag lange Zeit im Krankenhaus – vor der OP, danach und während der Chemotherapie. Es gibt ein Bild von meinem Papa und mir während seiner Therapie, wie ich als kleiner Stöpsel in unserem Wohnzimmer auf seinen Knien sitze. Er, dünn wie ein Stock, ausgemergelt und kahl, sieht trotzdem glücklich aus. Und das war er: glücklich, bei mir und meiner Mama zu Hause sein zu dürfen, auch wenn es nur für die kurze Weihnachtszeit war. Ich weiß nicht, ob er damals gedacht hat, dass es das erste und letzte Weihnachten mit seiner Tochter sein würde, aber wenn wir heute über die Zeit seiner Krankheit sprechen, sagt er immer, er hat ganz fest daran geglaubt, wieder gesund zu werden: »Ich konnte euch doch nicht allein lassen. Mama und ich hatten schon so lange den Wunsch, ein Baby zu bekommen. Jetzt warst du endlich da, und ich sollte dich wieder allein lassen? Das ging doch nicht. Außerdem hättest du deiner armen Mutter das Leben zur Hölle gemacht«, zwinkert er mir zu, lächelt und sagt dann mit ernstem Gesicht weiter: »Ich konnte meine kleine Tochter, meinen Wirbelwind, doch nicht zurücklassen, ohne sie je wirklich kennengelernt zu haben.«

Erst anderthalb Jahre vor der Diagnose hatte er sich selbstständig gemacht. Als Radio- und Fernsehtechniker mit einem eigenen Geschäft in Berlin. Er war so stolz. Meine Mutter arbeitete zu der Zeit bei der Polizei. Sicher nicht ihr Traumjob, denn eigentlich wollte sie Kunst studieren, zeichnen, malen, Künstlerin werden, aber er machte ihr Spaß. Sie mochte ihre Kollegen, ihren Vorgesetzten, die Arbeit selbst, und sie konnte ihr juristisches Fachwissen aus dem angefangenen Jurastudium anwenden. Dann kam Papas Krankheit, und für unsere kleine Familie brach eine Welt zusammen. Gemeinsam mit ihrer Mutter führte meine das Geschäft meines Vaters weiter. Parallel dazu kümmerten sie sich um mich. Als Wanderpokal wurde ich zwischen meiner Mutter, meiner Oma und ihrer besten Freundin, die wie eine zweite Oma für mich war, hin und her gereicht. Was hätten sie auch sonst tun sollen? Alles musste schließlich weitergehen. Dann starb Mamas Mutter. Mama aber blieb keine Zeit, um zu trauern. Sie musste funktionieren – für unsere Familie. Mein Vater bekam mich in dieser Zeit nicht oft zu Gesicht. In den Stunden, die Mama bei ihm hatte, war er oft zu schwach, um mich kleines Nervenbündel zu ertragen. Aber jedes Mal, wenn er mich sah, war er glücklich. Die Ärzte glaubten nicht an eine Heilung, zu weit fortgeschritten war der Krebs, zu sehr hatte er bereits gestreut und sich in alle Richtungen ausgebreitet. Aber Papa hat überlebt! Er war so stark, hat gekämpft und gemeinsam mit meiner Mutter an seiner Seite den Krebs besiegt.

Sie blieb in der Firma meines Vaters, anfangs, um ihn zu unterstützen, später aus Gewohnheit. Letztlich kündigte sie ihren Job bei der Polizei und kam ganz ins Geschäft. Nie studierte sie Kunst, obwohl sie die Seele einer Künstlerin hat. Weder das Jurastudium noch die Arbeit bei der Polizei nahm sie jemals wieder auf. Und auch wenn ihr die Arbeit bei meinem Vater viel Spaß bereitete, war es nicht das, was sie sich von ihrem Leben erträumt hatte.

Dennoch, auch wenn ich meine Mutter heute besser verstehe, als ich es damals tat, der Satz »Du wirst eh nur Putzfrau!« blieb haften, mein gesamtes bisheriges Leben lang. Dieser Satz ist der Grund, warum ich mich niemals zufriedengeben kann, weshalb ich immer noch besser sein muss, noch mehr erreichen muss, noch »etwas draufsetzen« muss. Ich habe mein Abitur gemacht, habe studiert, meinen Abschluss gemacht, habe weiter studiert und bin gerade dabei, den zweiten Abschluss zu machen. Das alles tue ich – irgendwie – für meine Mutter. Um ihr zu zeigen, dass auch ich etwas erreiche, obwohl sie es mir oft nicht zugetraut hat oder mir zumindest dieses Gefühl gab. Im Grunde versuche ich wohl immer den Vorstellungen zu entsprechen, die andere auch abseits meiner Mutter von mir haben. Ich möchte niemanden enttäuschen, was mir, weiß Gott, nicht immer gelingt. Es gibt nichts Schlimmeres für mich, als in ein enttäuschtes Gesicht zu blicken.

»Ich glaube, du stehst dir da selbst im Weg«, kommentiert Hannes meinen langen Monolog über Enttäuschungen.

»Wie bitte?«, schaue ich ihn skeptisch an.

»Na, deine Probleme sind hausgemacht. Es sind nicht die anderen, sondern du selbst bist es, die sich unter Druck setzt, alles immer zur Zufriedenheit der anderen machen zu müssen.«

»Ja, schon, ich sage auch gar nicht, dass die anderen Schuld haben. Mir ist schon bewusst, dass ich da ganz allein für verantwortlich bin, aber wenn ich nicht wenigstens versuche …«

Johannes schüttelt vehement den Kopf und unterbricht mich recht unwirsch: »Schwachsinn! Wem willst du damit denn etwas beweisen? Wem willst du denn gefallen? Den Menschen, die dich lieben, oder? Deinen Eltern? Denen um dich herum, die dir nahestehen? Diesen Menschen musst du aber gar nichts beweisen. Diese Menschen werden dich immer lieben, auch wenn du sie enttäuschst, auch wenn du alles so machst, wie du es für richtig hältst, und selbst wenn du mit dem, was du tust, eben nicht dem entsprichst, was sie sich für dich erhoffen und erträumen.«

Ich denke einen Moment darüber nach: »Ich bin mir da nicht so sicher. Irgendwann siegt die Enttäuschung.«

»Enttäuschung ist nie so stark, dass sie gegen Liebe gewinnen kann. Die Liebe siegt immer. Sie siegt bis in den Tod. Die Liebe ist langmütig, die Liebe ist gütig. Sie erträgt alles, glaubt alles, hofft alles. Hält allem stand. Die Liebe hört niemals auf. Deine Mama liebt dich, egal was du tust. Und ehrlich? Sie ist deine Mama, sie findet sowieso alles toll, was du machst. Wetten?« Bei Hannes klingt das alles beiläufig und selbstverständlich, und trotzdem haben seine Worte eine tiefe Bedeutung, ein tragendes Gewicht, auch wenn das nicht alles seine eigenen Worte waren, sondern er aus der Bibel zitiert hat.

»Hmm …«, murmele ich gedankenverloren, den Blick in die Ferne gerichtet. Wir laufen eine ganze Zeit still nebeneinanderher, die Daumen unter die Schultergurte der Rucksäcke geklemmt. »Vielleicht hast du recht. Vielleicht ist das gar kein Kampf, den ich mit den Erwartungen anderer ausfechte, sondern vielmehr ein Kampf mit mir selbst. Das ist ziemlich anstrengend, weißt du? Dieses ewige Gegen-sich-selbst-Kämpfen.« Ich schaue auf meine Wanderschuhe, wie sie bei jedem Schritt ein wenig den trockenen Sand aufwirbeln und nach vorne schießen.

»Du musst einfach deinen eigenen Weg gehen. Du musst wissen, was DU willst, nicht, was andere von dir wollen«, antwortet er.

»Vielleicht weiß ich einfach nicht so genau, was ich wirklich will«, entgegne ich und denke unweigerlich an Daniel. »Aber da kenne ich noch jemanden«, grinse ich Hannes an und spiele damit auf seine ausstehende Studienentscheidung an. »Ich finde, Philosophie passt ziemlich gut zu dir«, lächle ich ermutigend in seine Richtung. Johannes' Mund umspielt ein feines, zurückhaltendes Lächeln. Er sagt nichts.

Wir sind froh, als wir endlich in dem kleinen, beschaulichen Örtchen ankommen und unsere Wanderschuhe ausziehen können. Gestern Abend las ich im Wanderführer, dass die Herberge in Ledigos Einzelbetten in einem alten Dachstuhl anbiete, und so überredete ich Hannes, mit mir diesen kleinen Umweg zu laufen. Ledigos liegt knapp 2 Kilometer vom eigentlichen Jakobsweg entfernt, aber ich fand, dass ein eigenes Bett diesen Umweg unbedingt wert sei. Tatsächlich hat es sich gelohnt. Der Dachstuhl sieht wunderhübsch aus. Vom Holzwurm zerfressene Balken zeichnen die Decken und Wände. Der Dielenboden knarrt bei jedem Schritt. Auf den Matratzen liegen extra Wolldecken für die inzwischen doch recht kalten Nächte auf dem Weg. Nachdem wir ankommen, zieht es mich als Erstes unter die warme Dusche. Meine kleine Erkältung macht mir doch ein wenig zu schaffen, umso mehr genieße ich ausgiebig das Wasser, das langsam und warm meinen Körper hinunterrinnt.

Nach einem kurzen Mittagsschlaf machen Johannes und ich uns auf zu einer kleinen Erkundungstour durch das Dorf. Schon merkwürdig: In Los Arcos habe ich mich noch vor ihm versteckt, jetzt verbringe ich sogar die lauffreien Nachmittage freiwillig mit ihm. Klar, manches Mal geht er mir gehörig auf die Nerven, und wenn er wieder ein Loblied auf sich singt, möchte ich ihm nach zehn Minuten am liebsten die Hand vor den Mund halten, aber meistens genieße ich seine Gesellschaft doch sehr und merke, wie ich mich ihm gegenüber immer weiter öffne.

»Ich möchte dir sagen, wie ich dich sehe, Andrea«, platzt er aus heiterem Himmel heraus, während wir über das Kopfsteinpflaster der schmalen Gassen schlendern.

»Wie du mich siehst?«, frage ich verdutzt zurück und rümpfe leicht die Nase.

»Ja, eine Einschätzung. Ich möchte dir sagen, wer du meiner Meinung nach bist.« Breit grinst er mich mit seinem Zahnpastalächeln an.

»Okay«, taste ich mich vorsichtig heran. »Dann schieß mal los.« Allerdings bin ich mir aber gar nicht so sicher, ob ich das, was jetzt kommt, überhaupt hören will.

»Du darfst dir das nur anhören, darfst nichts dazu sagen, okay?«, beugt er sich nach vorne, um mir ins Gesicht gucken zu können.

»Von mir aus.« Ich tue das Ganze mit einer Handbewegung ab. Dann legt er los: »Du wirkst im ersten Moment auf andere sehr schüchtern. Man braucht einen Moment, um zu dir durchzudringen, aber wenn der eine Punkt überschritten ist, dann taust du auf, bist offen, fragst viel nach und zeigst deinem Gegenüber dadurch, wie sehr du dich für ihn interessierst.« Still denke ich bei mir: »Das ist mein Job«, aber ich sage nichts, sondern höre weiter zu.

»Du bist hübsch, deshalb denken manche sicher nicht, dass du schüchtern, sondern eingebildet seist. Du hast diesen einen Blick drauf, der pure Arroganz vermuten lässt. Den beherrschst du perfekt. Aber ich habe dich durchschaut. Das ist keine Arroganz, sondern eine natürliche Abwehr, ein Schutzmechanismus, der aus deiner Schüchternheit rührt – oder vielleicht auch umgekehrt. Warum das so ist, weiß ich nicht.« Es ist erstaunlich, genau darüber habe ich schon oft nachgedacht, und ich bin überzeugt davon, dass mich viele Menschen für arrogant halten, solange sie mich nicht besser kennen. Das Ganze aber als Selbstschutz zu identifizieren, auf die Idee war ich noch nicht gekommen. Vielleicht hat Hannes damit recht. Ich habe bei Menschen, die ich nicht so gut kenne oder höhergestellt sind, oft die Angst, etwas Unüberlegtes zu sagen. Deshalb halte ich mich zurück, sage nichts oder nur wenig, bevor ich ausgiebig darüber nachgedacht habe. Und daher gelte ich als desinteressiert oder eben arrogant.

»Du hast eine sehr, sehr stark ausgeprägte soziale Ader, versuchst alle gleich und dir ebenbürtig zu behandeln. Dadurch begegnest du den Leuten, egal ob zehn Jahre jünger oder zehn Jahre älter, auf Augenhöhe. Deshalb spreche ich so gerne mit dir. Deshalb sprechen so viele gerne mit dir und genießen es, mit dir gemeinsam unterwegs zu sein. Diese gleiche Ebene, auf die du dich begibst, die macht dich zu einem so angenehmen Gesprächspartner, dem man ziemlich schnell ziemlich viel erzählt.« Belustigt denke ich mir: »Dass du mir gerne viel erzählst und auch viel Intimes, ist mir nicht entgangen, mein Freund«, sage aber laut: »Hannes, ich bin nicht immer auf Augenhöhe. Ich kann sehr herablassend sein.«

»Das ist ganz egal. Du gibst einem das Gefühl, es nicht zu tun. Das reicht oft schon aus«, setzt er vehement dagegen und poltert mit erhobenem Zeigefinger und hochgezogenen Brauen: »Aber du sollst jetzt nicht sprechen. Ich bin dran.«

Erschrocken weiche ich zurück und muss im nächsten Moment laut loslachen. Johannes legt den Zeigefinger an die Lippen, um mir zu signalisieren, dass ich ruhig sein soll. Ich lächle also nur geräuschlos vor mich hin.

»Und ich glaube, du wirst später mal eine großartige Mama.«

»Bitte was?«, platzt es aus mir heraus, doch sofort bin ich wieder ruhig. Ich soll ja nichts sagen, aber meine Gedanken spielen gerade verrückt. Eine Mutter? Ich? Wie kommt er darauf? Muttersein ist wohl das Letzte, über das ich bisher nachgedacht habe. Wirklich gut vorstellen kann ich mir das auch nicht. Ich mit Baby im Arm? Einem Säugling die Windeln wechseln? Das Kind mit Brei füttern? Sich darüber freuen, wenn es über meine Schulter hängend ein Bäuerchen macht, das ihm quersaß? Nein, ich glaube, das bin ich nicht. Mit wem sollte ich auch ein Kind kriegen? Mit Daniel? Niemals. Wir wären beide keinen guten Eltern. Sollte ich aber doch irgendwann mal Kinder haben – von wem auch immer –, dann werde ich wohl unweigerlich an Hannes und dieses Gespräch hier denken müssen. Das hat er schon mal geschafft.

»Du könntest dein Kind Johannes nennen. Es gibt keinen schöneren Namen als diesen«, grinst er.

»Genau«, nicke ich und zwinkere ihm zu.

Johannes kehrt zurück in die Herberge. Ich ziehe noch ein wenig durch die kleinen Gassen, suche mir eine Bar und setze mich draußen in einen breiten Holzsessel an einen der Tische aus einem alten, riesigen Weinfass. Ich bin unwahrscheinlich froh, dass Johannes nicht auch so eine Einschätzung seiner Person von mir verlangt. Ich kann ihm schlecht sagen, dass ich ihn anfangs für einen arroganten bayerischen Schnösel gehalten habe, der seinen Eltern am Rockzipfel hängt und ein verdammter Faulpelz ist, weil er fast nur zu Hause vor dem Fernseher hängt. Oder gar, dass ich wer weiß wie oft versucht habe, ihm hier auf dem Camino aus dem Weg zu gehen, ihn abzuhängen und mich sogar vor ihm versteckt habe. Ich bin mir sicher, damit rechnet er nicht. Es würde ihn wie ein Schlag treffen. In Pamplona habe ich mich gefragt, warum er nicht merkt, dass ich keine Lust auf seine Gesellschaft habe. Heute bin ich wahnsinnig froh, dass dieser kleine Kerl hartnäckig geblieben ist, er meine Ablehnung ihm gegenüber vielleicht sogar wirklich nicht bemerkt hat. Ich würde ihn vermissen. Nach allem, was Johannes gesagt hat, schäme ich mich für meine anfänglichen Gedanken über ihn. Er ist so ein liebenswerter, herzensguter Mensch, auf den ich, wenn nötig, zählen kann, und ich kann wahnsinnig viel Spaß mit ihm haben. Er holt das kleine Mädchen zurück, das mir ein bisschen abhandengekommen ist, macht alles etwas fröhlicher, leichter. Vielleicht drücke ich den Leuten, die ich kennenlerne, zu schnell einen Stempel auf? Denke ich zu sehr in Schubladen und fälle voreilig Urteile über Menschen, bei denen ich lediglich an der Oberfläche gekratzt habe? Bei Johannes war das ganz sicher so. Der englische Staatsmann Thomas Morus hat einmal gesagt: »Es kommt niemals ein Pilger nach Hause, ohne ein Vorurteil weniger und eine Idee mehr zu haben.« Ich hoffe, ich werde nicht nur eines meiner Vorurteile ablegen, sondern eine ganze Reihe. Auf jeden Fall aber werde ich versuchen, anderen vorurteilsfreier zu begegnen.

Es ist eisig kalt, als ich um kurz vor Mitternacht das erste Mal aufwache. Der Wind zieht durch jeden Spalt, jedes Schlupfloch oder Holzwurmloch – im Dachstuhl. Ich ziehe die braune Wolldecke, die ich über meinem Schlafsack ausgebreitet habe, noch tiefer ins Gesicht, ohne darüber nachzudenken, welche anderen Gesichter sie wohl schon gewärmt haben könnte. Beim Schlucken bemerke ich die Schmerzen im Hals. Es ist, als würde mir jemand auf den Kehlkopf drücken und als hätte sich zusammengeknülltes Schmirgelpapier zwischen meinen Rachenmandeln verkeilt, das sich aber bei jedem Schlucken versucht zu befreien. Dazu kommen Schnupfen und erhöhte Temperatur. Ich habe kein Fieberthermometer dabei, doch Stirn und Wangen glühen, obwohl meine Zähne vor Kälte klappern. Der Wirt der an die Herberge angeschlossenen Bar hatte mir vorhin erzählt, dass in den kommenden Tagen der Nachtfrost anfange. In Sahagún, der nächsten größeren Stadt, kühlt es sich nachts inzwischen auf bis zu vier Grad ab. Hier auf dem Land liegen wir noch einmal deutlich unter dieser Temperatur. Im Moment fühle ich mich, als hätten wir minus zehn Grad und befänden uns in der chilenischen Atacama-Wüste.

Als ich wieder einschlafe, träume ich von meiner Mutter, die bei mir am Bett sitzt, mit einer Schale heißer, duftender Buchstabensuppe auf den Knien, mir mit einem kalten Lappen über die Stirn streicht und lächelnd sagt: »Ich liebe dich.« Egal ob ich bei meiner Masterarbeit besonders gut abschließe oder nicht, egal ob ich gleich im Anschluss an mein Studium den perfekten Job finde, meine Mutter wird mich immer lieben. Sie kann gar nichts dagegen tun. Sie ist meine Mutter. Natürlich sind meine Eltern mal mehr, mal weniger stolz auf mich und das, was ich tue, aber sie lieben mich genau so, wie ich bin. Und ich liebe sie, egal was meine Mutter mir an den Kopf wirft oder ob mein Vater für sie oder für mich Partei ergreift oder ob er einfach stillschweigend den Raum verlässt, um nicht mit unseren Streitereien konfrontiert zu sein. Ich bin es selbst, die sich im Weg steht, die sich nie zufriedengibt, die immer mehr will, und die sich auch in Zukunft vielleicht niemals zufriedengeben wird. Aber diese klitzekleine gewonnene Erkenntnis hilft mir sicher dabei, das Thema anzugehen.

Bercianos del Real Camino (27. September)

Auf dem Weg unterhalten Hannes und ich uns ausgiebig über das Heiraten. Die unterschiedlichen Sichtweisen von Frauen und Männern, den Zwang zum perfekten Heiratsantrag, den die Gesellschaft ausübt, und den damit verbundenen Druck auf den fragenden Partner. Seit einigen Monaten weiß ich, dass ich, ginge es nach Daniel, Ende dieses Jahres hätte verlobt sein sollen.

Bei einem Abendessen unter Freunden fing mich Caro, die Frau eines seiner besten Kumpels, in der Küche ab. Sie schenkte mir Sekt nach, bat mich, mich zu setzen und fächelte sich aufgeregt Luft ins Gesicht. Sie müsse mir etwas sehr Wichtiges erzählen, etwas, was mein Leben vollkommen verändern werde. Sie sprach nicht weiter, sah mich mit weit aufgerissenen Augen an. Ich tat ihr den Gefallen und fragte nach. Geheimniskrämerisch schenkte sie unseren Sekt noch mal nach, dabei hatte ich gerade mal einen einzigen Schluck getrunken, setzte sich zu mir an den Tisch, blickte sich um – trotz geschlossener Küchentür –, lehnte sich verschwörerisch zu mir herüber und flüsterte: »Daniel will dir einen Antrag machen. Er war schon beim Juwelier.«

Caro blickte mich aus weit aufgerissenen Augen erwartungsvoll an. Ich aber blieb stumm. So viel ging mir in diesem Moment durch den Kopf. Bilder von Daniel, von mir, von unserer gemeinsamen Zeit. Meine Gedanken wurden von Caros aufgeregter Stimme unterbrochen: »Was ist denn jetzt? Sag doch mal was. Hast du Angst wegen dem Ring? Er ist schön, wirklich schön, also für dich. Daniel kann so was. Für mich wäre der nix. Aber er kennt deinen Geschmack. Sieht etwas schmucklos aus, irgendwie einfach.«

»Oh!« Ich verzog das Gesicht. Meine Reaktion hatte rein gar nichts mit dem Ring, dem Antrag oder Daniel zu tun gehabt, sondern einzig und allein mit der Tatsache, dass Caro mir hier gerade etwas erzählte, was sie mir nicht erzählen sollte. Was sie mir nicht erzählen durfte. Ich wollte nicht wissen, was Daniel vorhatte, ich wollte nicht wissen, welchen Ring er für mich ausgesucht hatte, aber vor allem nicht von Caro. Das war nicht richtig, wie sollte ich mich mit diesem Wissen nachher neben Daniel ins Bett legen?

»Freust du dich gar nicht?«

»Doch. Natürlich.«

»Na, wenn so Freude aussieht, dann möchte ich auf keine Party mit dir gehen. Ich hoffe, du bist einfach nur sprachlos, sonst wird das eine ganz schön trostlose Hochzeitsfeier.«

Dass ich inzwischen tierisch erkältet bin, vergesse ich regelmäßig beim Laufen. In der Herberge bricht es dann heute Nachmittag richtig aus: Schnupfen, Husten, Übelkeit, Halsschmerzen – das ganze Paket. Unsere Unterkunft aber ist ein echtes Schmuckstück in einem alten Adobe-Haus, hier kann ich mich auskurieren. Als ich die bequemen Kieferholzhochbetten entdecke, kann ich es kaum abwarten, mich hineinzukuscheln. Die alten Holzdielen knarren bei jedem meiner Schritte. Sogar das schöne Bad ist mit Dielenbrettern ausgelegt, die meine Füße wärmen, da der Kachelofen im Gemeinschaftsraum darunter angefeuert ist. Rund um den Ofen stehen unsagbar viele Bücher, und an der gegenüberliegenden Wand hängt eine kleine Hausapotheke, in die sämtliche Pilger Medikamente gelegt haben. Die drei Hospitaleros, eine ältere deutsche Dame, ein junger Spanier und eine noch jüngere Spanierin, sind so unglaublich liebenswürdig und hilfsbereit, wie ich es eben nur hier auf dem Camino erlebe. Sogar unsere Rucksäcke werden uns nach oben in den Schlafsaal im Dachgeschoss getragen. Das wäre zwar überhaupt nicht nötig gewesen, aber es ist eine wunderschöne Geste.

Als ich aus der Dusche zurück in unser Zimmer komme, hat sich bereits eine ältere Pilgerin in dem Bett unter mir ausgebreitet, die etwas durcheinander zu sein scheint. Sie rollt gerade ihren Schlafsack aus, als ich das Zimmer betrete und sie begrüße. Vor Schreck stößt sie sich den Kopf am Bettpfosten. Ich will wissen, ob alles in Ordnung sei, ob sie sich wehgetan habe, aber sie scheint okay zu sein, sagt: »Ich bin nur etwas tollpatschig«, und lässt sich mit dem Hintern auf ihr Bett plumpsen. Die sehr nette Frau, die angeblich schon über sechzig ist, obwohl ich sie gut zehn Jahre jünger geschätzt hätte, heißt Edith und kommt aus Köln. Auch Edith ist, wie Hannes und ich, in Saint-Jean-Pied-de-Port gestartet.

Als ich ihr erzähle, dass ich aus Berlin bin, ist sie Feuer und Flamme. Einer ihrer größten Wünsche ist es, einmal in Berlin zu leben. Das wollte sie schon ihr ganzes Leben lang, aber durch Familie und Beruf kam es anders. Die gebürtige Münsteranerin ging nach Köln. Jetzt, da die Kinder lang aus dem Haus sind und sie kurz vor der Rente steht, will sie sich diesen Traum endlich erfüllen. Edith hat sich vorgenommen, ihre wirklich wichtigen Wünsche im Alter wahr werden zu lassen. Sie führt also eine Art *bucket list* mit den Dingen, die sie unbedingt noch gemacht haben will, bevor sie irgendwann zu Gott geht. Einer dieser Träume ist es, allein den Camino zu wandern. Sie war schon einmal hier, damals zusammen mit einer Reisegruppe, aber sie liefen nicht den ganzen Weg. Edith ist eine wirklich herzliche und aufgeschlossene Frau. Auch wenn sie nicht gebürtig aus Köln stammt, hat das rheinländische Gemüt doch ordentlich abgefärbt. Natürlich hält sie meinen Freund Hannes und mich auch gleich für ein junges verliebtes Paar. Doch bevor er etwas dazu sagen kann, stelle ich das richtig und erkläre ihr, dass auch wir uns erst hier auf dem Weg kennengelernt hätten. Als Edith vom Bett aufstehen will, stößt sie sich ein zweites Mal den Kopf an der Bettkante über ihr. Ich schaue sie etwas verdattert an, aber sie schüttelt nur lachend den Kopf.

Am Nachmittag schlendere ich matt durch den kleinen verlassenen Ort. Wenn ich meinem Reiseführer Glauben schenke, leben in Bercianos del Real Camino gerade einmal hundertneunzig Menschen. Den Titel des Königlichen hat der Camino hier durch den spanischen König Karl III. erhalten. Bis nach Mansilla de las Mulas trägt der Weg von nun an den Zusatz »real«, also »königlich«. Menschen treffe ich während meines Spaziergangs nicht, bis ich letztlich in eine Tapasbar einkehre. Verteilt an vier Tischen sitzen rund dreißig Männer, die Domino spielen. Die nette Bedienung hinter der Theke sagt mir auf den Kopf zu, dass ich ganz sicher eine Grippe hätte und erst einmal etwas essen und trinken müsse. Deshalb bin ich hier und bestelle mir ein Bocadillo mit Tortilla. Die gute Frau bringt mir außerdem Fuet, die spanische Hartsalami, Chorizo, etwas Manchego, Oliven, Brot und ein Glas Weißwein. Ich frage, wer das alles essen solle, aber sie besteht darauf, dass ich es zumindest versuche. Es gehe auf Kosten des Hauses. Was den Wein angeht, habe ich meine Bedenken, aber auch diese bläst die Bardame einfach beiseite: »Wein hilft gegen jede Krankheit«, meint sie, schenkt sich selbst ein Glas ein und stößt mit mir an. Also gut, denke ich und genieße den hervorragenden Tropfen und meine Tapas. Als ich bezahlen will, schiebt die Bedienung mir mein Geld über den Tresen zurück: »Geht aufs Haus, Kind. Werd gesund.« Mir ist das Ganze etwas unangenehm, aber nach erneutem Nachhaken ernte ich einen stolzen, spanischen, sehr bestimmenden Blick, woraufhin ich meinen Schein schnell in die Hosentasche stecke, mich bedanke und mich auf den Weg zurück in die Herberge mache.

Während ich es mir in einem Sessel in der Ecke des Gemeinschaftsraumes gemütlich mache, denke ich an die heutige Diskussion über das Heiraten. Natürlich kamen Hannes und ich dabei unweigerlich auf Daniel zu sprechen. Für ihn bin ich mit Daniel noch immer zusammen. Und so richtig ist es in meinem

Kopf auch noch nicht angekommen, dass mein Freund gar nicht mehr mein Freund ist. So lange waren wir zusammen, dass auch ich das erst einmal wirklich realisieren muss. Aus der Routine heraus rutscht mir »mein Freund« immer noch regelmäßig über die Lippen. Fast niemand unserer Freunde oder unserer Familien weiß von der Trennung. In der Nacht meines Geburtstages – wir waren schon getrennt, aber wohnten noch zusammen – hatte Daniel mir gesagt, dass er mich heiraten wolle.

Ich war an diesem Abend von einer Fortbildung aus Kronach zurückgekommen. Wir trafen uns mit meinen Eltern, die von der Trennung auch noch nichts wussten – immerhin war es gerade einmal eine Woche her –, in einem indischen Restaurant in Berlin-Mitte. Wir haben gut gegessen und getrunken und uns von den betörenden Gerüchen nach Curry, Kardamom, Kreuzkümmel und Kurkuma zu immer weiteren Bestellungen hinreißen lassen. Der Abend war witzig, ausgelassen, über unsere Trennung oder den Grund dafür hatten wir keine Sekunde nachgedacht. Als wir später zu Hause waren, hatte Daniel sein Gesicht in meinen Haaren vergraben, in denen sich hartnäckig der Duft Indiens festgesetzt hatte, und ich versank in dieser Nähe, die zwischen uns entstanden war. Eins kam zum anderen, und als wir uns halbnackt im Bett wiederfanden, hatte ich Daniel schluchzend von mir heruntergeschoben und ihm erklärt, dass ich das nicht mehr wolle, dass es kein Zurück für uns gebe. Beide saßen wir auf unserem Bett, heulten uns die Augen aus, trösteten uns gegenseitig, nahmen uns in die Arme und weinten weiter. Stunden später waren wir tränenleer. Die roten verquollenen Augen brannten, und zumindest ich hatte Mühe, sie offen zu halten.

Da nahm Daniel mich an die Hand und zog mich rüber ins Wohnzimmer. Er hatte einen Geburtstagstisch für mich vorbereitet. Drei Sachen lagen dort: mein limonengrüner Wanderrucksack mit der kleinen gelben Blume am Schultergurt, ein Krimi

(*Tod auf dem Jakobsweg*) und eine gerahmte 40 Zentimeter große Bleistiftzeichnung: das erste Bild, das es je von uns gab. Daniel hatte das Foto vor langer Zeit geschossen. Zu unserem ersten gemeinsamen Weihnachtsfest hatte er es von einem Straßenkünstler am Ku'damm abzeichnen und anschließend rahmen lassen. Bei einem unserer zahlreichen Umzüge war dann aber das Glas mit einem großen Riss gesprungen. Daniel hatte jetzt den Rahmen des Bildes erneuern lassen: »Ich habe es gekittet. Ich dachte, jetzt wo es wieder heil ist, können wir neu anfangen. Einen Neubeginn wagen.«

Obwohl ich eigentlich schon keine Tränen mehr in mir hatte, konnte ich nicht anders, als erneut zu weinen. Zwischen dem ganzen Schniefen und Schluchzen kam mir ein leises »Es geht nicht mehr. Es geht einfach nicht mehr« über die Lippen. Dann fing auch Daniel wieder an zu weinen: »Aber warum denn nicht? Wir gehören doch zusammen. Das kann alles nicht sein. Das ist nicht real, das kann nicht wirklich passieren. Du gehörst zu mir, wir sind eine kleine Familie, ich will dich heiraten, mit dir alt werden.« Ich konnte nichts mehr sagen, wir saßen beide heulend auf dem alten Dielenboden im Wohnzimmer. Irgendwann waren wir so erschöpft, dass ich dieses Mal ihn an die Hand nahm und wir ins Bett gingen. Das war das letzte Mal, dass wir Arm in Arm einschliefen.

Nach dem Abendessen gehen viele von uns zur Andacht. Auch Edith, Johannes und ich nehmen daran teil. Diese kleine Messe im engen Kreis ist sehr bewegend. Wir sind vielleicht zwölf Pilger und die deutsche Hospitalera, wir sitzen in einem Stuhlkreis beieinander, und alle beten in ihrer Muttersprache eine Andacht von Franz von Assisi, eine Fürbitte, und gemeinsam verlesen wir eine Frage an den Stern von Compostela: »Wenn der Staub des Weges und unseres Lebens an unseren Sohlen klebt, Stern von Compostela, Prinzessin der Sterne, wirst du mir sagen, wie man der Liebe folgt?«

Als die Pilgerkerze herumgereicht wird, haben alle nacheinander die Chance, etwas zu sagen, sich zu bedanken, eine Bibelstelle zu zitieren, einen Wunsch zu äußern oder auch einfach einen Moment still zu sein, um diese Stille zum Ausdruck zu bringen. Als ich die Kerze bekomme, wünsche ich mir, dass jeder Einzelne, der auf dem Camino unterwegs ist, einen Teil der Erkenntnis gewinnt, die er sich von diesem Weg erhofft, oder eine Antwort, und sei sie noch so klein und augenscheinlich unbedeutend, auf eine der Fragen erhält, mit denen er diesen Weg begonnen hat.

Nach der Andacht gehe ich noch einmal hinaus in den kleinen Garten der Herberge, lege mich auf eine Bank und schaue in den Sternenhimmel, hinauf ins Sternenfeld, hinauf zum Stern von Compostela. Der Himmel ist magisch. Ich habe hier schon so viele Erkenntnisse gewonnen wie vielleicht nie zuvor in meinem Leben. Es sind nur Kleinigkeiten. Die großen Fragen der Menschheit wurden auch mir noch nicht beantwortet, aber all diese Kleinigkeiten ergeben zusammen ein großes Ganzes. Eine Tatsache, die mich so unglaublich glücklich macht, dass mich ein ganz warmes Gefühl erfüllt. Ich weiß gar nicht, wohin mit all diesem Gefühl, habe fast Angst, daran zu ersticken. Es ist nicht nur das Glück, da ist noch etwas anderes. Es fühlt sich wie Hoffnung an, gibt mir Mut und Gewissheit. Gewissheit dahingehend, dass alle ihre Antworten finden können – die Antworten, die wir suchen, sind in uns selbst. Sie sind da, wir müssen uns nur öffnen und versuchen in uns hineinzuschauen, ganz bewusst tief in unser Innerstes blicken. Dort finden wir, wonach wir suchen.

Hannes kommt hinaus in den Garten und holt mich aus meinen Gedanken: »Warum bist du hier draußen?«

»Ich schaue mir nur die Sterne an.«

»Weinst du?«

»Nein!«, lächle ich mit feuchten Augen, wische mir eine Träne von der Wange, nehme seine Hand, und wir gehen hinein.

In der Nacht wache ich immer wieder auf. Die Erkältung treibt ihr Unwesen. Mein Hals und die Ohren schmerzen, das Atmen fällt mir schwer, und ich habe Fieber. Mal ist mir heiß, mal kalt. Auch heute ziehe ich die zusätzliche Wolldecke bis fast über die Nase.

Mansilla de las Mulas (28. September)

Heute Morgen bin ich mir nicht sicher, ob ich es überhaupt nach Mansilla de las Mulas schaffen werde. Die Erkältung oder Grippe oder was auch immer macht mir zu schaffen. Hinzu kommt eine gemeingefährliche Blase an der Unterseite meines Fußes, weshalb ich nur die Außenseite meines linken Fußes belasten kann. Das wiederum fordert die Sehnen und Bänder rund um meinen Knöchel enorm. Es herrscht eine permanente Spannung. Das Laufen ist auf diese Weise ziemlich anstrengend, auch wenn ich den Fuß und die Erkältung zwischendurch wieder vergesse. Johannes und ich pausieren öfter als üblich, doch das letzte Viertel des Weges bleibe ich dennoch weit hinter ihm zurück.

Kurz vor Mansilla de las Mulas treffen wir wieder aufeinander. Er wartet auf einer Brücke, und als er mich entdeckt, fängt er an, auf dieser zu tanzen. Eine Laterne auf der Brücke dient ihm als imaginärer Tanzpartner. Ich kann nicht mehr und muss laut losprusten. Normalerweise bin ich für so was viel zu schüchtern – andere würden es verklemmt nennen –, aber es kommt einfach so über mich, und ich tanze mit, tanze mit meinem großen Rucksack auf dem Rücken auf die Brücke zu, eine Wasserflasche in der linken und den Pilgerstab in der rechten Hand. Ich muss unglaublich bescheuert aussehen, was mir aber gerade total egal ist. Auch Hannes kann sich nicht mehr halten vor Lachen. Auf der Brücke machen wir wieder eine kurze Pause, obwohl wir es gleich geschafft haben.

»Hoffentlich bekommen wir noch einen Platz in der Herberge«, überlege ich laut vor mich hin und habe gleich wieder Hummeln im Hintern. »Vielleicht ist es besser, wenn wir weitergehen.«

Ich will aufstehen, aber Hannes hält mich am Arm: »Wir kriegen schon einen Herbergsplatz.«

»Ach, und woher willst du das wissen? Warst du schon dort und hast geschaut, ob noch etwas frei ist?« Die Frage ist nicht ganz ernst gemeint – aber es wäre bei meinem heutigen Tempo nicht auszuschließen gewesen, dass Hannes zwischenzeitlich schon nach Mansilla rein- und wieder zum Ortseingang zurückgelaufen war.

»Nein, bin ich nicht.«

»Also dann?«, frage ich und will wieder aufstehen.

»Ich habe meinen Schutzengel darum gebeten, einen Platz für uns freizuhalten.«

Ich runzle ungläubig die Stirn, drehe mich zu meinem Bayern um und blicke ihn fragend an: »Du hast was?«

»Meinen Schutzengel darum gebeten, dass er dafür sorgt, dass wir zwei noch einen Herbergsplatz bekommen«, antwortet er so trocken, als wäre es das Normalste der Welt.

Die Gedanken, die mir als Erstes durch den Kopf gehen, behalte ich lieber für mich: »Okay, und du bist dir sicher, dass dein Schutzengel sich darum kümmert?«

»Klar, das hat er bisher immer getan.«

»Machst du das öfter?«, will ich weiter wissen.

»Ich bitte ihn jeden Tag darum. Für mich … und für dich.« Er grinst mir frech ins Gesicht: »Du kannst dich später bedanken.«

»Du spinnst wohl.«

»Überhaupt nicht.«

»Und das hat bisher immer geklappt?«

»Natürlich hat es das, warum sollte es nicht?«

»Ich weiß nicht, weil man nicht …«, stammle ich. Johannes kann doch nicht ernsthaft glauben, dass eine einfache Bitte in den luftleeren Raum erfüllt werde. Von wem denn auch? »Aber was war mit Nájera?«, frage ich dann mit triumphierender Stimme.

Johannes schaut verlegen zu Boden und errötet: »Da hatte ich es vergessen.«

Ich bin komplett baff. Er hatte es vergessen? Er will mir also sagen, dass wir immer einen Herbergsplatz bekommen hatten, weil sein Schutzengel ein Bett für uns arrangiert hatte? Ich bin hin- und hergerissen, weiß nicht, ob ich das idiotisch finden oder bewundern soll. Wir sitzen noch eine Weile stumm nebeneinander. Je länger ich über diese Geschichte nachdenke, umso mehr komme ich dahin, Hannes für seinen Mut und seinen festen Glauben daran, dass sein Engel bei ihm sei und ihn beschütze, zu bewundern. Ich schaue mir den Kerl an, wie er hier neben mir sitzt und sich die Sonne auf den Pelz scheinen lässt. Er hat die Ruhe weg. Er hat Vertrauen, und das erleichtert ihm einiges.

»Na gut«, erkläre ich, »dann lass uns doch mal schauen, welche schnieke Herberge sich dein Schutzengel heute für uns ausgesucht hat.« Ich stehe auf, ziehe meinen Freund hoch, und wir gehen die letzten paar Hundert Meter weiter nach Mansilla de las Mulas.

Den Zusatz »Mulas«, »Maulesel«, hat der Ort aufgrund seiner langjährigen Viehmarkttradition. Einst wurden hier Maultiere, Pferde und Geflügel gehandelt. Aus der ganzen Region rund um León kamen die Bauern nach Mansilla, um hier ihr Vieh anzubieten.

Die private Herberge, die Johannes' Schutzengel für uns bereithält, ist modern, sauber, verfügt über einen Internetanschluss, hat eine eigene Bar und einen großen Garten mit Bistrotischen, Stühlen und Sonnenschirmen. Passend dazu nennt sie sich El Jardín del Camino, was so viel bedeutet wie »Der Garten des Camino«. Johannes und ich machen uns gleich auf in die kleine Stadt. Wir schlendern an der alten, noch vollständig erhaltenen Stadtmauer entlang, die König Fernando II. 1181 errichten ließ, weil Mansilla de las Mulas an der einstiegen Grenze des Königreiches León lag. Die Stadt musste also gut befestigt sein, um sich vor Eindringlingen zu schützen. Wir kommen vorbei an einem für die Pilger errichteten Denkmal, auf dem ein paar Kinder herumturnen. Irgendwie schön, dass so etwas auch für die Kleinsten seinen Nutzen hat. Auf der Plaza Grano genehmigen wir uns einen Café con leche vor einer kleinen Bar mit Blick auf die Iglesia San Martín. Auf dem Kirchturm haben Störche ihre Nester gebaut, und in einem steht tatsächlich noch ein Weißstorch, der sich umschaut. Sollten die nicht eigentlich schon längst auf dem Weg ins warme Afrika sein? Obwohl es auch hier in Nordspanien, obwohl Ende September, tagsüber noch sehr warm ist, um die 27 bis 29 Grad.

Beim Abendessen geht es um Gott, Religion, Kirche und Glauben. Johannes versteht nicht, dass der Glaube für mich nicht zwangsläufig etwas mit der Kirche zu tun haben muss. Im Gegenteil, dass es sogar Menschen gibt, die einen festen, unerschütterlichen Glauben haben, mit der Kirche aber nichts zu tun haben wollen. Er sagt, man könne zwischen Glauben und Kirche nicht unterscheiden, beides sei untrennbar miteinander verbunden. Das sehe ich anders. Meiner Meinung nach muss man gerade in Bezug auf die Kirche deutlich unterscheiden: zwischen der Institution und dem Rückzugsort, der es tatsächlich ermöglicht, die Nähe zu Gott im Glauben zu suchen. Hier auf dem Camino bin ich diesem Rückzugsort viel näher gekommen als jemals zuvor in meinem Leben. Es ist wunderschön, gemeinsam mit anderen Pilgern die Messe zu besuchen, sich spirituell dem Glauben an Gott hinzugeben. Ich glaube auch, dass ich meine Verbindung, zu wem oder was auch immer, hier deutlich gefestigt habe. Es gibt Tage, an denen ich beim Gehen mit jemandem rede, sei es nur in meinen Gedanken, aber ich fühle mich diesem Jemand – und damit meine ich keinen anderen Pilger aus Fleisch und Blut, der ein Stück des Weges mit mir gemeinsam geht – so nah, dass ich das Bedürfnis verspüre, ihm Dinge zu erzählen.

Um nicht mit Bauchgrummeln ins Bett zu gehen, unterhalten wir uns noch über ganz belanglose, leichte Themen und erzählen uns gegenseitig ein paar Witze. Auch so etwas habe ich lange nicht mehr gemacht. Das Erzählen von Witzen hat so etwas Kindliches. Tief in die Matratze auf dem Boden versunken, in warme Fleecepullover gehüllt, liegen wir da, die Köpfe zusammengesteckt, und lachen über mehr oder weniger lustige Scherze.

Morgen geht es nach León. Ich bin schon unglaublich gespannt auf die Stadt. Die ganzen kleinen Dörfer und Ortschaften sind wunderschön, aber ich freue mich jetzt auch wieder auf ein wenig Stadtluft und das hektische Treiben einer Metropole. Wenn meine Erkältung auch morgen noch nicht besser ist, werde ich wohl einen Tag in Madrids kleiner Schwester pausieren. Das könnte wirklich toll werden – trotz Erkältung. Was ich aber definitiv machen werde, ist, morgen die komplette Strecke zu Fuß gehen. Seit Tagen sprechen viele Pilger davon, den Abschnitt zwischen Mansilla und León mit dem Bus zurücklegen zu wollen. Gerade der Weg hinein nach León soll rechts und links mit Industrie zugepflastert sein. So ist das nun mal vor einer großen Stadt. Auch die Industriegebiete gehören zum Camino. Für mich kommt eine Fahrt mit dem Bus auch diesmal nicht infrage. Außerdem hat schon Hippokrates gesagt: »Gehen ist des Menschen beste Medizin«, und der alte Grieche war schließlich Arzt, der muss es also gewusst haben.

DIE ENTDECKUNG DER LANGSAMKEIT

»Ob wir wohl aufmerksamer durchs Leben gehen, wenn wir auf der Suche nach einer Antwort sind?«

León (29. September)

Verdammt, bin ich erkältet! Der Kragen meiner hochgeschlossenen Fleecejacke ist unter meiner Nasenspitze schon ganz feucht. Ich habe es aufgegeben, ihn nach jedem Naseputzen mit dem Taschentuch abzutrocknen. Nach einigen Sekunden ist er bereits wieder klitschnass. Johannes und ich sind heute Morgen zusammen losgelaufen, aber er hat mich schnell abgehängt und weit hinter sich zurückgelassen. Das Fieber raubt mir die Energie, die ich zum Laufen brauche. Zeitweise kann ich kaum einen Schritt vor den anderen setzen, plötzlich dreht sich alles um mich herum, und ich muss mich möglichst schnell an einem Zaun, einem Baum oder irgendetwas in meiner Nähe festhalten, um nicht einfach umzukippen. Neben all den anderen Symptomen meiner Grippe habe ich zu allem Übel auch noch zwei Blasen am linken Fuß. So kann ich nur mit dem Außenrist auftreten, was wiederum schmerzhaft ins Schienbein zieht. Ich verstehe gar nicht, weshalb ich auf einmal wieder solche Blasen bekomme. Ich dachte, meine Füße hätten sich inzwischen an das viele Laufen gewöhnt.

Nun zwingt mich die Erkältung also zur Langsamkeit, zu der Langsamkeit, die ich mir die ganze Zeit über, zum Beispiel gemeinsam mit Petra, auferlegen wollte. Ich kann nichts dagegen tun, kann mich nicht wehren. Wenn ich vor Erschöpfung am Ende einer Etappe langsamer werde, reiße ich mich immer doch noch einmal zusammen, ziehe das Tempo an, beschleunige, nur um endlich anzukommen, mein Ziel zu erreichen. Immer wieder habe ich mir während des Laufens gedacht, ich müsse lernen, langsamer zu werden, müsse diese innere Unruhe besiegen, etwas gegen die in mir aufkommende Hektik tun. Nun aber arbeite ich nicht bewusst daran. Es ist mein Körper, der, leer und erschöpft, einfach nicht anders kann. Ich kann nicht schneller. Mein Körper verwendet all seine Kraft darauf, gegen das, was in mir tobt, anzukämpfen, er hat keine Energie mehr für »höher, schneller, weiter«. Mich damit abzufinden fällt mir nicht leicht, aber letztlich bin ich machtlos. Das ist jetzt also meine ganz persönliche »Entdeckung der Langsamkeit«. Endlich. So hat, wenn man so will, irgendwie auch diese Erkältung etwas Gutes. Manchmal braucht es eben einen Anstoß von außen.

Als ich auf einem kleinen Rastplatz mit Holzbänken und -tischen pausiere, stößt Davide zu mir. Ihn habe ich in Roncesvalles flüchtig kennengelernt. Nicht einmal seinen Namen wusste ich noch, geschweige denn, dass Davide aus Frankreich kommt. Er leistet mir Gesellschaft, während ich meinen Apfel esse. Anschließend laufen wir gemeinsam weiter. Davide hat den Jakobsweg weiter nördlich begonnen als ich und ist schon in Aire-sur-l'Adour losgelaufen, etwa 150 Kilometer vor Saint-Jean. Er läuft sehr langsam und lässt sich alle Zeit der Welt für seinen Weg: »Ich habe keinen Plan, wann ich zurück sein muss oder möchte. Wenn ich vorher schon wüsste, wann ich wieder an meinem Schreibtisch sitze, dann könnte ich mich gar nicht auf diesen Weg einlassen, ich würde die ganze Zeit an mein Zuhause und die Arbeit denken, an die Familie und die Freunde und an das, was sie alles machen, während ich hier diesen Weg gehe.« Davide wollte in Frankreich seinen Job kündigen, sein Chef wiederum wollte die Kündigung nicht annehmen. Nach langem Hin und Her gab er Davide einfach unbegrenzten, unbezahlten Urlaub: »Bleib so lange weg, wie du willst, aber wenn du zurückkommst, kommst du wieder zu mir«, hatte er gesagt. Davide ließ sich darauf ein: »So habe ich nicht nur keinen Stress, sondern auch keine Existenzängste«, grinst er mich an.

Sogar ich, mit meiner fiesen Erkältung, laufe einen halben Schritt schneller als der Franzose. »Du solltest nicht so schnell gehen«, sagt er hinter mir, und ich bemühe mich, mein Tempo wieder an seines anzupassen. Davide, der die ganze Zeit mit einem Zweig zwischen den Fingern herumspielt, erzählt mir von Chakren, den Energiezentren unseres Körpers, von Energie, die auf bestimmten Bahnen durch uns fließt, und von Akupressurpunkten, durch deren gezielte Stimulation körperliche Beschwerden verringert werden könnten. Wenn Davide beim Gehen Schmerzen im Fuß verspürt, drückt er zur Schmerzlinderung mit seinem Daumennagel leicht in das Nagelbett des kleinen Fingers derselben Hand. Bei Übelkeit nimmt er das rechte Ohrläppchen zwischen Daumen und Zeigefinger und übt leichten Druck aus, hat er Kopfschmerzen, massiert er die Schwimmhaut zwischen Daumen und Zeigefinger. »Bei deiner Erkältung hilft es, wenn du diesen Punkt nicht massierst, sondern einige Male kräftig drückst, etwa so …« Davide nimmt meine rechte Hand in seine und drückt mit Daumen und Zeigefinger der anderen Hand zu. Ein wirklich fieser Schmerz zieht durch meine ganze Hand. Ich zucke zusammen und ziehe die Hand zurück. Davide lächelt, greift noch einmal sanft nach meiner Hand, aus der ich gerade den beißenden Schmerz herauszustreichen versuche: »Ja, es tut weh, aber nur am Anfang. Der Schmerz in der Hand lässt nach, und genauso ist es auch mit deiner Erkältung, mit deinen Kopfschmerzen, der Mattheit und dem Schnupfen. Auch sie werden nachlassen. Du wirst sehen.« Ich schaue ihn ein wenig verlegen an, bin nicht sicher, ob ich ihn für verrückt halten oder ob ich ihm glauben soll, aber ich überlasse ihm meine Hand, lasse es auf einen Versuch ankommen. Davide hat recht, zumindest beim Schmerz in der Hand. Er wird weniger, und nach kurzer Zeit fühlt sich der Druck, den er ausübt, zunehmend angenehmer an. »Wollen wir weiter?«, fragt er, und zusammen laufen wir in Richtung León, immer entlang der Nationalstraße N-120.

Nach drei Stunden bitte ich Davide um eine Pause. Mit meiner Wasserflasche in der einen und einer Banane in der anderen Hand lege ich mich erst einmal auf eine Bank und nicke tatsächlich für ein paar Minuten ein. Als mir die Wasserflasche aus der Hand auf den Boden fällt, schrecke ich auf. »Du solltest etwas essen«, bemerkt Davide, der mir gegenüber mit dem Rücken an einem Stein lehnt, und beißt kräftig in einen rotbackigen Apfel. Ich schaue auf meine Banane herunter, aber schüttle den Kopf: »Ich habe keinen Hunger. Allein bei dem Gedanken an Essen wird mir schon schlecht.« Die Banane wandert zurück in das Kopfteil meines Rucksacks, und ich stehe, offensichtlich zu schnell, auf. Sofort wirft mich mein Kreislauf um, ich lande mit dem Hintern unliebsam auf der Vorderkante der Bank: »Verdammte Scheiße!«, fluche ich. Davide lacht: »Ich kann zwar kein Deutsch, aber ›Scheiße‹ verstehe selbst ich.«

Er steht auf und kommt zu mir herüber: »Du erwartest zu viel von dir. Mach eine Pause, iss deine Banane, tu das von mir aus ganz langsam, aber dein Körper braucht die Energie. Nimm dir etwas Zeit. Ich habe hier noch keinen getroffen, der so getrieben ist wie du, der immer weiterwill.« Das sitzt! Jetzt erkennt dieser Mann mein Problem schon nach den wenigen Stunden, die wir zusammen verbracht haben. Ist das so offensichtlich? Werde ich hier einfach immer wieder darauf gestoßen? Davide öffnet, ohne zu fragen, den Reißverschluss meines Rucksacks und hält mir die Banane wieder unter die Nase. Widerwillig schäle ich sie, und es vergehen einige Minuten, bis ich abbeiße. Die Banane wird gefühlt immer mehr in meinem Mund. Ich zwinge mich zu noch einem Biss. »Bitte, das reicht jetzt. Ich kann nicht mehr. Mir ist schon ganz schlecht«, bettle ich Davide an. Er nickt, nimmt mir die Banane ab und will mir aufhelfen: »Okay, das geht zu weit. Ich kann allein aufstehen, und ich kann auch allein laufen. Ich hab's kapiert. Ich soll langsamer machen. Das mache ich, aber ich mache das ohne Gehhilfe«, erkläre ich entschieden und merke, dass ich Davide dabei mit erhobenem Zeigefinger vor der Nase herumfuchtele. »Okay«, zuckt der Franzose lächelnd mit den Achseln. Wir schultern unsere Rucksäcke und gehen bewusst langsam weiter.

Die staubtrockene Erde des Weges knirscht unter unseren robusten Wanderschuhen. Diese bewusste Langsamkeit nervt mich zusehends, aber ich weiß auch, dass es nicht anders geht. Die Sonne brennt auf unsere Köpfe. Wir haben schon Nachmittag, und sie steht jetzt hoch oben am Himmel. Meine Jacke kann ich dennoch nicht ausziehen. Ich habe es schon mehrmals versucht und musste sie dann bereits ein paar Minuten später wieder anziehen, weil mir plötzlich kalt wurde. Davide trottet inzwischen mehr neben mir her, als dass er läuft. Er hat immer noch seinen Stock in der Hand. Neugierig beobachte ich, wie er ihn durch seine Finger gleiten lässt, sich mit dem Ende mal auf seinen Fuß, mal auf sein Bein oder seine Schläfe tippt. »Was soll das mit dem Stock? Ist dir langweilig?«, frage ich.

»Ganz und gar nicht«, entgegnet er. »Mir ist nie langweilig beim Laufen, dafür gibt es viel zu viel zu sehen, zu riechen oder zu schmecken.«

»Was schmeckst du denn?«, runzle ich fragend die Stirn.

»Hier schmecke ich die Luft der Großstadt, die vor uns liegt. In der Rioja habe ich den Wein geschmeckt, auch ohne ihn zu trinken.«

»Ja, das stimmt. Das ging mir genauso, es war nicht einfach nur der Geruch, der in der Luft lag, man konnte die Trauben bei geschlossenen Augen förmlich schmecken.«

»Siehst du. Und so gibt es unwahrscheinlich viel, was du schmecken kannst, wenn du dich bewusst darauf einlässt.«

»Und was machst du die ganze Zeit mit diesem Stock? Der lenkt dich doch von irgendetwas ab, oder?«

Davide zögert, dann sagt er: »Das ist mein Magic-Stick.«

»Dein was?«

»Mein Magic-Stick. Wenn das Stimulieren der Schmerzpunkte nicht hilft, hilft mein Magic-Stick. Ich brauche ihn nur an die Stellen zu halten, an denen ich Schmerzen habe, und schon verschwinden sie.«

»Okay, jetzt verarschst du mich. Das ist ein Stock!«

»Ja, und es würde wahrscheinlich auch jeder andere Stock oder gar jeder andere Gegenstand tun, nur dass ich einen Stein nicht Magic-Stick nennen könnte«, grinst der junge Mann mit dem kurz geschorenen nussbraunen Haar. Wir laufen einen Moment schweigend nebeneinanderher. Am Horizont taucht die Stadt auf, und schon von Weitem können wir einen Blick auf die Kathedrale von León erhaschen, bevor wir wieder in einer Senke verschwinden. »Ich bin nicht blöd, ich weiß, dass es ein Stock ist, und ich weiß auch, dass er keine heilenden Kräfte besitzt, aber es hilft mir, mir vorzustellen, dass er meine Schmerzen lindert. Und genau dadurch hat er eben doch eine heilende Wirkung. Ich glaube an ihn, oder ich will an ihn glauben. Das hilft mir«, ergreift Davide wieder das Wort. So, wie er das sagt, hört er sich trotzig an, als müsste er sich vor mir rechtfertigen und seinen Magic-Stick verteidigen. Ich muss über ihn schmunzeln: »Ich finde das toll. Ich möchte auch an so etwas glauben, manchmal gelingt mir das sogar, aber meist bin ich doch wieder zu realistisch unterwegs, als dass ich allein mithilfe meines Glaubens an eine Sache etwas bewirken könnte.«

»Du findest das nicht total bescheuert?«, fragt Davide.

»Im Gegenteil. Ich bewundere, was du da machst«, lächle ich ihn an. Und es stimmt, ich bewundere diese Einstellung wirklich. Davide ist kein Spinner. Er macht sich den Weg nur ein wenig einfacher, indem er sich seine Schmerzen durch Überzeugung nimmt. Letztlich macht er sich dadurch das ganze Leben etwas einfacher.

In León trennen sich unsere Wege vorerst. Davide will sich einen Herbergsplatz suchen, ich möchte zuallererst die Kathedrale sehen, von der ich schon so viel gelesen habe, und so bahne ich mir meinen Weg durch die vielen kleinen, verwinkelten Gassen dieser Stadt, bis ich letztlich auf die Plaza de Regla trete und sich inmitten der Weite dieses spanischen Platzes die sandsteinfarben leuchtende Kathedrale von León gen Himmel reckt. Der Anblick dieses monumentalen Bauwerks raubt mir schlichtweg den Atem. Es ist, als streckte die Kathedrale ihre Türme wie Arme gen Himmel, um Gott näher zu sein, als verschwänden die Spitzen ihrer Kirchtürme in den Wolken. Sie ist das verbindende Element zwischen Himmel und Erde. Majestätisch und erhaben blickt sie hinunter auf die Welt, gleichzeitig aufopfernd und voller Hingabe schaut sie hinauf gen Himmel. Ich brauche einige Zeit, um mich von ihrem Anblick zu lösen, bis mich der Hunger zum Aufbruch bewegt. Die zwei Bissen meiner Banane scheinen inzwischen verdaut, das Loch in meiner Magengegend breitet sich aus und droht alles um sich herum zu verschlucken. Mich eingeschlossen. So ist das nun mal bei schwarzen Hungerslöchern.

So schmutzig und verschwitzt, wie ich bin, ungeduscht und mit meinem dicken Limönchen auf dem Rücken, suche ich mir eine Pizzeria in der Nähe des Benediktinerinnenklosters, in dem ich heute übernachten möchte, und bestelle mir eine Pizza Diavolo mit extra vielen scharfen Pimientos. Als Kind hat mein Vater immer zu mir gesagt: »Wenn du krank bist, iss genau das, worauf du Lust hast, das tut dir gut und hilft beim Gesundwerden. Haferschleim und Hühnerbrühe kannst du auch ein andermal essen.« Das beherzige ich jetzt. Die Pizza duftet köstlich. Das Fett auf den Salamischeiben brutzelt noch immer und schlägt kleine Bläschen, die nacheinander zerplatzen. Ich verputze relativ schnell zwei große Pizzastücke, dann kehrt die Appetitlosigkeit zurück und mit der Appetitlosigkeit auch die Übelkeit.

»Isst du das noch?«, fragt eine bekannte Stimme hinter mir. Ohne mich umzudrehen, erwidere ich: »Du kannst dich gern zu mir setzen und den Rest essen. Die Pizza schmeckt großartig, ich bekomme nur leider keinen Bissen mehr hinunter.« Ein ekelhaft schneidendes Geräusch zieht mir durch Mark und Bein, als Hannes sich einen silbernen Aluminiumstuhl vom benachbarten Tisch herumzieht. Grinsend lässt er sich fallen und beginnt gleich eines der Pizzastücke zu verdrücken. Mit vollem Mund fragt er schmatzend: »Willst du wirklich nicht?« Müde lächle ich ihn an und schüttle den Kopf. »Ganz schön scharf«, bemerkt er und trinkt einen großen Schluck von meiner Cola.

Während Johannes nach und nach meinen Teller leert, verabreden wir uns für den frühen Abend. Zuvor möchte ich mir die Kathedrale ansehen. Um 16:00 Uhr öffnet sie ihre Pforten für Besucher. Bis dahin sollte ich geduscht und hoffentlich wieder etwas fitter sein. Ich bezahle Cola und Pizza und lasse Hannes mit dem inzwischen fast leeren Teller zurück, um mich in meiner heutigen Herberge einzuquartieren. Nach einer lauwarmen Dusche inspiziere ich ausführlich die Blasen an meinen Füßen. Vor ein paar Wochen noch habe ich mich vor jeder einzelnen geekelt. Inzwischen gehören sie irgendwie dazu. Ihr Anblick ist für mich ganz normal geworden. Eine rotblonde schlanke Frau reicht mir unaufgefordert ein grünes Schächtelchen mit Blasenpflastern: »Ich glaube, du hast die nötiger als ich«, stellt sie mit einem stark niederländischen Akzent fest und lächelt mich an. Ich bedanke mich, nehme das Schächtelchen entgegen und suche ein passendes Pflaster für die große Blase am Fußballen.

Mit Pflaster und frischer Kleidung versorgt, mache ich mich wieder auf den Weg in Richtung Kathedrale. Die Santa María de Regla ist der Bischofssitz des spanischen Bistums León. Der Standort stellte Arbeiter und Bauherren während der unterschiedlichen Bauphasen immer wieder vor große Herausforderungen. Unter den Grundfesten der heutigen Kathedrale liegt ein einstiges römisches Thermalbad mit den Überresten eines Hypokausten, einer Art Warmluftheizung. Dieses Heizungssystem erschwerte das Errichten größerer Pfeiler und Säulen in der Kathedrale und förderte zudem das Durchsickern und Eindringen von Wasser in den Bau.

Vor der Kathedrale treffe ich wieder auf Davide, und gemeinsam betreten wir den imposanten Bau. Drei Portale zieren den westlichen Eingang. Das mittlere Hauptportal ist das größte. Die reich verzierten Portale mit ihren Skulpturen und schnörkeligen Elementen wirken mächtig, als würden die Götzen uns beobachten, während wir durch sie hindurchschreiten. Drinnen öffnet sich ein weiter, heller Gang. Es ist nicht dunkel und schwer, wie in vielen alten Kirchen oft der Fall ist, das Licht ist nicht gedämmt durch die massigen Mauern, sondern alles erstrahlt in einem warmen, sanften Licht. Es sieht absolut friedlich und freundlich aus. Durch die vielen farbenfrohen Glasfenster wird das Gotteshaus mit buntem Licht durchflutet. Ich bin beeindruckt und sprachlos. Davide steht mit offenem Mund neben mir. An der Kasse hole ich für uns beide je einen Audioguide. Ich will mehr erfahren über diese Kathedrale, ich will mir die Geschichte erzählen lassen, und so starte ich das Gerät und verabschiede mich in eine Zeit vor vielen Hunderten von Jahren, ohne die Menschen um mich herum weiter wahrzunehmen. Donnernde Orgelmusik erklingt, und der Sprecher rät, ich solle mich auf einer der Bänke niederlassen und die Stimmung auf mich wirken lassen. Zwei Minuten lang sitze ich einfach da, höre Bach und sauge auf: die Atmosphäre, die Musik, das Licht. So beeindruckend die Kathedrale von außen scheint, so majestätisch mutet sie in ihrem Innern an.

Heute wie damals nannte man sie das »Haus des Lichts« – allzu berechtigt, denn die Sonnenstrahlen werfen ein buntes Lichtermeer durch die 1.800 Quadratmeter umfassende Fensterfläche in das Innere. Einige der Glasfenster sind noch aus dem Mittelalter erhalten. Ich frage mich, was diese Kirche wohl alles schon gesehen haben mag. In der Mitte des Längsschiffes fordert mich der Mann aus dem Audioguide mit der tiefen Bassstimme auf, mich umzudrehen und dem Altar für einen kurzen Augenblick den Rücken zu kehren, um einen Blick auf das Rosettenfenster über dem Eingang an der Westfassade zu werfen. Aus den Kopfhörern dröhnt der weltberühmte Urknall aus Bachs *Toccata und Fuge*. Der Organist schmettert das Stück mit unglaublicher Brutalität dem lieblichen Fenster entgegen. Das Licht fällt jetzt zu dieser Uhrzeit wie gemalt durch das farbenprächtige Glas, und die bunten Sonnenstrahlen legen sich wie ein Regenbogen auf den Boden vor mir. Die sandsteinfarbenen Wände reflektieren die Strahlen in alle Richtungen und tauchen das Gotteshaus in ein erhabenes, samtenes Licht.

Als ich die Kathedrale allein verlasse, Davide habe ich zuvor irgendwo verloren, erschrecke ich bei dem Blick auf die Uhr. Um 17:00 Uhr war ich mit Edith und Johannes in einer Bar in der Calle Ancha, einer kleinen Seitenstraße abgehend vom Kathedralenvorplatz, verabredet. Das war vor zehn Minuten. Mit einem letzten Blick zurück auf das Meisterwerk sprinte ich los. Edith sitzt bereits mit Weißwein, Oliven und Nüssen vor sich auf der Terrasse des Cafés und winkt mir aufgeregt zu, als sie mich kommen sieht. Kurz nach mir stößt auch Johannes zu uns: »Riecht mal an mir.« Er beugt sich zu uns herunter, sodass wir beide an seinem Kragen schnuppern können.

Erstaunt schaue ich ihn an: »Du hast Parfum aufgelegt?«

»Ich habe mir für heute ein Viersternehotel gegönnt«, gibt er grinsend zurück. »Die haben im Bad überall diese kleinen Parfumpröbchen rumliegen. Musste ich gleich ausprobieren.«

Ich schüttle mit hochgezogenen Brauen den Kopf: »Pfff, ein Viersternepilger«, höhne ich. Hannes grinst noch breiter, und wir alle müssen lachen.

Nach meiner zweiten Cola mache ich mich auf den Weg zurück in die Herberge. Es ist noch früh, aber ich merke, wie es mir von Stunde zu Stunde schlechter geht, und will nur noch ins Bett. Morgen werde ich definitiv einen Tag pausieren. Ich will meine kostbare Zeit hier in León nicht nur mit Im-Bett-Herumliegen verbringen, und da mir wegen der Erkältung heute nichts anderes übrig bleibt, werde ich den morgigen Tag nutzen, um etwas mehr von der »kleinen Schwester Madrids« zu sehen. Weiterlaufen kann ich in meinem katastrophalen Zustand eh nicht. In meiner Herberge darf ich aber nur für eine Nacht unterkommen. Edith gab mir vorhin einen Stadtplan aus der Touristeninformation, auf dem ein Großteil der Hotels, Hostels und Pensionen der Stadt eingezeichnet sind. Morgen werde ich eine dieser Pensionen beziehen.

Im Kloster angekommen, mache ich mich gleich nachtfertig, gehe ins Bett und sinke sofort in das Reich der Träume …

Irgendetwas läutet, jemand schreit, laut und inbrünstig, immer wieder das Gleiche, ich kann es nicht richtig verstehen, so sehr ich mich auch anstrenge. Das Rufen wird leiser, es entfernt sich, ich versuche hinterherzurennen, aber ich weiß nicht, wohin. Ich laufe im Dunkeln im Kreis, von einer Ecke zur anderen: »Hallo?« Das Läuten entfernt sich weiter, ich fühle mich verloren, plötzlich falle ich in die Tiefen und dann erschüttert mich etwas. Es rüttelt an mir: »Wake up. Nightprayer«, ich kenne diese Stimme. Es ist Wilma, die holländische gute Pflasterfee, die mich aus diesem merkwürdigen Traum reißt.

Langsam öffne ich die Augen, und verschwommen erkenne ich ihren rotblonden Haarschopf. Da wird auch das Klingeln wieder lauter. Es ist die Handglocke einer Nonne, die sich damit läutend ihren Weg durch die Gänge bahnt und lauthals ihre Schäfchen zur Nachtmesse ruft. Schlaftrunken richte ich mich auf. »Komm, es wird Zeit«, sagt Wilma, und ein wenig benebelt steige ich aus meinem Hochbett, werfe mir meine Fleecejacke über und reihe mich, meine Schuhe in der Hand, in die Schar der Pilgerinnen ein, die dem Ruf der Nonne quer durch den Frauenschlafsaal folgt. Eine streng aussehende Frau mit halblangen, zu einem Dutt gesteckten dunklen Haaren schaut an mir und Wilma herunter und fragt auf Deutsch: »Ihr wollt jetzt aber nicht ernsthaft mit diesen kurzen Hosen in die Kirche gehen?« Das war wohl weniger eine Frage, als vielmehr eine Aufforderung, auf dem Absatz kehrtzumachen und sich lange Hosen anzuziehen. Wilma und ich schauen ebenfalls an uns herunter und tun dann genau wie uns geheißen. Wir können es selbst kaum glauben. »Was machen wir hier?«, frage ich Wilma, die mich verzweifelt ansieht und mit den Schultern zuckt: »Keine Ahnung, aber es muss sein.« Die Dunkelhaarige nickt zufrieden und geht weiter. Ihre autoritäre Ausstrahlung hat es wirklich geschafft, uns binnen von Sekunden davon zu überzeugen, dass wir unter gar keinen Umständen den Saal ohne lange Hose verlassen dürften. Andernfalls wäre es ein Generalverbrechen, Hochverrat, Gotteslästerung – zumindest etwas mit ähnlicher Schwere.

Ich bekomme meine Hose kaum über die Boxershorts gezogen, zupple an mir herum, und so langsam bricht Hektik in mir aus, denn die Gruppe um die Nonne ist bereits von dannen gezogen. Wilma und ich laufen eilig durch die Gänge des Klosters, immer der Glocke und den Rufen der Nonne folgend. Kurz vor der Kapelle holen wir die restlichen Pilger wieder ein. Während ich mir im Stolpergalopp die Turnschuhe anziehe und kurz vor der Kirche der Benediktinerinnen die Wanderhose zuknöpfe, werden die Gebetszettel in den unterschiedlichen Sprachen verteilt. Wilma und ich finden als Letzte Platz in einer der vorderen Reihen. Hinter uns: der dunkelhaarige Feldwebel mit Dutt. »Na super«, flüstert Wilma mir zu und deutet mit den Augen auf Officer Authority, die uns wiederholt kritisch beäugt. Wilma nimmt meine Hand, und wir setzen uns. Frau Feldwebel nickt uns streng zu, und just beginnt auch schon die Messe mit dem Verlesen aller Länder, aus denen heute Pilger im Kloster übernachten. Gefühlt müssten fast alle der anwesenden dreißig bis vierzig Pilger aus einem anderen Land kommen. Neben Deutschland, den Niederlanden, USA, Kanada, Spanien, Frankreich und Portugal sind auch Korea, Island und Argentinien dabei. Viele der Menschen schauen auf oder lächeln bei der Nennung ihres Landes. Manche nicken sogar freundlich in die Runde und lassen den Blick schweifen, vielleicht auf der Suche nach einem Landsmann oder einer Landsfrau. Diese Nachtmessen hier auf dem Camino sind unglaublich ergreifend. Der Gesang der zwölf Nonnen vorne neben dem Altar fährt direkt unter die Haut und von dort direkt weiter ins Herz. Wärme steigt in mir auf, als die Nonnen von Neuem zu singen beginnen. Ich verstehe nicht jedes Wort, aber im Großen und Ganzen handelt das wunderschöne Lied von Liebe und Geborgenheit, von Vertrauen und Hingabe, von einem Herrn, der über uns alle wacht, der uns beschützt und für uns da ist. In allen Lebenslagen. Ich schließe die Augen und tauche vollkommen ein in den Gesang der Nonnen, der die ganze Kirche bis in den letzten Zentimeter erfüllt.

Wilma, die Hände im Schoß zum Gebet gefaltet, hat ebenfalls die Augen geschlossen und flüstert leise vor sich hin. Auf der anderen Seite des Mittelganges entdecke ich ein paar Reihen hinter uns Joop, ihren Mann, der mit gesenktem Kopf dasitzt. Ich denke an den unerschütterlichen Glauben vieler hier auf dem Camino. An Davide, der auf diese spirituelle Art Vertrauen in das Leben hat, an Johannes und seinen Schutzengel, der ihm von Gott zur Seite gestellt wurde und dessen einzige Aufgabe es ist, auf ihn achtzugeben. Ich denke an Giovanni, der überzeugt davon ist, dass seine Frau ihn auf diesem Weg begleitet, dass sie über ihn wacht und stolz auf ihn ist, weil er den Weg für sie – und letztlich auch für sich – geht. All diese Menschen glauben fest daran, dass sie der Weg, den wir hier gehen, in irgendeiner Weise weiterbringt. Alle hier sind unumstößlich davon überzeugt, dass sie, in welcher Form auch immer, nach dem Camino ein anderer sein werden, als der sie die Reise begonnen haben, sei es ein ganz klein wenig weiser oder schlauer, vielleicht ein bisschen besser oder näher bei Gott. Sie glauben fest an die Kraft des Weges. Ich bin beeindruckt von der Festigkeit ihres Glaubens, egal in welcher Hinsicht, es lässt mich aber ebenso zweifeln, ob auch ich in dieser Intensität an etwas glaube. Ich hoffe es natürlich. Aber wenn ich mich mit diesen lieben Menschen vergleiche, kann ich in puncto Glauben nur verlieren.

Villar de Mazarife (30. September)

Beim Aufwachen fühle ich mich in meinem Entschluss, einen Tag länger zu bleiben, bestätigt. Die verquollenen Augen lassen sich kaum öffnen, mein Kopf dröhnt und fühlt sich an, als steckte er in einem Schraubstock. Zu allem Übel läuft die Nase in einer Tour. Ich werde es langsam angehen lassen, mir ein paar der Sehenswürdigkeiten ansehen, die León zu bieten hat, wie die Basilica de San Isidoro mit dem Pantheón Real, einer farbenprächtigen Kapelle, ähnlich der Sixtinischen Kapelle in Rom oder dem Casa de los Botines, ein Bauwerk aus der frühen Schaffenszeit Antoni Gaudís. Inzwischen beherbergt es ein Museum sowie eine große Bank, aber Gaudí beeindruckt ja bereits von außen.

Ich habe mir vorgenommen, etwas durch die Altstadt zu schlendern und die Stadt einfach ganz in Ruhe auf mich wirken zu lassen. Vielleicht mache ich auch noch einen Abstecher zum ehemaligen Convento de San Marcos, das heute als Parador genutzt wird und so den gut betuchten Touristen Leóns eine erstklassige Bleibe bietet. In erster Linie gilt es heute aber die Erkältung zu kurieren, die Füße hochzulegen und zu entspannen. Die Pause wird meinem Körper guttun. Und jetzt ist es an der Zeit, mir selbst zu beweisen, dass ich auch mal stehen bleiben kann, dass ich nicht immer voranpreschen muss, dass ein Tag Pause kein Versagen bedeutet, sondern dass dies im Gegenteil sogar die viel mutigere Entscheidung ist, weil sie mir und meiner Persönlichkeit einiges abverlangt, sicherlich mehr, als sich einfach zu überwinden und einen Fuß vor den anderen zu setzen.

Um 7:00 Uhr verlasse ich das Convento, um mir eine Bar zu suchen, in der ich meine Karte mit den eingezeichneten Hotels nach einer geeigneten Unterkunft durchstöbern kann. Auf dem Platz vor dem Kloster treffe ich auf Joop und Wilma. Als ich den beiden erzähle, dass ich nicht weitergehen werde, nimmt Wilma mich in den Arm und drückt mich fest an sich: »Pass auf dich auf, Kleine«, sagt sie mit ihrem lieblichen niederländischen Akzent. »Wir sehen uns!«, ruft Joop zum Abschied, und ich lasse die beiden auf dem Platz zurück. Die Restaurants nahe dem Convento haben noch geschlossen, und so mache ich mich, bepackt mit Rucksack, Hut und Wanderstab, auf den Weg in Richtung Innenstadt. Ich passiere eine Bar nach der anderen, aber keine hat geöffnet. Merkwürdig, denke ich mir, auf der bisherigen Strecke hatten die Bars gerade wegen der früh aufbrechenden Pilger bereits ab spätestens 6 Uhr geöffnet. An der Kathedrale angekommen, treffe ich auf den umherirrenden Giovanni. Wir sind uns vor einigen Tagen das erste Mal begegnet, und da ich von Franzi und Wieland bereits von ihm und seiner Geschichte wusste, hatten wir gleich ein anregendes Gesprächsthema. Heute trägt er ein T-Shirt mit dem Foto seiner Frau, als diese um die dreißig gewesen sein muss. »Neues T-Shirt?«, rufe ich ihm zu. Mit einem breiten Lächeln im sonnengebräunten, ledrigen Gesicht kommt er auf mich zu: »Meine Frau. So habe ich sie kennengelernt. Das ist mein T-Shirt für das zweite Drittel des Weges.«

»Sie war wunderschön«, stelle ich bewundernd mit Blick auf das Bild der jungen Frau fest, das sich über Giovannis dicken Wanst spannt. Sie sieht aus wie eine noch hübschere junge Hildegard Knef. »Sie war eine Augenweide«, schwärmt der Italokanadier. »So habe ich sie am liebsten in Erinnerung. Diese langen blonden Haare. Sie hatte sie immer mit einem Schleifenband zusammengebunden. Ihr Zopf ist beim Lachen hin und her gehüpft, wie bei einem Kind. Sie hatte das schönste Lachen der Welt, weißt du.« Man sieht Giovanni an, dass er gerade in Gedanken versunken bei seiner hübschen Frau ist.

»Wie hieß sie eigentlich?«, frage ich und reiße ihn aus seinen Gedanken.

»Irene«, lächelt er mit glasigen Augen.

»Hallo, Irene!«, sage ich mit Blick auf Giovannis runden Bauch und nicke der Fotografie auf dem T-Shirt zu, »schön, dich kennenzulernen.«

»Ach, du hättest sie gemocht. Jeder mochte sie. Sie war ein Engel. Na ja, nicht immer«, lacht der kleine, dicke Mann mit den liebevollen, warmen Augen. »Sie wusste genau, wie sie mich um den Verstand bringen konnte. Wenn wir mal unterschiedlicher Meinung waren oder gestritten haben, konnte sie stundenlang eingeschnappt sein und nicht mit mir sprechen. Oh, das hat mich verrückt gemacht, wenn sie nicht mit mir sprach.« Wir laufen gemeinsam weiter den gelben Pfeilen folgend durch León, Ausschau haltend nach einer Bar.

»Sie wusste genau, wie sehr mich das gestört hat. Und manchmal, wenn sie noch eins draufsetzen wollte, dann hat sie ganz langsam ihr Haarband geöffnet – sie hatte Bänder in allen Farben – und hat ihr blondes Haar wie in einem der alten Filme schwungvoll kokett von rechts nach links geworfen und so getan, als würde sie mich gar nicht beachten. Oh, das hat mich fuchsteufelswild gemacht. Sie wusste genau, dass ich ihr nicht widerstehen konnte.«

Ich muss lachen, als ich mir diese bildhübsche Frau vorstelle und Giovanni, wie er sie anbettelt, doch bitte wieder mit ihr zu sprechen. »Aber auch ich war schön damals«, zwinkert mir der kleine Mann mit den schwarzgrauen Haaren zu.

»Du siehst immer noch toll aus, Giovanni«, grinse ich ihn an.

»Jajaja. Ich war ein Athlet früher. Ein Schwimmer. Bud Spencer war nichts gegen mich. Keine Frau konnte meinem Charme widerstehen. Auch Irene nicht, obwohl sie es lange versucht hat. Du hättest mir auch nicht widerstehen können, kleine Miss«, erzählt Giovanni wild gestikulierend, wie nur ein Italiener es kann. Die Geschichte des quirligen älteren Italokanadiers hat mich schon berührt, als ich ihn noch gar nicht kannte. Aus ihm spricht so viel Gefühl, wenn er von Irene redet, selbst wenn er über ihre kleinen Macken lästert wie ihren kantigen deutschen Akzent, den sie auch nach Jahrzehnten in Kanada nicht ablegen konnte, tut er es mit einem Lächeln und einem Funkeln in den Augen, die ein bisschen Wehmut, aber vor allem unendlich viel Liebe erkennen lassen.

Ich erkläre Giovanni, dass ich eine weitere Nacht in León bleiben möchte, und er will mir bei der Suche nach einem Café helfen, um so auch gleich selbst zu einem Frühstück in guter Gesellschaft zu kommen. Wir entscheiden uns, weiter den Camino entlangzulaufen, denn hier haben die Bars am ehesten geöffnet. Ich hatte es ganz vergessen, aber Giovanni erinnert mich daran, dass gestern Erntedankfest in León war. Irgendwie fand an jedem Wochenende bisher eine große Party auf diesem Weg steht. Die Fiesta gestern ging bis in die frühen Morgenstunden, was erklärt, weshalb so viele Bars noch geschlossen haben. Immer wieder kommen uns ein paar torkelnde Jugendliche entgegen, oder eine Gruppe Spanier sitzt mit dem übrig gebliebenen Bier am Straßenrand, die Köpfe zumeist auf den Knien abgestützt, schlafend und schnarchend. Eine geschlagene Stunde suchen Giovanni und ich nach einer geöffneten Bar. Ich kann es schier nicht glauben; das einzige Geschäft, das – noch immer – geöffnet hat, ist ein spanischer Süßigkeitenladen. Ein weiverbreitetes Phänomen in Spanien: kleine Läden, die Süßigkeiten verkaufen, abgepackt oder frisch, süß, salzig, sauer, Schokolade in allen Formen, Popcorn, Chips, Lollis, Bonbons in allen erdenklichen Geschmacksrichtungen, Konsistenzen und Farben. In diesem speziellen Laden sitzt die Verkäuferin auf einem Hocker hinter dem Tresen, hat ihr kleines schlafendes Mädchen auf dem Arm und selbst die Augen zu.

Ein geöffnetes Café finden Giovanni und ich trotzdem nicht. Als wir am Parador und damit am Stadtrand Leóns ankommen, gibt Giovanni die Suche auf. Er laufe jetzt einfach weiter, ob ich mitkommen möchte oder in León weitersuchen wolle? Ich entscheide mich, die Entscheidungsfindung noch etwas hinauszuzögern, verabschiede mich vorerst von Giovanni und lasse mich am Sockel eines steinernen Kreuzes mit Blick auf das Luxushotel nieder. Neben mir sitzt ein Pilger mit langem Rauschebart, Hut und Mantel, seine Sandalen liegen ausgezogen neben ihm. Als ich mich setze, trete ich aus Versehen auf eine der Sandalen: »Entschuldigung«, nuschle ich. Er rührt sich nicht, sondern lehnt, den Kopf im Nacken und den Blick sehnsüchtig und fest auf den Parador gerichtet, an dem steinernen Kreuz. Er sieht nicht so aus, als könne er sich ein solches Fünfsternehaus leisten. Auf Anhieb ist er mir sympathisch. Ich lehne meinen Kopf an seine Schulter und schließe die Augen. Das ist zwar etwas hart, aber ich verspüre den Drang, mich irgendwo anzulehnen und bei meinem neuen Freund bin ich mir sicher, dass es ihn nicht stört, wenn er den Kopf einer vollkommen Fremden auf der Schulter hat. Ich nenne ihn Paolo. Paolo ist eine Statue, aus Bronze gegossen. Er macht hier eine Rast. Ich unterhalte mich trotzdem mit ihm. Irgendwie muss ich meinem völligen Unverständnis Luft machen: »Es kann doch nicht sein, dass in einer großen Stadt, durch die sich der Camino zieht, kein einziges Café geöffnet hat.« Er antwortet nicht. »Das ist unmöglich«, rede ich weiter mit meinem eisernen Freund. »Klar, es ist Sonntag, da haben vielleicht weniger Bars geöffnet, aber irgendeine findet sich doch sonst immer. Auch nach einer Fiesta. In Logroño hatten wir auch eine Fiesta, in Nájera und Santo Domingo de la Calzada ebenfalls. Da waren doch auch nicht alle Bars geschlossen, oder etwa doch?« Ich versuche mich zu erinnern und weiß es einfach nicht mehr. Aber egal: Es ist unfair. Ich hatte mich entschlossen, hier zu bleiben, und jetzt kann ich nicht mal in Ruhe nach einer günstigen Absteige suchen. Ich bin tatsächlich bis zum Stadtrand gelaufen, ohne auch nur eine einzige Bar zu finden.

»Was soll das? Warum soll ich denn unbedingt weiterlaufen? Was hast du mit mir vor?«, frage ich wieder den reglos dasitzenden Paolo. Ich bleibe noch einige Minuten sitzen. Vereinzelt ziehen Pilger an mir vorbei, sehnsüchtig schaue ich ihnen nach: »Also gut!«, sage ich, stehe auf und sattle meinen Rucksack: »Dann kannst du deine Rast bitte für uns beide genießen, denn ich werde jetzt weiterlaufen. Ob ich nun will oder nicht. Es wird schon seinen Grund haben.« Ich nicke dem eisernen Pilger kurz zu und trotte von dannen. Auf einer Brücke gleich hinter dem Parador treffe ich auf Joop und Wilma. Auch sie haben nichts Essbares und kein geöffnetes Café gefunden. Das beruhigt mich insoweit, als dass ich wohl nicht einfach an einem vorbeigelaufen bin. Am äußeren Stadtrand drehe ich mich noch einmal um, werfe einen Blick auf León, bevor ich dieser im Dornröschenschlaf versunkenen Großstadt endgültig den Rücken kehre und mich weiter auf meinen Weg in Richtung Villar de Mazarife mache.

Während ich laufe, merke ich gar nicht, wie die Zeit vergeht. So viele Emotionen durchströmen mich, dass ich nicht weiß, welchem Gefühl ich zuerst nachgeben soll. Wut? Trauer? Schmerz? Ärger über mich selbst? Oder einfach nur Gleichgültigkeit? Ich entscheide mich letztlich für das Hinnehmen. Alles andere kostet mich im Moment zu viel Kraft. Kraft, die ich jetzt nicht habe. Es wird schon einen Grund geben, weshalb ich weiterlaufen soll. Vielleicht sind wir alle nur Marionetten in Seinem Spiel, nicht selbstbestimmt, sondern von Ihm geleitet? Ich glaube, im Großen und Ganzen könnte Er – und damit meine ich keinen weißhaarigen alten Mann mit langem Bart, der im Himmel auf irgendeinem Thron aus dicken, flauschigen Wolken sitzt, sich von Engeln mit Trauben füttern lässt und, zumindest bei den *Simpsons*, der einzige mit sechs Fingern an einer Hand ist – den Überbau repräsentieren. Er gibt das Grundgerüst vor, in dem alle ihre eigenen Entscheidungen treffen. Es gibt Punkte, die für uns vorab festgelegt sind und die wir mit unserem eigenen Geistesverstand erreichen können – insofern sind wir eben doch selbstbestimmte Individuen, die sich ganz eigenverantwortlich innerhalb eines bestimmten Rahmens bewegen.

Es ist wie ein Lauf, bei dem es einen Startpunkt und ein Ziel gibt, aber auf dem Weg vom einen zum anderen gibt es vorgegebene Zwischenstationen, an denen wir vorbeikommen müssen. Wie wir den Weg bis zu diesen Stationen gestalten, bleibt aber uns überlassen. Deshalb brauchen manche besonders lang, um von A nach B zu kommen, während andere in der Zwischenzeit schon bei C angelangt sind. Letztere verlaufen sich aber auf dem Weg nach D gleich mehrmals, tappen auf der Stelle und gehen im Kreis, bis sie letztlich bei D eintreffen. Manchmal kommen wir an eine Kreuzung und wissen nicht, wo lang wir nun gehen sollen, weil die Beschilderung fehlt oder inzwischen unlesbar ist, dann wird vielleicht ein wenig nachgeholfen. Letztlich liegt es aber an uns, was wir aus dem machen, was uns gegeben ist. Im Prinzip hätte ich auch bei meinem Pilger vor dem Parador sitzen bleiben können, ich hätte im Parador nach Frühstück fragen oder, nachdem Giovanni und ich uns getrennt hatten, umdrehen und zurück in die Innenstadt laufen können. Stattdessen bin ich meiner inneren Stimme gefolgt und weitergelaufen, habe mich damit abgefunden und mich entschieden, es einfach anzunehmen. Mein Zwiegespräch mit Paolo oder Gott führe ich dennoch fort. Mit wem soll ich sonst reden? Hier ist niemand. Keine Menschenseele.

Wie ich so in Gedanken versunken meinem Weg folge, komme ich unter einer Autobrücke hindurch. Die Wände sind vollgeschmiert mit Graffiti. Keine Street-Art, sondern ein heilloses Durcheinander. Kein künstlerisch anspruchsvolles Graffito kann ich im Vorbeigehen entdecken. Allerdings lese ich aus dem

Augenwinkel heraus ein einziges Wort: Sueño! Traum! Ich versuche das mit meiner Frage nach dem Warum zu verknüpfen, warum sollte ich weitergehen? Grübelnd setze ich stumpf einen Schritt vor den anderen. Das ist die Monotonie des Gehens, die diesen meditativen Effekt auf mich hat. Okay, Träume also! Ein bestimmter Traum? Der Traum der letzten Nacht? Ich erinnere mich nicht. Oder ist der Traum hier gleichzusetzen mit einem Ziel, das ich mir gesteckt habe? Vielleicht das Ziel, bald in Santiago anzukommen? Das kann doch aber nicht alles sein. Deshalb soll ich weitergehen? Auf einen Tag mehr oder weniger kommt es wirklich nicht an. Also welches Ziel? Das große Ziel dieser Reise? Der Wunsch, mich besser kennenzulernen? Mich etwas mehr zu mögen oder anzunehmen? Allerdings bin ich mir inzwischen nicht mehr sicher, ob dieser ambitionierte Grund für meine Reise auch wirklich der tatsächliche Grund ist.

Gleich hinter der Brücke steht mit weißer Kreide mitten auf der Straße ein sehr langer Satz auf Englisch. Ich möchte anhalten und ihn lesen, doch irgendetwas treibt mich voran, es ist, als würde der Rucksack mich weiterschieben und mein Stock mich ziehen. Ich kann nicht anhalten, sondern werde schneller. Mit einem Blick zur Seite erhasche ich wieder nur ein Wort. Diesmal: *remember!* »Scherzkeks, das versuche ich doch schon die ganze Zeit«, rufe ich in Richtung Himmel. Ich versuche weiter krampfhaft, mich an den Traum, den Sueño der letzten Nacht zu erinnern. Immerhin bin ich so in meine Gedanken vertieft, dass mich die kniffelige Aufgabe von meinen Erkältungsbeschwerden ablenkt.

»Erinnere dich«, murmle ich immer wieder vor mich hin. Erinnern. Aber an was denn nur? An einen Traum? An den Traum, der mich vorantreibt, ein Ziel also? Aber mein Ziel ist es doch, in Santiago anzukommen oder eben mehr über mich herauszufinden. Das weiß ich aber alles, daran muss ich mich nicht erinnern. Oder doch? Soll ich mich wieder mehr darauf besinnen? Verliere ich gerade mein Ziel aus den Augen, nur weil ich einen Tag Pause machen wollte? Ist das der Grund, weshalb ich weiterlaufen soll? Weil ich deshalb hier bin? Wegen des Laufens? Um anzukommen?

Ich schieße ein paar Kieselsteine vor mir her über den Weg, überquere eine alte Holzbrücke, auf der zwei spanische Männer mittleren Alters in weißen dreckigen T-Shirts stehen, jeweils mit einer Zigarette im Mund und einer Angelrute in der Hand. Zwischen ihnen steht ein großer schwarzer Eimer. Beim Vorbeigehen schiele ich hinein. Es zappelt wie verrückt. »Was sind das für Fische?«, frage ich die beiden Männer.

Mit der Zigarette im Mundwinkel, den Blick fest auf Fluss und Angel gerichtet, antwortet einer von ihnen: »Forellen.«

Kurz vor der nächsten Kurve entdecke ich eine Bar, davor einige Trekkingrucksäcke. Aufgeregt beschleunige ich meinen Schritt: Wenn vor der Bar Rucksäcke liegen, dann hat sie geöffnet! Endlich bekomme ich Frühstück! Mein Magen zieht sich vor Freude zusammen und krampft. Mit der rechten Hand streichle ich in großen Kreisen darüber: »Gleich machen wir eine Pause«, lächle ich.

Mit meiner Bestellung setze ich mich draußen ins Gras vor das Café in die Sonne. Schnell ziehe ich meine blaue Fleecejacke aus, schließe die Augen und genieße die warmen, weichen Sonnenstrahlen auf meiner Haut. Der Duft frischen Kaffees steigt mir in die Nase, vermischt sich mit dem Aroma des hier wildwachsenden Estragons und dem Gefühl der wärmenden Sonne. Ich liebe den Duft von Sommer und Wärme, er macht mich glücklich, zaubert den Menschen ein Lächeln aufs Gesicht und entspannt die Gemüter. Ich bin das, was meine Mutter früher immer ein Sommermädchen nannte: Sonne, blauer Himmel, Wärme, grünes, dichtes Blätterwerk, Eiskaffee, bunte Blumen, lange Abende im

Freien, grillen mit Freunden, schwimmen im See oder Freibad, niedliche dicke Hummeln und flauschige Bienen, die herumschwirren, fleißig bestäuben, und Unmengen Eis – das macht für mich den Sommer aus. Was kann es Schöneres geben?

Mit vollem Schokocroissantbauch stürze ich den letzten Schluck meines Kaffees hinunter und sattle meinen Rucksack. Als ich mich zum Gehen wende, entdecke ich auf der gegenüberliegenden Seite eine Steinschnecke: viele weiße Steine, im Kreis zu einer Schnecke zusammengelegt. Auf einigen dieser Steine steht mit gelber Farbe etwas geschrieben. Einer fällt mir ganz besonders ins Auge, in dicker gelber Schrift steht darauf geschrieben: Chance. »Jetzt reicht es aber!«, rufe ich laut, wende mich auf der Stelle zum Gehen und stapfe davon. Gerade habe ich nicht mehr an die Worte gedacht, die mir auf meiner heutigen Etappe schon begegnet sind. Total überfordert und übermannt von all den Gedanken, die mir wie eine alte römische Armee mit Tausenden Pferdewagen durch den Kopf galoppiert, laufe ich nun also weiter.

Sueño, remember, Chance – drei klitzekleine Worte, die irgendeine große Bedeutung haben. Ich weiß nur nicht, was sie bedeuten. Um nicht die ganze Zeit darüber nachzudenken, überlege ich mir die einfachste Antwort auf die Frage nach ihrem Sinn. Meine Ursprungsfrage war, weshalb ich unbedingt weitergehen sollte, die Antwort, die mir hier in Rätseln gegeben wurde, ist also, dass ich mich auf meine Träume, meine Wünsche und Ziele besinnen solle, dass ich sie nicht aus den Augen verlieren dürfe und dass sich, wenn ich jetzt weitergehe, eine Chance auftun oder ergeben werde, die mir diese Träume erfüllt oder mich näher an die Erfüllung meiner Wünsche heranbringt. Mit dieser Erkenntnis wandere ich weiter.

Das Laufen geht im Vergleich zu gestern erstaunlich gut, Schmerzen verspüre ich kaum. Ich fühle mich fast so, als könnte ich wieder singend den Camino entlanghüpfen, laufe sogar die etwas längere Alternativstrecke, die landschaftlich wesentlich schöner sein soll und sich nicht über Stunden an der Nationalstraße entlangzieht.

Meine Herberge in Villar de Mazarife ist etwas ganz Besonderes. Das Vierbettzimmer beziehe ich vorerst allein, so kann ich es mir in einem unteren Bett gemütlich machen. Wände und Decken in meinem – und allen anderen Zimmern – sind von oben bis unten vollgeschrieben mit Sprüchen in allen erdenklichen Sprachen, Zeichnungen zieren die Wände, Unterschriften, gute Wünsche, Daten, Gedichte. Mit den Jahren haben sich hier einige Pilger verewigt. Ich bin begeistert und vollkommen vertieft in die Geschichten an den Wänden meiner Herberge, und dann zücke auch ich, inspiriert von der spürbaren Kreativität in diesem Raum, einen Kugelschreiber: »There is a hand, guiding the river / the river to wide open sea. / And deep in my heart, in any game, / on any mountain, no, I'm not afraid. / Standing on stone, you stand beside me / and honor the plans that were made«.

Der Song »Heart of a Girl« von The Killers beschreibt diesen Weg für mich so unfassbar gut. Es geht darum, dass man versucht, seinen Platz auf dieser Welt zu finden, den Sinn der Existenz, den Grund, warum man hier ist, und dann passiert das, was ich hier immer wieder merke. Da ist etwas, was uns leitet, das uns führt und auffängt. Sicher nur in einem bestimmten Rahmen, aber es ist etwas da, was mich vertrauen lässt, das auch das Vertrauen in mich selbst stärkt, etwas, was mir die Angst nimmt vor diesem großen weiten Meer der Ungewissheit.

Vor der Tür der einzigen Tienda, einem Einkaufsladen, in Mazarife sitzt eine ältere, dickliche Spanierin und tippt auf ihrem Handy herum. Ich trete näher, will die Tür öffnen und laufe mit voller Wucht dagegen. Sie ist geschlossen. »Ocupado«, sagt die

Frau auf dem Bordstein, ohne aufzuschauen. »Oh! Wann öffnet das Geschäft denn wieder?«, frage ich nach. Die Frau, die schwarzen Haare zu einem langen Zopf geflochten, wendet den Blick noch immer nicht vom Handy ab: »Bist du Pilgerin? Dann kannst du einfach klopfen, die Besitzerin öffnet für Pilger auch sonntags, aber nur dann, wenn sie auch klopfen.« – »Aber wenn man das nicht weiß, dann klopft man doch auch nicht«, entgegne ich ihr. »Ganz genau«, nuschelt sie in Richtung ihres Mobiltelefons. »Deshalb hat sie sonntags, an ihrem freien Tag, auch weniger Kundschaft als sonst«, nickt sie wie zu sich selbst. Ich antworte nicht mehr, sondern klopfe zaghaft an die Tür und warte. Nichts passiert. Ich klopfe noch einmal. »Du musst schon lauter klopfen, damit sie dich auch hört. Sie ist eine alte Frau, und ihre Ohren sind nicht mehr das, was sie einmal waren.« »Okay, danke«, entgegne ich und klopfe lauter, sodass es mir schon fast unangenehm ist.

Die Frau auf dem Bordstein steht auf, reckt sich und stöhnt dabei, dann dreht sie sich zu mir um, streckt mir ihre rechte Hand entgegen. In der linken hält sie ihr Handy: »Ich heiße Chola. Mir gehört der Laden. Was kann ich für dich tun?«, lächelt sie, drängelt sich an mir vorbei, holt einen Schlüssel aus der Hosentasche, schließt auf und betritt vor mir das Geschäft. »Ich setze mich immer Sonntagnachmittag vor den Laden. Eigentlich habe ich sonntags geschlossen, aber zwischen halb vier und fünf trudeln die ganzen Pilger hier bei uns ein, und ich kann mir vorstellen, was die für einen Appetit haben. Bist du krank? Du brauchst Pasta«, sagt sie, ohne auf eine Antwort zu warten, und verschwindet hinter einem der Regale. Ich packe in der Zwischenzeit ein paar Pfirsiche und Tomaten in eine Papiertüte. »Das ist wahnsinnig nett von Ihnen, Chola, dass Sie Ihren Laden auch sonntags für die Pilger öffnen«, rufe ich. Sie kommt mit einer Packung Spirellinudeln und einem Töpfchen Oliven hinter dem Regal hervor: »Nur selbstverständlich«, erwidert sie mit einer wegwischenden Bewegung, kassiert meine Einkäufe ab und wünscht mir den besten Weg meines Lebens. Sie steht hinter dem Tresen und grinst, dabei sehe ich, dass sie oben rechts einen goldenen Eckzahn hat, der mich anblitzt. »Danke«, erwidere ich, und ein warmes Gefühl der Zufriedenheit steigt in mir auf. Ich laufe den Camino. Wieder einmal wird es mir bewusst. Heute vor genau drei Wochen habe ich mich auf den Weg gemacht, bin in Berlin in ein Flugzeug gestiegen, abends in Saint-Jean-Pied-de-Port aus einem französischen Zug wieder ausgestiegen, und heute bin ich hier in Villar de Mazarife. Mit meinen Einkäufen suche ich mir ein sonniges Plätzchen auf der Steinmauer vor der Dorfkirche. Ich lege mich auf die Mauer, meine Bauchtasche im Nacken, und schaue den Wolken zu, wie sie ganz langsam über den strahlend blauen Himmel ziehen. Es dauert nur wenige Minuten, dann schlafe ich ein.

Zum Abendessen leistet Johannes mir in meiner Herberge Gesellschaft. Er war mir nach meinem Mittagsschlaf auf dem Weg zurück in die Unterkunft begegnet. Und da ich wie immer zu viel besorgt habe, reicht die Pasta auch für uns beide. Es ist komisch, ohne ihn hier zu sein. Die zweite Nacht in Folge verbringen wir nicht in derselben Unterkunft. Ihm geht es in seiner Herberge genauso. Während ich die Tomaten für die Sauce in kleine Würfel schneide, macht Johannes sich über die Oliven her und erzählt mir von seinem Tag. Ich frage ihn, ob er an Zeichen glaubt, und erzähle ihm gleichzeitig, dass ich der Meinung bin, dass man ein Zeichen bekommen wird, wenn man es sich wirklich wünscht – ob nun von Gott, dem Universum, einem geschärften Unterbewusstsein oder dem eigenen Geist, weiß ich nicht. Aber ich bin der festen Überzeugung, dass man, wenn man wirklich auf der Suche nach einem Anhaltspunkt, einer Art Hinweis ist, diesen dann auch finden wird.

Ich erzähle Johannes von meinem Stein auf der Etappe von Pamplona nach Puente la Reina, dem Stein, auf dem »If it hurts, it's no love« stand. Diese Worte haben etwas in mir verändert, mich mit voller Gewalt und sehr heftig auf etwas aufmerksam gemacht, was schon eine ganze Weile in mir geschlummert hatte: einen Gedanken, eine Frage, die ich nie auszusprechen gewagt hatte. Mit den Worten auf diesem Stein begann ich darüber nachzudenken. »Worüber hast du nachgedacht?«, will Johannes wissen. Ich zögere. Johannes weiß nicht, dass Daniel und ich getrennt sind, dass ich, wenn ich hier mit jemandem auf dem Camino über meinen Freund spreche, eigentlich von meinem Ex-Freund spreche. »Über Daniel und mich«, antworte ich.

»Hä, aber warum?«, fragt Hannes.

»Das ist ja gar nicht der Punkt. Was ich eigentlich meine, ist doch vielmehr, dass ich mir in diesem Moment Fragen gestellt, über etwas nachgedacht habe, und dann steht da mit einem Mal dieser Stein, der mit seinen Worten so viel in mir auslöst. Und vor mir sind schon unendlich viele andere Pilger da entlanggelaufen, für die dieser Spruch keinerlei Bedeutung hatte, für die der Satz keinen Sinn ergeben hat. Vielen ist er vermutlich nicht einmal aufgefallen, weil sie sich in einer komplett anderen Lebenssituation befinden, weil sie keine Frage gestellt haben, auf die der Satz eine Antwort darstellen könnte.«

Johannes überlegt einen Moment, und ich hoffe innerlich, dass er nicht weiter auf Daniel und mich eingeht: »Ich glaube, du hast recht«, sagt er letztlich. »Mir ist der Stein auch nicht aufgefallen, aber hast du das Stoppschild in der Meseta gesehen?«

»Ein Stoppschild?«, hake ich verdutzt nach und bin mir nicht ganz im Klaren darüber, ob er mich vielleicht einfach nur wieder hochnehmen will.

»Ja, vor ein paar Tagen hatte ich einfach keine Lust mehr zu laufen. Ich hatte dir und Petra ja erzählt, dass ich mir nicht sicher war, ob es das Richtige sei, was ich hier mache. Ich habe mich immer wieder gefragt, für wen ich das hier eigentlich leiste. Ich bin viel zu jung für so einen Weg, sollte mein Leben genießen. So wie meine Freunde jetzt.«

»Genießt du denn dein Leben gerade nicht?«, will ich von ihm wissen, aber er herrscht mich an: »Psst! Doch, aber ich war mir eben nicht sicher, ob ich weiterlaufen oder wieder nach Hause fahren sollte. Und als ich so darüber nachdachte, stand da dieses Stoppschild.«

»Dieses Stoppschild?«, frage ich noch einmal und zucke mit den Schultern.

»Ach ja, du hast es ja nicht gesehen«, lacht er. »Ein ganz normales Stoppschild, wie es an vielen Kreuzungen steht, aber auf diesem Schild stand ›Don't STOP walking‹. Hat anscheinend jemand mit einem dicken Filzstift darauf geschrieben. Kannst du dir das vorstellen?«, fragt er weiter.

Ich muss laut loslachen: »Natürlich kann ich mir das vorstellen. Davon spreche ich doch die ganze Zeit, von eben solchen Phänomenen. Mir ist das Schild nicht aufgefallen. Ich bin daran vorbeigelaufen, weil es für mich in meiner Situation bedeutungslos war.«

Ob wir wohl aufmerksamer durchs Leben gehen, wenn wir auf der Suche nach einer Antwort sind?

Während wir essen, kommt einer der beiden Pilgerväter zu uns in die Wohnküche und fragt Johannes, ob er Gast in der Herberge sei. Wir verneinen, und so wird mein Freund schnurstracks aus der Unterkunft geworfen. Nach einigem Hin und Her können wir den Herbergsleiter immerhin überreden, dass Hannes seine Pasta noch aufessen darf. Der Konkurrenzdruck unter den Herbergen am Camino muss immens sein. Eigentlich wollten wir uns noch mit einer Dose Cola in den großen Garten setzen, den anderen Pilgern beim Wäscheaufhängen zusehen und den

Abend gemütlich ausklingen lassen. Nun mache ich das allein, schreibe in mein Tagebuch und verliere mich in meinen von den Ereignissen des Tages geprägten Gedanken.

Tief in meinen Schlafsack eingekuschelt, denke ich noch lange an die drei Worte, die mir heute mitgegeben wurden. An der Wand neben meinem Kopf steht: »Im Grunde geht es immer um die Liebe«, und ich muss an ein Buch von Elisabeth Gilbert denken. In *Eat Pray Love* schreibt sie, dass sich selbst die Menschen mit den größten Problemen, Hungersnöten oder Kriegsleiden in erster Linie Gedanken über die Liebe machen. Geht es bei meinen drei Worten heute vielleicht auch um die Liebe?

ICH BIN EINE FRAU! SEXISMUS AUF PILGERREISE

»Blondie, Blondie,
der Auftritt glänzt aber auch nicht vor Manieren.
Wir wollen doch nur ein bisschen nett sein.
Bekanntschaft mit dir machen.«

Foncebadón (2. Oktober)

Als am frühen Morgen das allgemeine Gemurmel und Gekrame losgeht, springe ich aus dem Bett meiner wunderschönen Herberge in Astorga. Ich werfe mir mein Handtuch über die Schulter, klemme meine Kleidung, die ich mir am Vorabend schon zurechtgelegt hatte, und meinen Kulturbeutel unter den Arm und bahne mir meinen Weg durch die Hochbetten in Richtung Gemeinschaftsbad. »Schon so enthusiastisch am frühen Morgen?«, grinst ein dunkelhaariger kleiner Mann, der gerade versucht, in seine rote, etwas zu enge Wanderhose zu schlüpfen. »Nein, nur schlecht geschlafen«, antworte ich ihm, weil ich keine Lust auf Konversation und zudem noch mit den Nachwirkungen dieser wieder sehr unruhigen Nacht zu kämpfen habe.

Bevor ich gestern ins Bett ging, habe ich es mir noch auf einer der breiten Holzbänke im Gemeinschaftsraum der Herberge gemütlich gemacht, um mit dem Handy Berliner Radio zu hören.

Zu Gast waren Seeed, die ihr neues Album vorstellten. Den Tipp hatte mir Daniel zuvor per WhatsApp gegeben, und so tauschen wir seit langer Zeit mal wieder Nachrichten aus. Es ist schön, mit ihm zu schreiben, und ich merke dabei, dass ich ihn vermisse. Vielleicht ist es aber nicht unbedingt er selbst, den ich vermisse, sondern das Gefühl der Vertrautheit, das ich mit ihm habe. Sich mal wieder mit einem bekannten Menschen über ganz belanglose Dinge auszutauschen, tut wirklich gut. Es geht um Alltägliches: »Wie war dein Tag?« oder »Wie war die Arbeit heute?« Daniel erzählt von seinem Auto, das er in die Werkstatt gebracht hatte, erzählt von der Arbeit, von Kollegen, mit denen er in zwei Wochen auf Geschäftsreise müsse. Er fragt auch, wie es mir gehe, wie ich vorankäme und ob ich meinem Zeitplan einhalten könne. »Hast du dich von deiner Erkältung erholt?«, will er wissen. Ich schreibe ihm, dass es mir deutlich besser gehe. Zwischendrin sprechen wir immer wieder über die Band und das Interview, das wir gerade parallel im Radio hören. Der Austausch mit ihm tut mir gut, aber in unseren Nachrichten ist keine Emotionalität zu spüren, keine Leidenschaft, nichts, außer tiefer freundschaftlicher Verbundenheit. »Ich hab dich lieb, und ich vermisse dich«, schreibt er nach einer längeren Pause.

»Ich vermisse dich auch«, antworte ich ihm, und es stimmt. Nur eben auf meine Weise.

»Die Mieze vermisst dich auch. Gestern saß sie die ganze Zeit an der Wohnungstür. Ich glaube, sie dachte, du kämst zurück. Ich bin abends immer ganz schön fertig. Es ist ja nicht so, dass ich mehr Arbeit habe als sonst, aber wenn man auch noch den ganzen Haushalt allein schmeißt, dann merkt man das schon. Das ist zum Glück ja bald vorbei, und du kommst wieder.«

»Für den Haushalt?«, frage ich.

»Auch :)«, antwortet er und gleich danach: »Hör *You and I*«, einer der Songs auf dem neuen Album von Seeed.

Ich verspreche ihm, mir das Lied anzuhören. »Nur nicht jetzt«, füge ich hinzu. »Ich muss ins Bett, morgen will ich nach Foncebadón, das Geisterdorf, weißt du? Mit den streunenden Hunden, von denen schon so viele geschrieben haben.« Ich stelle mir vor, wie er zu Hause auf dem Sofa sitzt und beim Lesen meiner Nachricht nickt.

»Okay!«, schreibt er zurück. »Ich habe für deinen Onkel und deine Tante zum Geburtstag übrigens den Gutschein gekauft. Ist es dir lieber, wenn ich mir die 50 Euro schon mal von deinen Eltern auszahlen lasse, oder rechnen wir ab, wenn du wieder da bist?«

Ich will nicht mehr antworten, frage mich, ob das wirklich gerade das Wichtigste ist, was er mit mir klären möchte. Das geht mir alles zu schnell, ist mir zu normal. Anfangs tasten wir uns aneinander heran, wenn wir schreiben, erkundigen uns bei dem anderen umsichtig nach dessen Befinden, und dann wird es nach zwei, drei Nachrichten schon wieder so unverschämt alltäglich, dass ich mich schäme, vorher gedacht zu haben, ich würde dieses Alltägliche vermissen.

Beim Zähneputzen sehe ich aus dem Augenwinkel, dass das Display meines Handys aufleuchtet. Eine SMS. »Ich sitze nicht hier und warte auf Nachricht von dir!«, denke ich mir und zwinge mich, sie erst im Bett zu lesen. »Hab dich ganz doll lieb, na ja, und lieben tue ich dich auch und vermissen.« Lange schaue ich auf mein Handy. Um mich herum ist es dunkel, und je länger ich in das grelle Licht des Smartphones blicke, umso dunkler wird es. »Na ja, lieben tue ich dich auch«, was ist das denn für ein Satz? Ist das alles? Will ich das überhaupt? Will ich, dass er mich so ganz nebenbei »auch« liebt?

Mein Magen krampft sich zusammen, und mir schießen unwillkürlich die Tränen in die Augen. Wir hatten eine gute Zeit. Lange Jahre. So etwas wirft man nicht einfach weg. So etwas gibt man nicht einfach so auf. Mit Daniel kann ich so sorglos und unbeschwert lachen. Wir wollen beide die Welt sehen, beruflich viel erreichen, sind engagiert, ambitioniert, an allem interessiert. Wir mögen beide dieselben Filme, gehen gerne, wenn auch selten, in den Irish Pub vor unserer Haustür, trinken dieses vollmundige, vollmundige Stout und diskutieren über Chancengleichheit, soziale Gerechtigkeit und politische Systeme. Ich kann mir nicht vorstellen, wie ein Leben ohne ihn wäre. Sollte ich da nicht einfach über seine Seitensprünge hinwegsehen? Wir sind seit mehr als sieben Jahre ein Paar, die paar Male, die er mich betrogen hat, wiegen doch all diese Zeit nicht auf. Ihn aufgeben? Diese Beziehung aufgeben, nur weil er ein paar Fehler gemacht hat? Natürlich bin ich in dieser Beziehung nicht immer glücklich, aber wer kann das schon von sich behaupten? In guten wie in schlechten Zeiten, oder? Wir haben so viel gemeinsam – allein schon die gemeinsame Zeit. Kann ich die Seitensprünge da nicht einfach hinnehmen, sie akzeptieren? Sonst ist doch eigentlich alles gut. Er liebt mich und ich ihn. Irgendwie eben. Oder nicht? Liebe ich ihn als den Freund, der er mir so oft war? Über diesen Gedanken schlafe ich letztlich ein.

Die kalte Dusche tut mir gut. Sie lässt mich tief durchatmen, und das an mir hinabrinnende Wasser gibt mir das Gefühl, mir die Gedanken der gestrigen Nacht, die wie eine dicke Teerschicht an meinem Körper kleben, vom Leib waschen zu können. Ich dusche lange. Als ich mich befreit von der mich einschließenden dicken, schwarzen Ummantelung fühle, gehe ich gestärkt und unbeschwert in den heutigen Tag. Ich möchte gestern vergessen oder wenigstens zur Seite schieben, mich auf das Hier und Jetzt konzentrieren. Auf heute. Ich bin wieder fitter, spüre wenig von der Erkältung und freue mich auf das Laufen.

Auf der rustikalen Holzbank im Frühstücksraum liegen blaue, mit Edelweiß bestickte Kissen. Ich komme mir vor wie in einem alpenländischen Bauernhaus. Das ältere österreichische Pärchen, das mit an meinem Tisch sitzt, und die große, laute Gruppe österreichischer Männer um die fünfzig am Nachbartisch tragen dabei nicht unwesentlich zum allgemeinen Almhüttenflair bei.

Die Lautstärke und die Kommentare am Nachbartisch lassen vermuten, dass die Herren an diesem schönen Morgen nicht nur Kaffee und Almdudler intus haben, sondern schon den ein oder anderen hochprozentigen Williams Christ. Außerdem scheinen sie in dem festen Glauben zu sein, ich würde nicht verstehen, was sie sagen. Einige der Kommentare sind wirklich grenzwertig. Ich versuche sie zu ignorieren, genau wie die Fleischbeschau, wenn sie sich umdrehen und ihre Köpfe nach mir recken. Meiner österreichischen Tischnachbarin ist das Ganze sichtlich unangenehm. Sie wirft den Fünfen hinter sich einen bitterbösen Blick zu: »Hoits zam!«, erntet dafür aber nicht mehr als Gelächter.

»Die sind ja schrecklich, diese Fetznschädl«, sagt die Österreicherin zu ihrem Begleiter, und lächelt mir zu. »Zum Glück versteht das arme Kind nicht, was diese Bande Widerwärtiges von sich gibt.«

»Ja, Liebes!«, antwortet ihr Tischnachbar. Sie lächelt mich noch einmal an, fragt auf Englisch mit einem sehr starken österreichischen Akzent, ob ich auch etwas Marmelade haben möchte, und hält mir ein Gläschen selbst gemachter roter Marmelade der Herbergsmutter hin. Ich antworte ihr auf Deutsch: »Ja, gerne. Aber ich verstehe sehr wohl, was die dort sagen, es ist mir nur ganz egal. Ich habe nicht vor, darauf zu reagieren, denn ich will mich nicht mit diesen …«, ich mache eine kurze Pause, »mit denen unterhalten.«

Sie versteht sofort, was ich meine, und so unterhalten wir uns mit gedämpften Stimmen weiter über den Unterschied zwischen Marmelade und Konfitüre, über Wien, wo die zwei herkommen, und über Markus' Operation kurz vor dem Camino. Ihren eigenen Namen erfahre ich nicht. Ihr Mann Markus nennt sie schlicht »Liebes«, und eigentlich ist das auch so ziemlich alles, was er sagt: »Ja, Liebes«, »Wenn du meinst, Liebes«, »Da hast du recht, Liebes«, »Ich weiß, Liebes«. Liebes hat ein sehr einnehmendes Wesen, und je länger ich mich mit ihr unterhalte – oder je länger sie mich unterhält –, umso unsympathischer wird sie mir. Sie erzählt, dass Markus Schuhmacher sei und sie sich um die Kinder gekümmert habe, die inzwischen aber aus dem Haus seien. Prachtvolle Kinder. Beide studieren. Er in Salzburg, sie in Bayreuth. Das sei zwar Deutschland, aber man dürfe auch nicht alles Deutsche gleich verteufeln. Die Universitäten hätten einen sehr guten Ruf. Von Markus' Beruf hält Liebes allerdings überhaupt nichts: »Ein Beruf, der zum Aussterben bestimmt ist. Wer lässt sich heute noch seine Schuhe neu besohlen?« Sie jedenfalls würde das nicht machen lassen, wo es doch heute überall so günstig neue Schuhe zu kaufen gebe. »Markus meint ja, diese alten Handwerksberufe seien ehrbare Berufe. Dafür habe ich ihn ja aber auch gern. Er ist so naiv und weiß es einfach nicht besser.« Sie streicht ihm dabei zwar über die Wange, redet aber über ihren Mann, als säße er nicht mit uns am Tisch. Mir ist dieses Gespräch unangenehm, und ich schaue zwischen dem Brötchen auf meinem Teller und dem treudoof dreinblickenden Markus hin und her. »Stimmt es nicht, Markus?«, knufft Liebes ihren Mann in die Seite.

»Ja, Liebes.«

Bevor die beiden mit dem Jakobsweg gestartet sind, musste Markus sich einer Operation an der Schulter unterziehen, weshalb es ihm nun unmöglich ist, seinen Wanderrucksack selbst zu tragen. »Wir lassen die Rucksäcke abholen und via Taxi in eine schöne Herberge bringen, die wir uns zuvor ausgesucht haben. Na ja, eigentlich suche ich unsere Herbergen aus«, kichert Liebes.

Wo ich herkomme, will Liebes wissen, als hätte ich es ihr nicht zu Beginn unseres gemeinsamen Frühstücks bereits erzählt. »Ich komme aus Berlin«, antworte ich.

»Das hat sie uns doch schon gesagt«, wirft Markus mit seiner ruhigen, sanften Stimme ein, wofür er, wie zuvor die österreichische Männertruppe, einen finsteren Blick erntet.

Als Liebes anfängt, sich über das »nicht sehr gescheite Frühstück« zu beschweren, schaue ich auf mein Handy, erschrecke kurz wegen der so weit fortgeschrittenen Zeit und entschuldige mich bei den beiden, ich müsse jetzt unbedingt los, wenn ich einen Freund noch einholen wolle. Wir verabschieden uns, ich wünsche beiden einen »Buen Camino« und Markus weiterhin »ganz viel Kraft« und verlasse den Frühstücksraum.

Bis nach Foncebadón sind es etwas mehr als 26 Kilometer. Hier möchte ich stoppen, unabhängig davon, ob ich noch weiterlaufen könnte, denn ich möchte mir nicht die Aussicht auf den Sonnenaufgang am Cruz de Ferro direkt hinter Foncebadón morgen früh entgehen lassen. Das Eisenkreuz ist an der Spitze eines Baumstammes befestigt, und dieser Baumstamm steht inmitten eines riesigen Steinhaufens, der jeden Tag um viele Steine reicher wird. Seit Jahrtausenden schon bringen Pilger einen Stein von zu Hause mit, der eine Last oder eine Burde symbolisiert, die sie hier ablegen. Das kann alles sein. Die Steine stehen für Krankheiten, Liebschaften, ein unangenehmes Gefühl, eine beendete Ehe, eine ehemalige Freundschaft, ein alter Job. Nach dem Cruz de Ferro beginnt etwas Neues, die Zeit nach dem Stein, es beginnt eine Zeit ohne diese Last. Ich habe keinen Stein von zu Hause mitgenommen, denn ich trage keine Last mit mir herum, die ich dort ablegen könnte. Gedanken ordnen, ja, mir über Aspekte meines Lebens klar werden, auch das, aber es gibt nichts Konkretes, was mir eine Last wäre, um es symbolisch ablegen zu können. Dennoch hat dieser Ort etwas Magisches, er steht für den Neubeginn. Dort die Sonne aufgehen zu sehen, den Anbruch eines neuen Tages, einen neuen Anfang mitzuerleben, bedeutet mir viel.

Auf halben Weg nach Foncebadón hole ich Johannes ein. Wir laufen zusammen, und ich erzähle ihm von meinem Plan, heute in dem sogenannten Geisterdorf Rast zu machen. Er beschließt kurzerhand, es mir gleichzutun, und ich freue mich auf seine Gesellschaft. Seit Mansilla de las Mulas haben wir nicht mehr in derselben Herberge übernachtet.

In Rabanal machen wir bei einem kleinen Lebensmittelgeschäft Halt, um uns mit ein paar Snacks für den Weg zu versorgen und unseren Durst zu löschen. Der Ladenbesitzer hat vor seinem Geschäft Stühle und Tische aufgestellt, wo wir uns mit unseren Limonaden und den eben gekauften Nüssen an einem der Tische niederlassen. Kurze Zeit später kommt das betrunkene Viergespann aus Österreich von heute Morgen an der Tienda an und beschließt eine Pause zu machen. »Ich brauche dringend was zu trinken«, grunzt ein kleiner Kompakter mit Knollnase.

»Spanisch?«, fragt ein anderer, Älterer aus der Gruppe.

»Logisch spanisch! Wozu sind wir hier in Spanien?«, lacht er widerlich laut auf. »Frag doch mal die kleine Blonde, ob sie auch was Spanisches mag. Ich hätte da was für sie«, sagt er zu seinem grauhaarigen Kumpel und deutet dabei mit dem Kopf in meine Richtung.

»Wo hast du denn was Spanisches?«, will der andere wissen und lacht ebenfalls.

Ein dritter aus der Gruppe schaltet sich ein: »Jetzt haltets halt mal 's Maul. Die versteht euch eh nich. Ich will jetzt was trinken.« Er dreht sich um und stolpert mehr, als dass er geht, in die Tienda.

»Das ist auch besser so«, lacht die Knollnase noch einmal laut auf und folgt dem Rest der Truppe in das Geschäft.

»Können wir schnell austrinken?«, frage ich Hannes.

»Warum denn?«

»Ich habe keine Lust, hier lange mit denen sitzen zu müssen.«

»Die sind doch nur ein bisschen angeschickert. Das ist doch lustig. Ich mag Österreicher«, grinst er.

»Ja klar, du wirst ja auch nicht die ganze Zeit blöd angegafft, und es wird nicht so abfällig über dich geredet!« Ich verschränke die Arme vor der Brust und lehne mich in meinem roten Coca-Cola-Plastikstuhl entnervt zurück.

»Ich will nur kurz wissen, wo die herkommen, okay?«, fragt er, und ich zucke mit den Achseln.

Als die Horde mit einer großen Karaffe Sangria am Tisch neben uns Platz nimmt, hole ich mein Handy hervor. Es steht zwar auf Flugmodus, aber da das niemand weiß, kann ich wenigstens so tun, als sei ich beschäftigt. Johannes unterhält sich derweil mit der roten Knollnase, die ich Trinkfix getauft hab. Er sieht aus wie ein betrunkener Gallier oder eine kleinere Version Gérard Depardieus: fettige Haare, die ihm bis ans Kinn reichen, und die Nase eines Mannes, der in seinem Leben entweder des Öfteren in ein Weinfass gefallen oder aber sein Glas zu oft in selbiges getaucht hat. Trinkfix spendiert Johannes ein Glas Sangria auf die Nachbarschaft zwischen Dutsche und Ösis, fragt ihn, ob ich auch eines möchte, aber Johannes deutet meinen Blick richtig und lehnt ab. Ihn hingegen bearbeitet Trinkfix noch einen Moment, bis Hannes letztlich aufsteht und sich auch einen – zum Glück kleineren – Kübel Sangria holt.

»Willst du das ernsthaft jetzt trinken? Wir haben noch einen Aufstieg von über 300 Höhenmetern vor uns«, frage ich ihn leise und ahne Böses.

Von der Seite prosten ihm seine neu gewonnenen Freunde zu, und auch Johannes leert sein Glas. Irgendwann fängt er an, vor sich hin zu glucksen: »Nimm doch auch ein Glas«, lächelt er mich an und schiebt mir seins rüber. Ich schüttle resigniert den Kopf und probiere von der wirklich vorzüglichen Sangria. Die Ösis haben inzwischen ihre dritte Karaffe auf dem Tisch stehen und grölen einer lauter als der andere. Nur einer hält sich etwas zurück – nicht mit dem Trinken, denn er hat sich das süße spanische Blut sogar in seine Trinkflasche abgefüllt, aber mit den Sprüchen und der Lautstärke. Die grauen Haare hängen ihm tief im Gesicht, wie der Pony eines Pferdes oder Esels. Ich kann nicht erkennen, ob er schläft oder wach ist. Er hat sich zurückgelehnt in seinem Stuhl und die Hände vor dem Bauch gefaltet. Johannes bemerkt, dass ich ihn beobachte: »Das ist Adi. Der ist total in Ordnung«, sagt er und muss aufstoßen. Erschrocken blicke ich ihn an.

»Komm, wir gehen«, sage ich, ohne eine Antwort abzuwarten, und stehe auf.

»Aber das ist noch nicht leer«, widerspricht er und deutet auf den Rest Sangria in seiner Karaffe.

»Ist mir egal«, zische ich, verstaue meine Bauchtasche in meinem Rucksack, hieve diesen auf den Stuhl, um ihn aufzusetzen, und bedeute ihm mit einem kurzen Kopfnicken, dass es jetzt auch für ihn an der Zeit sei aufzustehen. Er tut es. Natürlich nicht, ohne wenigstens noch schnell sein Glas zu leeren. Er verabschiedet sich von den Österreichern, und wir ziehen von dannen, die Staubstraße entlang, die hinter der ersten Kurve bereits ansteigt. Es dauert keine Viertelstunde, da jammert mein junger Freund, wie schlecht es ihm gehe und dass er keine Lust mehr habe, weiterzulaufen.

In engen Serpentinen führt uns der Weg immer weiter hinauf, auf staubigen Pfaden vorbei an Pflanzen, die nicht viel zum Leben brauchen. Irgendwann lässt sich Johannes ins Gestrüpp fallen: »Ich kann nicht mehr!« Ich setze mich neben ihn und die ausgedorrten grüngrauen Sträucher. »Es ist gar nicht mehr so weit«, lüge ich. Von den 6 Kilometern, die zwischen Rabanal und Foncebadón liegen, haben wir gerade mal anderthalb geschafft. Ich halte Hannes meine Trinkflasche hin: »Du musst Wasser trinken. Das mit dem Alkohol war keine gute Idee.« Johannes nimmt kommentarlos die Flasche und leert sie in nur wenigen Zügen. »Komm, lass uns weiter«, ermutige ich ihn. »Hier in der Mittagssonne zu sitzen, macht das Ganze nicht besser. Wenn wir in Foncebadón sind, kannst du dich ein wenig hinlegen.«

Johannes legt den Kopf auf die angezogenen Knie und muss einige Male aufstoßen. Ich streiche ihm sanft über den Rücken und hoffe insgeheim, dass er sich nicht übergibt. Wir bleiben noch einen Moment so nebeneinandersitzen, dann gibt er sich einen Ruck, steht auf und läuft weiter. Ich schaue ihm nach: »Danke fürs Aufhelfen!«, rufe ich im Spaß, stehe auf und laufe ihm hinterher. »Du bist zwar alt, aber so alt nun auch wieder nicht«, antwortet er frech, und ich deute das als Zeichen, dass es ihm etwas besser geht.

Als wir in Foncebadón ankommen, staune ich nicht schlecht. Ich hatte schon in meinem Wanderführer und zuvor in Paulo Coelhos *Auf dem Jakobsweg* von dem Geisterdörfchen gelesen, aber dass dieses Dorf wirklich nur aus Ruinen bestehen würde, hätte ich nicht erwartet. Die Landflucht, die überall in Europa vorherrscht, setzte in Spanien bereits Ende des neunzehnten Jahrhunderts ein. Mitte des zwanzigsten Jahrhunderts war Foncebadón vollkommen verlassen. Nicht ein Mensch lebte mehr in dem kleinen Örtchen zwischen Rabanal und dem Eisenkreuz am Monte Irago. Der unfruchtbare Boden der Maragatería, der Region, in der wir uns gerade befinden, lässt keine Landwirtschaft zu. Vor langer Zeit verdienten sich die Menschen hier ihr Brot als Fuhrleute und Maultiertreiber, später reichte das nicht mehr als Einkommen. Auch die Pilger blieben aus, und so verließen die Einwohner ihr Dorf, ließen ihre Heimat hinter sich und versuchten andernorts ihr Glück. Foncebadón geriet in Vergessenheit. Heute sieht man hier die Ruinen eines Dorfes, eine halb verfallene, wild bewachsene Kirche, von der noch das Hauptschiff und ein Teil des Kirchturmes zu erkennen sind, ein Haus, dessen Dach mit unzähligen Wellblechen in den unterschiedlichsten Farben geflickt ist, Steinhaufen, die einst Häuser waren. Alles zusammengestürzt und liegen gelassen, überwuchert von trockenem Gestrüpp. Inmitten dieser Ruinen stehen zwei private, wieder aufgebaute Herbergen. Eine gleich zu Beginn des Dorfes, eine andere nur eine Minute dem Weg weiter folgend entfernt.

Nur das zweite Refugio hat geöffnet, uns bleibt also keine Wahl, und wir müssen hier nach einem Bett fragen. Die Herberge gefällt mir nicht. Nicht nur der Schlafplatz, auch das Pilgermenü und alles, was ich hier kaufen könnte, wenn ich es denn bräuchte, ist stark überteuert. »Die wissen halt, dass wir auf sie angewiesen sind«, sagt ein älterer deutscher Pilger, der vor uns in der Schlange an der kleinen Rezeption steht und unser kurzes Gespräch über die aufgerufenen Preise mitbekommen hat. »Aber das ist doch auch irgendwie nicht im Sinne des Camino, oder?«, entgegne ich. Er zuckt mit den Schultern: »Es geht immer ums Geld, egal wo du bist, ob nun auf dem Jakobsweg oder auf den Malediven.« Ich weiß nicht, was ich der pessimistischen – oder vielleicht doch realistischen? – Ansicht meines Gesprächspartners entgegnen sollte, also bleibe ich still.

Der Hospitalero verkauft uns unsere Eintrittskarte in das Reich der Träume und zeigt uns unsere Zimmer. Ich schlafe auf dem Dachboden, wie sich herausstellt, gemeinsam mit Edith und Wilma. Worüber ich mich sehr freue. Ulrich, so heißt der Pilger, der vor uns an der Rezeption stand, und Johannes werden von unserem Herbergsvater in ein anderes Zimmer geführt. Johannes möchte lieber oben auf dem Dachboden bleiben, aber der Hospitalero scheucht ihn aus dem Raum: »Hier oben schlafen nur Frauen. Männer schlafen unten«, faucht er. Edith und ich müssen wegen Hannes' verschrecktem Gesicht kichern, was der wiederum gar nicht witzig findet.

Nachdem wir unsere Zimmer bezogen haben, treffen wir uns unten im Gemeinschaftsraum, und Hannes beschwert sich lauthals über den unhöflichen Spanier, der gefälligst dankbar sein solle, dass unser kleiner Bayer überhaupt bei ihm nächtige, denn nur so würde der Rüpel ja sein Geld verdienen.

»Du Klischeedeutscher«, sage ich zwar kopfschüttelnd, aber mit einem Augenzwinkern, denn inzwischen weiß ich ja, wie viel Ernst hinter diesen Aussagen steckt. Edith will entrüstet mit ihm diskutieren, aber ich winke ab und bedeute ihr, dass sie sich gar nicht darauf einlassen solle. Sie bestellt sich stattdessen einen Wein und fragt, ob wir auch einen möchten. »Da dreht sich mir der Magen gleich wieder um«, verzieht Johannes das Gesicht. Ich breche in schallendes Gelächter aus: »Geschieht dir ganz recht, wenn du es diesen dämlichen Saufnasen gleichtust.«

Johannes schaut mich finster an: »Es ist total unfair, dass ihr den besseren Raum bekommt, nur weil ihr Frauen seid.« Gerade will ich zu einer vernichtenden Antwort ausholen, da mischt sich ein langer, schlaksiger Mann aus Ostberlin ein: Uwe. Uwe besteht auf das »Ost« vor Berlin, denn er sei kein »Schnösel«. Johannes und ich hatten ihn bereits auf dem Weg nach Ledigos kennengelernt. Er ist gemeinsam mit seiner Frau Tina unterwegs: »Was sagst du? Die wollen euch zwei Hübschen nicht zusammen schlafen lassen? Tina und ich haben ein Zimmer zu zweit gemietet. Man braucht ja auch mal ein bisschen Zweisamkeit«, knufft er Johannes in die Seite. »Trotzdem. Das ist eine Frechheit. Als Pärchen möchte man abends auch ein bisschen schmusen, wenn man schon den ganzen Tag nur nebeneinanderherlaufen konnte.«

Johannes antwortet als Erstes, und mir klappt die Kinnlade herunter: »Ja, richtig, vor allem, wenn man so ein junges, frisch verliebtes Paar wie die Andrea und ich sind«, grinst der Bengel mich an. »Wir können tagsüber schon kaum die Finger voneinander lassen.« Sein Grinsen wird noch breiter, und ich starre ihn mit weit aufgerissenen Augen an. »Mund zu, Schatzi!«, sagt er, und Uwe erklärt: »Ihr solltet noch mal mit dem Herbergsvater sprechen. Der macht bestimmt eine Ausnahme.« Er klopft uns auf die Schultern und verlässt die Herberge. Edith grinst mich genauso frech an wie Johannes: »Ihr seid ein richtig schönes Paar«, sagt Edith und nippt an ihrem Wein, an dem sie sich vor Lachen fast verschluckt. Geschieht ihr recht. »Ich gehe schlafen«, sagt Hannes, und über die Schulter ruft er: »Kannst gerne dazustoßen, Schatzi!« Kopfschüttelnd verlasse ich die Herberge, um mir den Ort anzusehen. Dieser Kerl ist unglaublich, aber deshalb mag ich ihn auch, man kann nicht behaupten, es würde langweilig werden mit ihm. Um seine Schlagfertigkeit beneide ich ihn sogar ein wenig.

Mein Rundgang durch das Dorf fällt kurz aus, was vielleicht auch der Größe des kleinen Geisterdörfchens geschuldet ist. Ich laufe ziemlich allein durch die alten Straßen, die kaum als solche zu erkennen sind. Keine Menschenseele weit und breit. Mit der richtigen Kamera ausgestattet, wäre das hier eine super Fotokulisse und bei Nebel der perfekte Ort, um einen Alfred-Hitchcock- oder einen Edgar-Wallace-Film zu drehen. Ich klettere auf die Mauern eines alten Gebäudes und schaue in das Innere. Durch vereinzelt noch stehende Steine kann man die Zimmer erkennen, in die das Häuschen einst aufgeteilt war. Ich springe wieder herunter ins hohe Gras, aus dem gleich zwei Geckos flüchten. »Bitte keine Schlangen«, bete ich, und mein Herz pocht, als ich schnell aus dem Gras heraus auf einen der Trampelpfade trete. Ich laufe um die verfallenen Gebäude herum und schaue hier und da durch Fenster. Als mir mit einem Mal blitzschnell und in den höchsten Tönen jaulend eine schwarze Katze mitten durch die Beine rennt, kehre ich lieber um, zurück zur Herberge und dorthin, wo Menschen sind. Wer weiß, was sich hinter diesen alten Gemäuern noch so alles tummelt. Ich will es lieber nicht herausfinden. Bei dem Gedanken, mir könnte eines dieser beinlosen Kriechtiere über die Füße schlängeln, stellen sich mir alle Nackenhaare auf. Da ziehe ich einen trockenen, vollmundigen Weißwein in bester Gesellschaft eindeutig vor.

Und diese bekomme ich: Beim Abendessen sitze ich mit Jakob, einem dänischen George Clooney, Edith, Johannes und Ulrich aus Thüringen zusammen. Letzterer erklärt mir gefühlt stundenlang, weshalb ein Schweizer Taschenmesser auf dem Camino unabdingbar sei: »Wenn du mal in Gefahr gerätst, kann dir das Taschenmesser aus der Klemme helfen. Wirklich! Man muss nur wissen, wie.« Der liebenswerte alte Mann, der seine Freizeit meist in den bayerischen Bergen verbringt, lässt sich in seinem ellenlangen Monolog einfach nicht stoppen, obwohl ich ihm bereits zum dritten Mal erklärt habe, dass ich sogar ein Victorinox, ein Schweizer Taschenmesser, dabei habe, die Gefahr aber bislang ausgeblieben sei und ich es bisher nur zum Schneiden von Fuet gebraucht hätte.

Auf einmal wird es laut im Schankraum. Die vier Österreicher, die auch in unserer Herberge abgestiegen sind, haben ihren Trunkenheitsschlaf beendet und wollen nun: »Fette Schweine essen.« Sie setzen sich an den benachbarten Tisch und gehen mir von der ersten Minute an auf die Nerven. Leise wende ich mich Edith und Jakob zu, und wir reden, dem Dänen sei Dank, englisch, sodass die Österreicher sich weitestgehend aus unserem Gespräch raushalten. Irgendwann bekomme ich mit einem Ohr mit, wie Trinkfix Johannes fragt, ob ich aus England oder den Staaten sei, und schon bevor ich die Antwort höre, weiß ich, was er ihm sagen wird: »Die Andrea? Nein, die Andrea ist aus Berlin.«

Trinkfix klatscht in die Hände: »Jungs, die Blonde is a Deutsche!« Und an mich gewandt: »He, Andrea, sprichst nicht mit uns, was?« Alle lachen. Ich sitze rittlings auf meiner Bank, den Vieren den Rücken zugewandt, in meine Unterhaltung mit Jakob und Edith vertieft, und reagiere weder auf die Ansprache noch auf das Gelächter. »Bist du schüchtern?«, fragt die Suffnase. Ich reagiere noch immer nicht. Jakob fragt, was die Typen von mir wollten. Obwohl er kaum Deutsch spricht, merkt er doch, dass die vier mit und über mich reden – und vor allem, dass es mir unangenehm ist. Ich winke ab, will unser Gespräch nicht unterbrechen. Joop und Wilma gesellen sich nach einem Abendspaziergang zu uns.

Hinter mir unterhalten sich die Ösis lauthals darüber, wie alt »die kleine Blonde« wohl sei, dass man mir helfen müsse, die Schüchternheit gegenüber charmanten Männern wie ihnen abzulegen, und dass ihnen schon jetzt eine Menge Dinge einfielen, wie sie einer Frau die Schüchternheit austreiben könnten. Edith fallen vor Entrüstung beinahe die Augen aus dem Kopf: »Also bitte!«, ruft sie unserem Nachbartisch zu. Zu mehr reicht es nicht. Die Vier überhören sie einfach und in mir steigt Wut auf. Wenn die sich jetzt nicht ganz arg zusammenreißen, dann knallt es gleich. Meine rechte Schulter blitzt unter meinem weißen T-Shirt mit der Aufschrift »Believe in yourself« hervor, was von Trinkfix sofort als Aufforderung verstanden wird, seinen Kommentar abgeben zu müssen: »Zum Anbeißen, die braungebrannte Schulter unter dem weißen Stoff. Darf ich mal dran knabbern?« Das Blut in meinen Adern pulsiert, und meine Hände ballen sich ganz automatisch zu Fäusten. Ekel steigt in mir auf. Wie können die so über mich reden? Wie können die es wagen, so über eine Frau zu reden, die nicht mit ihnen sprechen will? Wie können die es wagen, überhaupt so über irgendjemanden zu reden? Ich drehe mich zu ihnen um, wobei ich Jakob aus Versehen meine

Haarspitzen mit voller Wucht ins Gesicht schleudere und brülle diese Idioten an: »Mir fallen mindestens tausend Dinge ein, die ich in diesem Moment – und in jedem anderen meines Lebens – lieber mache, als mich mit einem von euch zu unterhalten. Ihr werdet mir ganz sicher nichts austreiben, und ich werde meine wertvolle Zeit nicht damit vergeuden, euch ungehobelten, ständig saufenden, ekelhaften Vollidioten Manieren beizubringen.« Es entsteht eine kurze Pause. Keiner sagt etwas, dann ruft Edith: »Genau, Sie verhalten sich hier sehr unschön«, und steht von ihrer Bank auf. Ich glaube, sie will noch mehr sagen, aber dann fängt Trinkfix schon an, laut zu lachen: »Blondie, Blondie, der Auftritt glänzt aber auch nicht vor Manieren. Wir wollen doch nur ein bisschen nett sein. Bekanntschaft mit dir machen.« Er grinst ein fieses, schmieriges Grinsen.

»Dann respektiert einfach, dass ich das nicht möchte. Es ist schon ekelhaft genug, von euren Blicken ausgezogen zu werden«, antworte ich angewidert und drehe mich wieder zu Jakob, Edith, Ulrich und den beiden Niederländern um, erstaunt ob meiner selbstbewussten Aussage.

»Ganz schon zickig bist du«, gibt Trinkfix zurück und verschränkt die Arme wie ein bockiges Kind vor dem dicken Bauch.

»Jetzt lässt du bitte die Mädchen in Ruh’«, erhebt nun auch Joop seine kräftige Stimme, wirkt durch den niederländischen Akzent aber dennoch freundlich. Adi, der grauhaarige Österreicher mit dem langen Pony, der sich bisher zurückgehalten hat, raunt genervt in seine Männerrunde: »Jetzt lasst’s halt gut sein«, und damit ist erst einmal Ruhe.

Doch die Ruhe hält nicht lange vor. Einige Biere später, und das dauert bei ihm nicht lang, setzt sich Trinkfix an unseren Tisch: »Ich will mich ’ntschuldigen«, nuschelt er und pustet mir dabei eine Duftwolke aus Bier, Sangria und, ich würde vermuten, Nussschnaps entgegen. Ich schaue ihn an, warte ab, ob noch etwas kommt, und tatsächlich, dass ich seine Entschuldigung nicht sofort annehme, scheint ihn zu verunsichern.

»Also ich mein, weil du nicht so mit unseren Sprüchen klarkommst.«

»Deshalb entschuldigst du dich?« Ich springe von meinem Platz auf, und die Bank, auf der auch Edith und Jakob sitzen, wackelt: »Du solltest dich lieber für die Sprüche an sich und für deine abfällige Art mir gegenüber entschuldigen. So wie du redet man nicht mit einer Frau und über eine Frau schon gar nicht«, herrsche ich ihn wild gestikulierend an.

»Ich wusst ja nicht, dass du uns verstehst.«

»Als würde das einen Unterschied machen. Du hast so nicht über eine Frau zu sprechen.«

»Ist ja gut. Wie gesagt, 'ntschuldigung.«

»Von mir aus«, winke ich ab und setze mich wieder. »Aber du hast es echt nicht verstanden. Wie würdest du es finden, wenn ich so über dich spreche?«

Er grinst, und ich merke sofort, dass meine Frage ihre Wirkung vollkommen verfehlt hat. »Trinken wir einen?«, fragt er und grinst wieder, wobei ihm fast die Augen zufallen.

»Sicher nicht«, antworte ich ihm, und Joop kommt mir zu Hilfe, der ein Gespräch mit Trinkfix anfängt und ihn auf diese Weise von mir ablenkt. Trotzdem spüre ich seinen Blick auf mir, auf meiner Schulter, die eben nicht ganz mit dem T-Shirt bedeckt ist. Es ist widerlich. Ich verschränke die Arme vor der Brust, als könnte ich sie und mich so vor seinen Blicken schützen. Sogar Hannes zieht mir immer wieder das T-Shirt hoch über die Schulter. Ich glaube, jede Frau kann nachempfinden, wie ich mich gerade fühle. Dieses Unbehagen, dieses Verkrampfen in der Magengegend, wenn man spürt, wie der andere einen mit seinen Blicken auszieht, wie Erregung in ihm aufsteigt bei dem Kino, welches sich gerade in seinem Kopf abspielt. Mir wird schlecht.

Edith, diese immer so schusselig wirkende Frau, merkt sofort, dass ich mich unwohl fühle: »Lass uns doch den Tisch wechseln. Ich möchte hier nicht mehr sitzen.« Ich bin ihr sehr dankbar. Wir nehmen unser Hab und Gut und wechseln an den kleineren Tisch am anderen Ende des Gastraumes, direkt vor dem Fenster. »Darf ich die Damen begleiten?«, fragt Ulrich in unsere Richtung gewandt.

»Du bist herzlich willkommen, einen Wein mit uns zu trinken«, entgegnet Edith, und zu dritt nehmen wir Platz. Später gesellt sich noch ein Dreiergespann junger Spanier zu uns. Wir haben einen sehr schönen Abend, lachen laut und genießen den unfassbar guten spanischen Wein. Auf der anderen Seite des Gastraumes steht Trinkfix inzwischen auf einer der Holzbänke, ein großes, halb leeres Bierglas in der Hand und erzählt seinem Gefolge und allen, die es nicht interessiert, dass er einmal den Ironman gewonnen habe. Jakob, der kopfschüttelnd daneben sitzt, schaut in unsere Richtung und zwinkert mir zu. Er klopft zum Abschied auf den großen Holztisch, und bevor er den Gastraum verlässt und sich schlafen legt, kommt er noch einmal an unserem Tisch vorbei: »Vielleicht vor Urzeiten«, schmunzelt er, und ich weiß sofort, dass er Trinkfix' Ironman-Geschichte meint.

»Gute Nacht, die Damen, Ulrich.« Jakob nickt und verschwindet die Treppen zu den Schlafräumen hinauf, und Edith blickt ihm nach: »So ein charmanter junger Mann. 39 ist er. Und so gut aussehend.«

»Und ich?«, fragt Ulrich bedröppelt dreinblickend, und alle müssen wir lachen.

»Du selbstverständlich auch«, fügt Edith hinzu, und wir stoßen an.

Später im Bett inspiziere ich intensiv mein linkes Sprunggelenk. Es ist blau angelaufen und geschwollen, die Sehne leuchtet rot, aber es schmerzt kaum. Nur wenn man auf die blutunterlaufene blaue Schwellung drückt. Das Ganze sieht furchtbar aus. Hinzu kommen am linken Fuß zwei, am rechten eine Blase. Dennoch. Ich bin bis hierher gekommen. Diese Füße haben mich schon bis vor das Cruz de Ferro getragen.

Ponferrada (3. Oktober)

Hannes und ich machen uns zeitig, noch im Dunkeln auf den Weg. Doch wir verschätzen uns schrecklich, was die benötigte Zeit für die gerade einmal 2 Kilometer bis zum Cruz de Ferro angeht. Eine Wanderung im Dunkeln ist eben doch etwas anderes. So ist die Sonne bereits aufgegangen, als wir das Eisenkreuz am Horizont erblicken. Es kommt relativ plötzlich, denn an dieser Stelle des Weges haben wir nun wirklich nicht mit einem Wahrzeichen gerechnet. Das Gipfelkreuz am höchsten Punkt auf dem Camino, dem Gipfel des Monte Irago, liegt direkt an einer ziemlich stark befahrenen Landstraße. Drum herum befindet sich ein Rastplatz für Autofahrer und Wanderer, dessen Abfalleimer überquellen vor Müll. Auf dem Steinhügel zu Füßen des Holzpfahles, an dem oben das winzig kleine Eisenkreuz befestigt ist, liegt alles Mögliche: Armbänder, Schuhe, laminierte Briefe – wahrscheinlich, um sie vor dem Regen zu schützen –, Gummistiefel, Halstücher. Ich bin enttäuscht. Dieser Ort hat zumindest für mich nichts Magisches. Es ist kein Ort der Ruhe oder tiefer Zufriedenheit. Es ist laut, die Autos fahren direkt um den Steinhaufen herum. Mich stört der viele Müll, in den Abfalleimern genauso wie unter dem Kreuz. Weshalb muss man seine Gummistiefel hier ablegen? Weshalb muss man Briefe in Plastik einschweißen und so unnötig Müll produzieren? Weshalb wird all das hier in der Natur einfach so abgelegt?

Der Anblick verstört mich, und ich will nur weg. Auch Johannes hat keine Lust hierzubleiben, also wandern wir weiter: vorbei an dem Bretterverschlag von Manjarín, dessen Besitzer Kaffee, Armbänder und Ketten verkauft, weiter auf einer lehmigen Straße, auf der das Wasser teilweise knöcheltief steht. Es muss vergangene Nacht geregnet haben. Links und rechts von uns stehen dicht an dicht die Bäume eines Fichtenwaldes. Es duftet nach feuchten Nadeln und Baumharz. Der Geruch erinnert mich an die Dänemarkurlaube meiner Kindheit, und ich sauge ihn tief ein. Die meiste Zeit verbringe ich schweigend, und selbst Johannes genießt die Ruhe, die uns umgibt.

Als wir den Wald verlassen, treten wir ein in eine vollkommen andere Natur, eine, die wir bislang auf dem Jakobsweg noch nicht erlebt haben: Wir laufen mitten durch eine Art hügelige Lüneburger Heide. Heidekraut und drahtige, robuste Pflanzen zieren den Wegrand. Bis nach Riego de Ambrós wandern wir stur bergab. Hier entschließen wir uns zu einer Pause in einem Café und treffen im Innern sogleich auf Joop und Wilma. »Du hättest deine Freundin gestern ruhig vor diesem Rüpel beschützen können«, sagt Wilma ohne Vorwarnung, wie aus der Pistole geschossen. Hannes zuckt zurück: »Ich?«, fragt er erschrocken.

»Ja, du«, antwortet Wilma und droht ihm mit erhobenem Zeigefinger.

Ich grinse ihn an, der gerade etwas erwidern will: »Siehst du, Schatz, Wilma ist da ganz auf meiner Seite. Ich hätte mir wirklich mehr Unterstützung von dir gewünscht.«

Jetzt grinst auch Hannes verschmitzt zurück: »Aber ich weiß doch, dass du dich da ganz allein zur Wehr setzen kannst. Du brauchst keinen Beschützer.«

»Vielleicht hätte ich mir den aber gestern gewünscht?«

»Also, jetzt ist es aber gut. Redet ihr nicht mehr davon. Wechseln wir das Thema«, ruft Joop, die Arme weit ausgebreitet, bereit für neue Themen.

Später, als Hannes und ich in sengender Mittagshitze weiterlaufen, fragt er provozierend: »Bist du jetzt doch meine Freundin, ja?«

»Nö, aber die Vorstellung, dass du Trinkfix rundmachst, ist schon ziemlich witzig.«

Die Sonne treibt mir die Schweißperlen auf die Stirn. Der Rucksack klebt auf meinem Rücken, zwischen ihm und meiner Haut nur das durchtränkte rote Stück Stoff meines T-Shirts. Ich binde mir die Haare zum Zopf und wedle mit der Hand ein wenig Frischluft in den Nacken. Die Heidelandschaft ohne hohe Büsche oder Bäume gibt durchweg den Blick frei auf die grünen und gelben Täler, die tief unter uns liegen und das traumhaft schöne Ziel unserer heutigen Etappe sind. Ich lasse den Blick schweifen, sehne mich zugleich aber nach einem Baum oder einem anderen Schattenspender. Kurz vor Molinaseca wandern wir an einer steilen Klippe entlang hinab in die Tiefe. Wir legen eine kurze Rast ein und schnüren uns die Wanderstiefel nach, damit wir uns beim Hinabwandern keine blauen Zehen durch das ständige Anstoßen vorne am Schuh holen.

Schon von Weitem entdecken wir die alte römische Steinbrücke, die über den Río Meruelo nach Molinaseca hineinführt. Unser Pilgerführer verrät, dass sich unter der Brücke eine öffentliche Badestelle befindet. Nach Abkühlung lechzend, legen wir noch einen Schritt zu. Der Schweiß rinnt uns über die Gesichter. Ich mache den Fehler, ihn mit dem Handrücken wegzuwischen, wodurch mir die salzige Flüssigkeit direkt in die Augen läuft. Es brennt fürchterlich, mein Auge beginnt zu tränen, und ich versuche selbiges mit dem T-Shirt zu trocknen. An der Brücke angekommen, schlägt uns die Realität einen schweren Holzbalken direkt ins Gesicht. Der Fluss führt kein Wasser. Er ist ausgetrocknet. Ein winziges Rinnsal ist stellenweise in seiner Mitte zu erkennen. Hannes sinkt, mit dem Rucksack an der Brückenmauer angelehnt, zu Boden: »Ich gehe nicht weiter.«

»Was soll das heißen?«

»Ich will nicht mehr laufen.«

»Ich auch nicht, und nun?«

»Nun gehe ich nicht weiter.«

»Jetzt stch schon auf. Ich habe keine Lust, in dieser Hitze hier auf der Brücke zu sitzen und dahinzuschmelzen.«

»Ich kann nicht.«

»Du kannst. Es sind noch 6 Kilometer. Komm jetzt. Vielleicht finden wir noch eine Bar und etwas zu trinken hier in dem Ort.«

»Ich will nicht!«

»Hannes, ich gehe jetzt weiter. Entweder du kommst mit, oder du bleibst hier hocken. Wenn ich den Weg in ein paar Jahren noch mal laufen sollte, finde ich dich vielleicht als Skelett und Warnung an andere Pilger davor, sich nicht einfach in der brütenden Hitze niederzulassen, nur weil man auf einer Wanderung plötzlich keinen Bock mehr aufs Wandern hat.«

»Wanderung klingt voll omamäßig.«

»Meinetwegen. Komm jetzt, du Opa.«

Ich laufe weiter und höre, wie sich auch Hannes, vollgepackt, wie er ist, wieder aufrichtet und schlurfend weitertrottet.

Den restlichen Weg über reden wir nicht viel. Das erscheint uns bei der Hitze zu anstrengend. Sie ermattet uns so sehr, dass wir an nichts anderes als das Ankommen denken können. Und dann – endlich! – kommen wir an.

FREUNDE

»Zusammen ist man weniger allein.«

Villafranca del Bierzo (4. Oktober)

Bei unserem Weg quer durch Ponferrada müssen Hannes und ich mitten durch eine Gruppe von etwa zehn Jugendlichen, die alle auf ihre Art bedrohlich wirken. Eventuell hängt es damit zusammen, dass die Jungs der Gruppe allesamt mit mehr oder weniger großen Klapp- und Feststellmessern herumhantieren und sich uns dabei demonstrativ in den Weg stellen, sodass wir umständlich in Schlangenlinien um sie herumlaufen müssen. Mittels Blicken geben wir dem jeweils anderen zu verstehen, dass wir uns gerade sehr unwohl fühlen und einfach nur versuchen wollen, schnell aus der Situation auszubrechen. »Gleich hast du das Messer vor der Brust, und sie überfallen euch«, geht es mir durch den Kopf. Man hört häufig von Überfällen auf dem Jakobsweg.

An unserer kleinen spanischen Jugendgang kommen wir jedoch unbeschadet vorbei. Fast einen Kilometer lang schweigen wir uns beim Laufen an, bis es aus Johannes herausplatzt: »Scheiße, hatte ich gerade eine Angst!« Wahrscheinlich war es genau das, was die Jungs bezwecken wollten – nicht mehr und nicht weniger. Wir kriegen uns kaum ein vor Lachen und spinnen uns die skurrilsten Szenarien zusammen. »Ich habe die ganze Zeit überlegt, wie ich wohl diese ganze Truppe mit nur einem Schlag mit dem Pilgerstab ausschalten könnte«, feixt Hannes. »Du hättest dich währenddessen kratzend, beißend und um jeden Preis Haare ziehend auf die Mädels der Gang gestürzt«, denkt er die Geschichte weiter.

»Nichts da, ich hätte meine Grundkenntnisse im Kickboxen angewendet«, grinse ich und zeige ihm meine Faust.

»Oh ja, und am Ende, wenn sie alle blutüberströmt dagelegen hätten, hätten wir sie mit unseren Leukoplastvorräten gefesselt, dem Bürgermeister übergeben und wären daraufhin mit allen erdenklichen Ehren ausgezeichnet und sogar zu Ehrenbürgern Ponferradas ernannt worden. Ich hätte mir dann drei hübsche Spanierinnen als Ehefrauen aussuchen dürfen, die mich jeden Tag mit Weintrauben füttern müssten.«

»Okay, nicht mehr witzig«, entgegne ich, dennoch schmunzelnd. »Spanien ist kein Patriarchat. Du darfst dir genau eine Ehefrau aussuchen oder sie dich. Und die fütterst *du* mit Weintrauben.«

»Dann nehme ich die Hübsche, die gestern auch die Burg besichtigt hat, als wir dort waren.«

»Und was ist mit mir? Ich fühle mich da etwas vernachlässigt.«

»Willst du etwa die Frau sein, die ich mit Weintrauben füttere?«, gibt Johannes grinsend zurück und zieht fragend die Augenbrauen hoch.

Ich schüttle mich, um die Bilder, die automatisch in meinem Kopf entstehen, loszuwerden: »Auf gar keinen Fall. Ich meine, was ist mit mir? Werde ich nicht auch belohnt für meine Heldentaten?«

»Du bist ja schon Ehrenbürgerin Ponferradas.«

»Na und? Du doch auch!«

»Du hast doch deinen Daniel zu Hause.«

Ich antworte nicht. Die Trennung ist gerade einmal drei Monate her, und wirklich vollzogen haben wir sie noch immer nicht. Wenn man so will, wohnen wir noch zusammen, wenn auch aneinander vorbei. Die wenigsten Menschen aus unserem Umfeld wissen von unserer Trennung. Mit Ausnahme meiner besten Freundin. Sie war es, die ich als Erste anrief, als ich herausfand, dass mich der Mann, mit dem ich mehr als sieben Jahre lang liiert war, wieder einmal betrogen hatte. Ich konnte es nicht verstehen – und ich verstehe es auch jetzt noch nicht. Auf die Frage nach dem Warum antwortete er mir erst, als ich ihm die passenden Ausreden in den Mund gelegt hatte. Selbstschutz. Ich brauchte Antworten. Also erzählte ich ihm, dass es unausweichlich so kommen musste. Er brauche Aufmerksamkeit, Bestätigung, Feedback, Dinge, die ich ihm nicht geben konnte. Ich sei schuld an unserer Situation, weil ich ihn nicht genug geliebt hätte. Daniel nahm diese Sätze von mir dankend an, sog sie auf und wiederholte sie mantrisch. Ich bin mir sicher, nur kurze Zeit nachdem er sie das erste Mal gehört hatte, glaubte er selbst fest daran.

Als ich erfuhr, dass er mich erneut betrogen hatte, hatte ich sicher den zweitschlimmsten Nervenzusammenbruch meines Lebens – den schlimmsten hatte ich auf Gran Canaria, als es zum ersten Mal passiert war. Mit derselben Frau.

An diesem Morgen hatte ich meine Freundin Inga zu Besuch. Während ich den Frühstückstisch abräumte, wollte sie etwas am PC in unserem Arbeitszimmer nachschauen. Doch schon nach wenigen Minuten stand Inga wieder in der Küchentür, ihren kleinen Lederrucksack über der Schulter: »Ich muss los, der Bus kommt gleich.« Bevor sie ging, schaute sie mich aus großen, mitleidvollen Augen an und murmelte: »Vielleicht schaust du mal auf den Computer.«

Ich blieb noch einen Moment in der Küche stehen, unsicher, ob ich Ingas Rat befolgen oder ihn einfach ignorieren sollte, wissentlich, dass ich mich damit vermutlich selbst betrog. Doch dann verließ ich meine heile Welt. Über den Computerbildschirm hüpften Fotos von Daniel und mir. Langsam, fast wie in Zeitlupe, ließ ich mich auf dem Stuhl vor dem Schreibtisch nieder. Ich berührte die Maus. Sofort verschwanden all die Erinnerungen aus einer glücklichen Zeit, und es öffnete sich ein Facebook-Chat: »Hey, noch in Gießen? Bin am Sonntag für eine Woche in der Nähe. Lust auf ein Wiedersehen?«

Für einen Moment hörte ich auf zu atmen. Ich hatte so etwas erwartet, und doch traf es mich wie ein heftiger Schlag direkt auf den Brustkorb. Ein Druck legte sich wie ein dunkler, böser Schatten darauf und drohte mir die Luft abzuschnüren. Ich starrte auf den Bildschirm, las die Konversation und konnte ihre Stimmen dabei hören. Um mich herum brach alles zusammen, und ich schaute hilflos dabei zu, ohne es aufhalten zu können. Mein Herz raste, es schlug so laut, dass mir von dem Pochen in meinen Ohren der Kopf zu platzen drohte. Mit aller Kraft drückte ich mir die Hände auf die Ohren und hoffte, dass das Pochen so leiser werden würde, stattdessen wurde es immer lauter. Mein Herz hämmerte gegen meine Brust, als wollte es raus, als wollte es ausbrechen, weg von mir, weg von allem, nur allein sein.

Mein Blick fiel auf das Telefon, auf dem kleinen Metalltisch neben dem Schreibtisch. Katja! Ich rief Katja an, die beste Freundin, die sich jede Frau nur wünschen kann. Am Telefon schrie ich ihr Fetzen von dem entgegen, was ich gerade gelesen hatte. Während ich Daniel verfluchte, heulte und dabei hyperventilierte, keinen geraden Satz herausbekam und sie immer wieder nach dem Warum fragte, machte Katja sich schon auf den Weg zu mir.

Die Rosen, die Daniel mir an dem Wochenende zuvor geschenkt hatte, landeten voller Wucht mitsamt der Glasvase auf dem Schlafzimmerboden. Die Vase meiner Mutter zersprang in Hunderte kleine Scherben, und das Geräusch beim Zerbersten des Glases zerriss mir aufs Neue das Herz. Das Blumenwasser sickerte tief in unseren beigen Hochflorteppich vor dem Bett und hinterließ einen unschönen Fleck mit gelben Rändern, der noch heute zu sehen ist. Eine bleibende Erinnerung.

Ziellos lief ich in der kleinen Altbauwohnung umher, dann fing ich an zu schreien. Ich schrie die Demütigung und die Wut aus mir heraus, bis ich mir lächerlich vorkam und rief Daniel an. Zum ersten Mal in unserer Beziehung brachte ich ihm wirklich tiefen Hass entgegen. Die anderen Male waren es Ärger, Trauer, Unverständnis, aber dieses Mal war da dieses kalte Gefühl von Abscheu. Hass und Liebe liegen wirklich dicht beieinander: »Pack deine Sachen. Hau ab. Am besten kommst du nie wieder hierher. Komm nie wieder nach Hause. Ich will dich nicht mehr sehen, ich kann dich nicht mehr sehen.«

»Bitte, lass uns in Ruhe darüber reden. Es tut mir leid. Es tut mir so leid.«

Ich hörte ihm an, dass er es ernst meinte, in seiner Stimme schwang ehrliche Verzweiflung mit. Aber auch ich war verzweifelt: »Warum hast du das gemacht? Warum machst du alles kaputt? Machst uns kaputt? Warum tust du mir das an? Warum verletzt du mich so sehr?«, schrie ich ihm entgegen. Er blieb ruhig, ich hörte nur seinen unregelmäßigen Atem. Als ich nicht mehr schreien konnte, weil mir die Stimme versagte, fragte ich ihn noch einmal mit zittriger Stimme: »Warum?«

»Weiß nicht«, flüsterte er.

Mir wurde schwarz vor Augen. Das Zimmer um mich herum fing an sich zu drehen. Meine Beine fühlten sich wie Gummi an, konnten mich nicht halten. An der Schlafzimmerwand sank ich hinab, bis ich zusammengekauert und schluchzend mit mascaraverschmiertem Gesicht auf dem Dielenboden lag. Als ich tränenleer nur noch ausdruckslos die gegenüberliegende Wand anstarrte, stand ich auf und ging ins Bad, um mir das gerade Erlebte vom Körper zu waschen. Wie paralysiert zog ich meine Kleider aus, stieg in die Badewanne und drehte den Hahn auf. Das Wasser fühlte sich gut an, als würde das kühle, sanfte Nass einen Schutzfilm um mich legen. Einige Minuten stand ich bewegungslos unter dem Wasserstrahl. Dann überkam mich die Übelkeit. Ich stolperte aus der Wanne. Verletzlich wie ein Kind hing ich klitschnass, mit tropfenden Haaren, nackt über der Toilette.

Als ich mich aufrichtete, fiel mein Blick auf das rotfleckige Gesicht mit den traurigen grünen Augen im Spiegel. Schnell wandte ich mich ab, konnte mich nicht ansehen, ohne mir wieder Fragen zu stellen. In diesem Moment öffnete sich die Badezimmertür, und Daniel kam auf mich zu. Er schloss mich in seine Arme: »Es tut mir leid. Ich war dumm! Bitte.« Ich konnte mich nicht aus der Umarmung lösen. Versuchte es gar nicht erst, denn ich hatte einfach keine Kraft mehr. Als er losließ und mich aus seinen feuchten, haselnussbraunen Augen ansah, schob ich mich an ihm vorbei aus dem Bad. Er griff nach meiner Hand, aber ich wich ihm aus, bat ihn, mich in Ruhe zu lassen: »Respektiere das bitte. Respektiere mich nur dieses eine Mal. Ich kann jetzt nicht mit dir reden. Bitte geh einfach.«

»Bist du noch da, wenn ich wiederkomme?«, fragte er.

Ich zuckte die Schultern. Dann ging er.

An diesem Abend redeten Daniel und ich bis in die frühen Morgenstunden. Ich erklärte ihm, weshalb er mich wieder betrogen hatte, dass es meine Schuld gewesen sei, weil ich ihm nicht genug Liebe entgegengebracht hatte.

Während meiner Wanderung hier auf dem Jakobsweg habe ich angefangen, an dieser Erklärung zu zweifeln. Nicht ich bin schuld daran, dass er mich betrogen hat! Das war nicht unausweichlich vorgegeben. Ich habe ihn nicht dazu gedrängt. Es war einzig und allein seine Entscheidung. Die Worte habe ich ihm in den Mund gelegt, um mich zu schützen. Um mir die Demütigung des Betrogenwerdens zu ersparen. So, wie ich es damals in dieser und vielen weiteren Nächten hingedreht habe, hat nicht Daniel mich betrogen, sondern ich habe ihn dazu gebracht. Ich habe entschieden, dass es passiert. Ich werde nicht betrogen, mir kann so etwas nicht passieren. Mir nicht! Ich bestimme selbst, dass man mich hintergeht! In diesem Wort allein steckt schon, dass ich das gar nicht selbst bestimmen kann, aber das fällt mir erst heute auf.

Damals war die Sache klar für mich. Wenn ich jetzt darüber nachdenke, komme ich mir unfassbar dumm vor. Aus Eitelkeit habe ich diesen Wall um mich herum aufgeschüttet und mit einer meterdicken Mauer gekrönt. Ich wollte nicht die betrogene »Ehe«-Frau sein. Ich war emanzipiert, habe immer auf eigenen Beinen gestanden – mal mehr, mal weniger –, aber ich konnte mir nicht eingestehen, dass das, was wahrscheinlich für andere offensichtlich war, wirklich wieder passierte. Zur Eitelkeit kamen die offenen Wunden einer verletzten Seele und eines zerrissenen Herzens. Mit seinem Verhalten hat Daniel einen großen Teil von mir zerstört. Er tat es beim ersten Mal, als er mir mein Selbstbewusstsein nahm, er tat es zwischendurch, als er mir meine Fähigkeit zu vertrauen stahl, und er tat es bei diesem letzten Mal, als er mir endgültig den Boden unter den Füßen wegriss.

In den Wochen danach weinten wir viel, schrien uns an, lagen uns in den Armen und trösteten uns über das Unausweichliche hinweg. Es tat weh, aber meine Entscheidung war gefallen.

Als Daniel kurz nach der Trennung auf Geschäftsreise musste, bat ich ihn um Funkstille. Ich wollte allein sein, nachdenken, abwägen, ausloten, überlegen, mir darüber klar werden, wie es weitergehen sollte: mit mir, mit uns. In der Uni, vor meinen Arbeitskollegen, meinen Eltern und meinen Freunden spielte ich weiter die glückliche Freundin, die ich nach außen hin immer gewesen war. Wegen der geschwollenen Augen fingierte ich vor Kommilitonen sogar einen Anruf beim Arzt. Könnte das eine mögliche Allergie sein? Im Geschäft meiner Eltern und bei der Arbeit nahm ich Cetirizin: »Irgendwas blüht, wogegen ich ganz stark allergisch reagiere«, redete ich mich raus.

Wenn es mich überkam und ich bei der Arbeit die Tränen nicht mehr zurückhalten konnte, weil ich wieder diesen Chat vor meinem inneren Auge sah oder an glückliche Momente dachte, versteckte ich mich im Lager oder auf der Toilette. Ich wollte allein sein mit meinem Schmerz, wollte nicht, dass meine Mutter oder sonst jemand sah, wie ich litt. Keiner sollte sich Sorgen machen, niemand sollte meine Schwäche sehen, ich wollte kein Mitleid.

Daniel und ich hielten das selbst auferlegte Kontaktverbot weitestgehend ein. Jeden Tag gelang es mir besser, mich mit einem Beziehungsaus zu arrangieren, auch wenn der Schmerz nach wie vor sehr stark war. Aber dazu kam dieses andere Gefühl. Ein Gefühl, als würde mir eine Last von den Schultern genommen. Es war, als könnte ich endlich wieder richtig atmen, als würde sich ein lange mit mir herumgetragener Schatten langsam lösen. Vielleicht war es Erleichterung? Mir gefiel der Gedanke an die wiedergewonnene Freiheit von Tag zu Tag mehr …

Johannes reißt mich aus meinen Gedanken: »Von wem lässt du dich gerade mit Weintrauben füttern? Das sieht nicht besonders glücklich aus«, stupst er mich mit dem Ellbogen in die Seite. Ich verziehe angewidert das Gesicht: »Jetzt hör doch mal mit deinem blöden Weintraubengefüttere auf.«

»Warum? Kickboxt du mich dann beiseite?«

»Wenn du nicht aufpasst, könnte das passieren.«

»Es wäre interessant herauszufinden, wie doll du zuhauen kannst«, überlegt er laut und pikst mir mit dem spitzen Finger in die Seite.

»Hey!«, rufe ich und knuffe ihm gegen die Schulter.

»Aua!«, antwortet er, erst erschrocken, doch dann wieder breit grinsend.

Als ich ihn anschaue, muss ich lachen. Mein Bild von dem jungen Bayer hat sich auf den vielen Hundert Kilometern, die wir schon gemeinsam gehen, in das völlige Gegenteil verkehrt. Die Zeit mit ihm ist so unbeschwert. Wir lassen einfach die Seele baumeln, spinnen herum, reden Blödsinn und machen uns genau darüber zusammen lustig. Mit Johannes fühle ich mich wie ein Kind, lebe in den Tag hinein, ohne an wichtige Entscheidungen denken zu müssen. Ich vergesse all die alltäglichen Sorgen, die jedem Einzelnen von uns viel zu sehr die Sicht auf die schönen Dinge im Leben vernebeln. Es ist wie in »S.O.S«, dem Song der Berliner Band MiA.: »Ich bin jung, ich bin frei, dabei nie ohne Sorgen, kann ich mir für einen Tag mal deine Sicht der Dinge borgen?«

Johannes borgt mir seine Sicht der Dinge.

In Cacabelos besichtigen wir die kleine Kirche am Ortsausgang. Hinter mir höre ich jemanden zischen: »Frag doch die da mal, Arne.«

»Warum muss ich denn fragen? Frag du sie doch«, entgegnet der junge Mann mit Namen Arne.

»Frag sie jetzt«, drängt der Ältere und deutet mit dem Kopf in meine Richtung. Johannes, der vor dem Altar steht und in meine Richtung schaut, runzelt die Stirn.

»Arne«, ruft der Alte jetzt laut durch die kleine Kirche.

»Ach Mann, Papa«, entgegnet der Jüngere entnervt, kommt aber mit einer Digitalkamera in der Hand schlurfend auf mich zu.

»Klar«, lächle ich, ohne die Frage abzuwarten, und nehme ihm die Kamera ab. Sein Vater kommt quer durch die Kirche gelaufen und ruft: »Hier vor dem Esel ist es gut. Frontal. Nicht von der Seite. Arne, komm her!« Der junge Mann blickt mich verschämt an und entschuldigt sich für seinen Vater, während ich ihm versichere, dass es kein Problem sei. Auch ich habe Eltern. Arne hat das hübsche Gesicht eines Mittdreißigers, mit silbergrünen

Augen und hohen Wangenknochen, aber auch die grauen Haare eines Mannes Ende fünfzig. Ich frage mich, ob sie wohl durch die Jahre mit dem anstrengenden Papa so grau geworden sind.

Die nächsten 7 Kilometer von Cacabelos nach Villafranca sind die reinste Tortur: Hügel rauf, Hügel runter, Hügel rauf, Hügel runter. Es gibt keine ebenen Wegstellen. Nach 3 Kilometern trennen Hannes und ich uns. Er läuft vor, und wir wollen uns direkt am Ortseingang von Villafranca wieder treffen. Das Gehen ist so mühsam wie schon lange nicht mehr. Jeder Schritt schmerzt, dabei hatte ich eigentlich gedacht, ich hätte meinen Laufstil, mein Tempo gefunden und mich dem Weg angepasst. Jetzt fühle ich mich zurückversetzt in die Pyrenäen, nach Roncesvalles und Zubiri. Bei jedem Schritt spüre ich ein Ziehen und Stechen in den Schienbeinen, begleitet von einem permanenten Druck. Der Schmerz treibt mir die Tränen in die Augen, und ich werde wütend. Wütend auf mich, auf meinen Körper, der nicht so kann, wie ich gerne will.

Bei jedem meiner Schritte klimpert etwas an meinem Rucksack, was ich nicht identifizieren kann, mich aber total nervös macht. Es ist wie ein Schrittzähler, der mich darauf aufmerksam machen soll, dass ich immer noch einen Fuß vor den anderen setze, obwohl ich in diesem Moment viel lieber frisch geduscht mit einem kalten Getränk in der Hand im Schatten unter einem Baum sitzen würde. Den Rucksack abzusetzen, um nachzusehen, kommt für mich nicht infrage. So ginge mir nur weitere kostbare Zeit auf dem Weg zu meinem Drink verloren, und außerdem will ich meinem Körper diese Pause einfach nicht gönnen. Zu enttäuscht bin ich von ihm, dass er mich einfach wieder im Stich lässt.

Stattdessen versuche ich hinter meinem Kopf zu ertasten, was das Geräusch verursachen könnte. Doch egal woran ich ziehe und welches Band ich erfolgreich verstaue, es klappert weiter.

Mit völlig verrenkten Armen versuche ich im Gehen meinen Rucksack vollständig zu umfassen, falls sich der Verursacher des Geräusches auf der Vorderseite befindet. Es will mir nicht gelingen, die Limone ist zu dick dafür. Also muss mein Pilgerstab als Verlängerung herhalten. Als wollte ich mir den Rücken kratzen, versuche ich mit dem Holzstab die Quelle des Klimperns zu finden. Als mir auch das nicht gelingt, schlage ich vor Wut mit dem Stab rechts und links an die Seiten meines Rucksacks. Es hilft nichts. Auf- und Abspringen ist meine letzte Hoffnung, und nachdem ich ein paarmal wie ein Flummi auf der Stelle gehüpft bin, macht es den Anschein, als sei das Geräusch verflogen. Leider hält diese Ruhe nur einige Schritte lang an. Als ich eine Senke hinabschreite, macht es wieder klick, klick, klick, als würde jemand im Takt gegen eine Metallflasche schlagen. Es ist zum Verrücktwerden. Ich bleibe auf der Stelle stehen und schreie mit geballten Fäusten den Ärger aus mir heraus: »Aaaaaahhhhh!« Hätte ich mir selbst von außen dabei zusehen können, ich hätte entweder unglaubliches Mitleid mit der armen Kreatur gehabt, die an einer schlimmen Nervenkrankheit leiden musste, oder hätte augenblicklich die Beine in die Hand genommen und wäre vor der wild gewordenen Psychopathin geflohen.

Beim Weiterlaufen rollt mir eine Träne über die Wange – nicht aus Traurigkeit, sondern vor Wut und Enttäuschung über mich selbst. Als ich an einem europäisch aussehenden Mann und seiner asiatischen Begleitung vorbeilaufe, wünsche ich ihnen trotz meiner miserablen Gefühlslage ein »Buen Camino«, bekomme aber keine Antwort.

»Hallo?«, fahre ich die beiden an und baue mich vor ihnen auf, was mich gerade einmal so groß wie die kleine Asiatin werden lässt: »Auf dem Camino wünscht man sich einen guten Weg. ALLE wünschen sich hier gegenseitig einen guten Weg. Schon mal daran gedacht, einem anderen Pilger zu antworten, wenn der

Ihnen den Pilgergruß zukommen lässt? Haben Sie keine Manieren? Keinen Anstand?«

Die Asiatin hebt zum Schutz die Hände vors Gesicht, wohl unsicher, ob sie vor mir Angst haben müsste. Sie trägt einen Wanderhut mit seitlichem Sonnenschutz. Es sieht aus, als würde sie Scheuklappen tragen, was mich noch mehr verärgert: »Sie wollen ja aber anscheinend gar niemanden sehen auf dem Weg. Dann geht man einen anderen Weg, aber eben nicht den Camino!«, werfe ich den beiden an den Kopf, mache auf dem Absatz kehrt und laufe weiter. Die beiden stehen noch immer wie angewurzelt da, ich kann keinen Schritt vernehmen, spüre aber die Blicke in meinem Rücken.

Als ich mich von ihnen abwende, tut mir das Gesagte schon wieder leid, sodass ich nach wenigen Metern meinen Schritt verlangsame und letztlich stehen bleibe. Es ist mir schrecklich peinlich, und ich verstehe nicht, was da in mich gefahren ist. Während ich mich zu ihnen umdrehe, breite ich entschuldigend die Arme aus und zucke die Schulter: »Es tut mir leid!« Die beiden mustern mich aus der Ferne. Stille! Niemand sagt etwas. Keinen Schritt gehen wir aufeinander zu. Nach einigen Sekunden, die mir endlos vorkommen, rufe ich noch einmal: »Entschuldigung! Es war nicht so gemeint.« Der Mann und seine Begleitung schauen sich an, er flüstert ihr etwas zu, was unnötig ist, da ich ihn auch in normaler Lautstärke aufgrund unseres Abstandes nicht verstanden hätte. Als würde er sich einen Ruck geben, umfasst er seine Schultergurte, nickt seiner Begleitung zu, und sie marschieren in meine Richtung. Vor mir bleiben sie stehen. Sie den Kopf gesenkt. Ich schaue ihn erwartungsvoll an, während er mich mustert: »Erst denken, dann reden! So was soll helfen.«

»Ich werde es mir merken«, entgegne ich.

»Gut«, nickt er.

»Friede?«

»Friede!«

»Buen Camino?«, frage ich.

»Buen Camino«, antwortet er, und ich glaube ein Schmunzeln um seine Mundwinkel erkennen zu können. Dann drehe ich mich um, laufe los und ziehe trotz der Schmerzen mein Tempo an, um möglichst schnell wegzukommen von diesem Ort der Pein(lichkeit). Den Rest des – nur noch recht kurzen – Weges denke ich nicht weiter an meine Beine, sondern bewundere die Natur um mich herum, die herrlichen Weinberge des Bierzo. Am Ortseingang von Villafranca wartet Johannes auf mich.

»Na endlich!«

»Ich hatte einen kleinen Disput mit einem Pilgerpärchen.«

»Was?«, runzelt Hannes die Stirn, steht vom Boden auf und klopft sich den Staub von der Hose.

»Ach, vergiss es, ich habe wild herumgebrüllt, auf meinen Rucksack eingeschlagen und letztlich zwei Pilger beschimpft und angeschrien. Alles ganz normal also.«

»Is' klar«, antwortet er schulterzuckend.

Wir machen uns auf den Weg hinunter ins Dorf. Dabei kommen wir an zwei Pilgerherbergen vorbei: der kirchlichen und der familiengeführten Unterkunft Ave Fenix. Hannes und ich wollen aber in eine Herberge mit Pool weiter unten im Dorf. Gestern in Ponferrada hatten wir von einem jungen Spanier einen Zettel mit Werbung für die Herberge in die Hand gedrückt bekommen und beschlossen, dort heute zu nächtigen. Nun heißt es also, den Hügel hinab ins Tal zu steigen und nach der Superherberge Ausschau zu halten. Dort, wo die Herberge sein sollte, finden wir nur ein ausgebranntes Gebäude, also suchen wir weiter. Mit schmerzenden Füßen und Knien schleppen wir uns durch das Dorf. Die Herberge aber finden wir nicht. Als wir endlich auf eine Passantin mit Rollwägelchen treffen, frage ich nach der Herberge, aber sie schüttelt nur den Kopf: »No se!«, »Keine Ahnung!«

»Ich will nicht in die andere Herberge«, jammert Hannes und meint damit Ave Fenix, denn in seinem Wanderführer ist die Herberge als dreckig und voller Bettwanzen beschrieben.

»Wir finden schon noch die Richtige«, antworte ich und muss mich sehr bemühen, dabei überzeugend zu klingen. Da entdecke ich einen jungen Spanier, der an einer Straßenlaterne lehnt und telefoniert. Ich stürme auf ihn zu. Er unterbricht sein Telefonat, und ich frage ihn nach der Herberge. Er deutet auf das Gelände mit dem ausgebrannten Gebäude darauf: »Da könnt ihr nicht übernachten. Die Herberge ist abgebrannt.« Jetzt erkenne ich die Tafel über dem Eingang: »Refugio« ist darauf zu lesen. Der Brand kann nicht lange her sein, aber er hat ganze Arbeit geleistet. Die rußigen Balken des Dachstuhls eines der beiden Häuser auf dem Gelände erwecken den Anschein, als würde sie noch immer vor sich hin kokeln. Die einst weißen Wände sind schwarz und rußig, und das Feuer hat an vielen Stellen Löcher in den Putz gefressen.

»Vor ein paar Tagen ist sie abgebrannt. Dabei hat sie erst vor zwei Monaten wiedereröffnet. Der Besitzer und seine Frau mussten sie restaurieren lassen, weil sie Anfang des Jahres schon einmal abgebrannt war.«

»Das ist ja schrecklich!«

»Das bedeutet ihren finanziellen Ruin. Die beiden haben so viel Geld in den Wiederaufbau gesteckt, und jetzt haben sie keine Existenzgrundlage mehr.«

Hannes, der mich entgeistert anguckt und nicht versteht, was der Spanier sagt, übersetze ich kurz, was hier passiert ist. Dem Spanier fällt währenddessen sein Gesprächspartner am Telefon wieder ein, von dem er sich erst einmal verabschiedet.

»Wieso brennt die denn zweimal ab?«, fragt Hannes ungläubig. Ich gebe die Frage weiter.

»Die beiden haben damals von Brandstiftung gesprochen, aber das hat niemand so recht geglaubt. Jetzt ist es wieder passiert.

Vielleicht haben sie also recht? Das Geschäft mit den Pilgern ist hart umkämpft. Ein weiteres Mal können sich die Eigentümer die Restauration jedenfalls nicht leisten. Sie können von Glück reden, dass ihnen selbst bei dem Brand nichts passiert ist.«

Wir verabschieden uns von dem Spanier, der sofort wieder am Telefon hängt, und werfen einen letzten Blick auf unsere Wunschunterkunft, bevor wir den Hügel wieder hinaufkraxeln.

»Mir tut alles weh«, jammert Hannes und stolpert über das Kopfsteinpflaster.

»Geht mir nicht anders. Ich möchte mal wissen, was dein Schutzengel dazu sagt, dass uns die Herberge abgebrannt ist.«

Sichtlich genervt von meiner Frage antwortet Hannes zähneknirschend: »Du wirst schon sehen, es wird schon seinen Sinn haben, dass wir in die andere Herberge müssen.« Ich habe keine Lust mehr, darauf zu antworten, bin viel zu müde dafür.

Als Johannes und ich endlich in der Herberge eintreffen, an der wir vor gut einer Dreiviertelstunde schon einmal vorbeigelaufen sind, bezahlen wir unsere Unterkunft, lassen uns den Stempel in den Pilgerpass drücken und uns unser Bett zeigen. Heute schlafen wir in getrennten Schlafsälen. Wie in Foncebadón gibt es auch hier Männer- und Frauenschlafsäle. An dem Brunnen im Innenhof entdecken wir drei Mäuse, die sich über ein Stück Schwarte hermachen. Johannes boxt mir mit dem Ellbogen in die Rippen: »Siehst du! Wie es im Pilgerführer steht. Hier ist es schmutzig, und es gibt Ratten und Bettwanzen.«

»Das sind Mäuse!«, widerspreche ich, aber mir wäre es momentan auch völlig egal, wenn es Ratten wären. Hauptsache, ich habe ein Bett – und auf selbigem mache ich erst einmal einen zehnminütigen Powernap, bevor ich meine Wäsche zusammensuche und zum Waschplatz hinunterschlendere.

Ich weiß gar nicht, was der Autor von Hannes' Pilgerführer an der Herberge auszusetzen hat. Dem ersten Eindruck nach finde ich sie sehr idyllisch. Sie hat ein wenig was von einer alternativen Kommune, so wie ich sie mir vorstelle, und ist zudem noch sehr gemütlich. Alles ist hier aus Holz – mit Ausnahme der Doppelstockbetten, die haben ein Metallgestell. Der Boden im Schlafraum und auf der vorgelagerten Veranda knarrt herrlich, wenn man ihn betritt. Im Schlafraum selbst duftet es nach Zedernholz. Die Terrasse ist wie das Gebäude aus großen naturbelassenen Steinen zusammengemauert: der Baustil dieser Gegend. Sie lädt mit ihrem riesigen Holztisch zum Ausruhen und Verweilen ein. Von hier aus kann man auf den wunderhübschen Garten schauen: Sonnenblumen, Kornblumen, blühender Oregano und andere Spätsommergewächse entfalten ihre volle Pracht in den Beeten, dazwischen liegen alte Pflanzenkübel, Amphoren, Tonkrüge und -scherben. Ein verträumtes Örtchen, dieses Ave Fenix.

Auch Arne und Jürgen sind in dieser Herberge abgestiegen. Sie erzählen Hannes und mir, dass sie heute ihre erste Etappe gelaufen sind, nachdem sie gestern in Madrid und dann in Ponferrada angekommen waren. Das Vater-Sohn-Gespann aus Papenburg ergänzt sich großartig. Sie liefern eine tolle Show aus dem realen Leben und erinnern mich irgendwie an Indiana Jones und Papa Henry. Beide wissen es jeweils besser – vor allem natürlich Jürgen, wovon Arne zusehends genervt ist.

Als ich mich meiner Mani- und Pediküre widme, wird Jürgen nervös: »Wir haben keine Nagelschere mitgenommen, Arne! Wie soll ich denn so bis nach Santiago laufen?«

»Mit den Füßen, Papa.«

»Weißt du, wie viele Kilometer das sind?«

»Das sind knapp 200 Kilometer.«

»Wie soll ich das denn laufen? Meine Zehennägel sind zu lang. Bergab stoßen sie immer vorne an die Innenseite meiner Schuhe. Weißt du, wie weh das tut? Wieso hast du denn nicht an eine Nagelschere gedacht?« Bevor Arne antworten kann, schiebe ich

Jürgen mein Nageletui über den Tisch: »Bedien dich! Da ist alles Nötige drin.« Jürgen nimmt das Etui dankend entgegen und macht sich gleich mit Nagelschere und Feile über seine Fußnägel her. Arne starrt mich währenddessen mit offenem Mund an. Auch Johannes rümpft angewidert die Nase, und es klingt, als würde er Würgegeräusche unterdrücken.

»Ist das dein Ernst?«, fragt Arne an mich gewandt, als er die Fassung wiedergefunden hat.

»Siehst du doch«, gebe ich zurück und deute auf seinen Vater, der mit meiner Feile den Dreck unter seinem Großzehennagel hervorpult.

Niemals hätte ich so etwas am Anfang dieser Reise getan. Aber der Camino verändert mich. Mir wurde schon so oft auf diesem Weg geholfen, ungefragt, von allen Seiten, dass ich mich jetzt darüber freue, etwas zurückgeben zu können und so diesem witzigen Kauz das Gehen etwas zu erleichtern.

Ich ziehe mich zurück in den Mädchenschlafsaal, der inzwischen kein reiner Mädchenschlafsaal mehr ist, und treffe hier auf meine Zimmernachbarn. In dem Bett über mir schläft Julia, eine rothaarige Ungarin, die bereits in Villar de Mazarife mit mir in einem Zimmer geschlafen hat. In den unteren Betten rechts und links neben mir schlafen zwei Spanier, die auch erst vor einigen Tagen in León gestartet sind. Sie brüten über ihren Pilgerführern und rechnen schon jetzt aus, wann sie in Santiago ankommen müssten. Das Bett mir gegenüber hat ein attraktiver bärtiger Typ Anfang dreißig. Er tüftelt umständlich an seinem Rucksack herum und versucht wohl, Schulter- und Bauchgurte auf sich zu optimieren. Als er merkt, dass ich ihn beobachte, zwinkert er mir zu. Der Typ entspricht genau meiner klischeebehafteten Vorstellung eines kanadischen Holzfällers.

Das Pilgermenü ist ein besonderes Event. Die meisten sind begeistert, mir hingegen dreht sich der Magen um. Herbergsvater

Jesús bereitet die Paella persönlich vor unseren Augen zu – natürlich ist sie schon so gut wie fertig, aber er rührt mit großen Gesten den Reis in der riesigen Paellapfanne um. Eine nette Idee, allerdings kann man dabei auch beobachten, wie er auf der Suche nach einem Stück Huhn oder einer Muschel immer wieder mit den Händen im Reis herumfingert, um sie zu probieren. Die Finger landen beim Probieren selbstverständlich in seinem Mund, wo er sie genüsslich abschleckt, um zu signalisieren, wie köstlich die Paella sei. Anschließend wischt er die Finger – wie sollte es anders sein? – an seinem einst weißen T-Shirt ab. So bekommt das ohnehin schon völlig verdreckte Shirt mit seinem Gemisch aus gelben Schweißflecken, roten Flecken, die aussehen wie Tomatensauce, und Fingerabdrücken in sämtlichen Abstufungen verschiedener Schwarz- und Brauntöne zusätzlich noch ein paar gelbe Safranflecken – wobei es sich hierbei weniger um das Edelgewürz als vielmehr um das häufig verwendete gelbe Currypulver handeln dürfte.

Nach dem Essen hat Jesús noch eine besondere Überraschung für uns vorbereitet. Das Licht wird gedimmt, und es startet eine Queimada, eine galicische Feuerzangenbowle. Ein Zuckerhut wird auf eine Feuerzange gelegt, über einem großen Messingkessel mit Alkohol übergossen und angezundet. Anschließend schöpft Jesús die sich bereits in dem Messingkessel befindliche Flüssigkeit heraus und übergießt damit den schmelzenden Zuckerhut immer wieder aufs Neue. Dann kommt einer von Jesús' Helfern mit einer Schnapsflasche und übergibt sie dem Meister. Dieser präsentiert die Flasche seinem Publikum und lässt uns alle applaudieren, bevor er den Korken entfernt und mit dem Schnaps den letzten Rest des Zuckerhutes wegbrennt. Zum Schluss kommt noch unglaublich viel Honig in den Topf, bevor die Feuerzange entfernt und das Licht wieder eingeschaltet wird. Wir alle bekommen Tonbecher, die bis zum Rand mit der süßen, klebrigen Flüssigkeit gefüllt werden. Der selbst gebraute Zaubertrank ist aber einfach nicht meins, also stürze ich ihn mit einem zweiten Schluck schnell hinunter. Es schüttelt mich, als das Gebräu warm meine Kehle hinunterfließt.

Im Innenhof stehen Hannes, Arne und Jürgen mit zwei weiteren Pilgern zusammen. Martin aus Berlin ist um die vierzig, fast kahlköpfig und hat ein auffällig lautes Organ. Er trägt eine kantige dunkle Brille, die ihm immer wieder die Nase herunterrutscht. An einem Balken lehnt der kanadische Holzfäller aus meinem Schlafraum. Er heißt Benny, kommt aus der Nähe von Freiburg und ist Physiotherapeut. So viel zu meiner Holzfällertheorie. Wir quatschen über Berlin, Nord- und Süddeutschland sowie kulturelle Unterschiede. Nach einer halben Stunde etwa entscheide ich mich fürs Bett. Ich bin hundemüde, und am morgigen Tag liegt die schwierigste Etappe des Camino vor uns: über den Camino Duro, den »harten Weg«, und den O-Cebreiro-Pass hinauf in das gleichnamige Dorf auf dem Gipfel des Berges.

O Cebreiro (5. Oktober)

Ich nehme alles zurück! Ich habe dem Autor von Hannes' Pilgerführer Unrecht getan, als ich sagte, hier sei alles romantisch und top in Schuss. Ich konnte in der vergangenen Nacht gar nicht schlafen. Nachdem ich mich von den anderen verabschiedet und mich in meinen Schlafsack gekuschelt hatte, brannte noch ein kleines Licht am Türrahmen zum Schlafraum. Um besser einschlafen zu können, wollte ich noch die Kommentare der anderen Pilger, die sie auf dem Lattenrost des Bettes über mir hinterlassen hatten, lesen. Aber die waren wie in einem Horrorfilm. Ein Kommentar war schlimmer als der nächste: »Mäuse und Bettwanzen überall«, »Ratten in den Zimmern«, »Dreckige Bettwäsche mit Menstruationsflecken«, »Mir sind nachts Mäuse über das Gesicht gekrabbelt« und »This is the bed with the most bedbugs in this terrible albergue.«

Dann hat sich Julia, die Ungarin im Bett über mir, die ganze Zeit hin und her gewälzt. Das Bett hat so sehr gewackelt, dass ich vor meinem geistigen Auge eine Bettwanze nach der anderen herunterfallen sah. Überall hat es gekribbelt. Ich kroch weiter in meinem Schlafsack und schloss ihn so weit, dass nur ein winziger Spalt zum Atmen geöffnet war. Zwischen 1:00 und 2:00 Uhr nachts muss ich eingeschlafen sein. Meine angsteinflößenden Bettwanzeninvasionsträume, die vergleichbar waren mit dem Angriff des Brain Bugs im Film *Starship Troopers*, ließen mich aber regelmäßig wieder aufschrecken. Außerdem wurde ich jedes Mal wach, wenn einer der beiden Spanier aus dem Bett neben mir zum Rauchen vor die Tür ging. Dabei leuchtete er mir, während er sich sowohl Tabak und Filter zusammensuchte als auch seine Zigaretten drehte, immer mit seiner taghellen Maglite-Taschenlampe mitten ins Gesicht.

Beim Frühstück schlafe ich fast ein, und immer noch kribbelt es mir am ganzen Körper. Johannes und ich gehen gemeinsam los. Der Rest unserer Truppe vom gestrigen Abend ist schon auf dem Weg. Weit kommen wir nicht, da fällt mir auf, dass ich meinen Pilgerstab vergessen habe. Ich laufe zurück, während Hannes auf mich wartet. Meinen Stab lasse ich ganz sicher nicht hier. Schon den ersten Pilgerstab hat man mir am Flughafen abgenommen – zumindest ist er nie in Frankreich angekommen. Jetzt werde ich nicht auch noch den zweiten verlieren. Ich renne wieder in die Herberge. Mein Stab steht noch genau da, wo ich ihn abgestellt hatte, um meinen Rucksack aufzusetzen. Mit dem Pilgerstab gewappnet kann es nun losgehen. Auf zum Camino Duro!

Bis Hannes und ich bemerken, dass wir die falsche Abzweigung genommen haben und so nicht den harten Weg, sondern den ursprünglichen Camino entlangwandern, der genau neben einer Schnellstraße verläuft, ist es auch schon wieder zu spät, um umzukehren. In Hape Kerkelings *Ich bin dann mal weg* und in unzähligen Pilgerführern wird dies als eine lebensgefährliche Route beschrieben, die jedem Pilger den Angstschweiß auf die Stirn treibt. Es gibt kaum eine Möglichkeit, den rasenden Autos und LKWs auszuweichen, vor allem dank der fehlenden Leitplanken, die Pilger und Pkw voneinander trennen würden. Wir machen uns auf das Schlimmste gefasst. Nach einer halben Stunde, in der uns lediglich ein Auto entgegenkommt, erkennen wir die Gefahr: Es gibt keine. Das macht es uns unmöglich, nachher den leichteren Weg zu rechtfertigen. Seit dem Ausbau der Autovista sechs ist auf der Nationalstraße neben dem Camino fast nichts mehr los. Eine Leitplanke wurde auch gezogen, daher ist die Strecke zwar nicht die schönste, aber auch keineswegs gefährlich.

Auch nicht gefährlich, jedoch erschreckend ist der Fahrradpilger, der plötzlich penetrant hinter uns klingelt, sodass wir zur Seite springen. Dieser ist anders als die Radpilger, die uns bisher begegneten: Er ist weder auf einem Trekkingrad noch auf einem Mountainbike, sondern auf einem Stadtrad für Herren unterwegs, trägt keine Funktionskleidung, sondern ein kariertes Hemd, Shorts und Sandalen mit weißen Socken darin. Seine Klingel ist riesig und rot, und er hört nicht auf, sie zu betätigen. Beim Vorbeifahren grinst er uns an, winkt uns freundlich zu und ruft mit dem deutschesten Akzent, den das Wort überhaupt zulässt: »Graziaaaas!« Wir prusten los. Dieses Bild ist so unglaublich komisch. Kurz hinter ihm kommt ein zweiter Fahrradpilger angeradelt. Es scheint der Sohn des komischen Kerls zu sein. Er blickt uns peinlich berührt und mit entschuldigender Miene an.

Für Johannes und mich beginnt ein Fest, denn danach vergeht keine halbe Stunde, ohne dass nicht einer dem anderen zuwinkt und laut »Graziaaaas!« ruft. Den ganzen Weg bis ins zweieinhalb Stunden entfernte Trabadelo muss immer wieder einer von uns laut loslachen.

In Trabadelo lassen wir uns mit einem Café con leche auf einer Mauer nieder und genießen den weiten Blick ins Tal, das wir gerade durchwandert haben. Hier trifft der ursprüngliche Weg wieder auf den Camino Duro, und auch wir treffen auf Benny und Martin. Das Gesprächsthema Nummer eins ist natürlich, dass Hannes und ich uns angeblich absichtlich vor dem harten Weg gedrückt hätten und deshalb einer Urkunde in Santiago nicht würdig seien. Martin ist äußerst strikt in seiner Haltung – man könnte auch »albern« sagen, aber das sieht er selbstverständlich selbst nicht so. Benny und Martin kehren in die nächste Kneipe ein, um ein Wegbier zu trinken, während Hannes und ich uns auf den Weg Richtung O Cebreiro machen, unserem heutigen Etappenziel.

Nach 15 Kilometern kommen wir in La Faba an. Hannes will in dem kleinen Bergdörfchen bleiben, aber ich setze mich durch, und wir gehen allen Anstrengungen zum Trotz weiter hinauf nach O Cebreiro. Über La Laguna de Castilla geht es in Serpentinen einen so steilen Bergrücken hinauf, dass ich das Gefühl habe, mit der Nase beim Gehen bald den Boden zu berühren. Hannes lässt mich schon nach kurzer Zeit zurück, und ich ärgere mich über meinen doofen Vorschlag, weiterzugehen. Zuvor hatte uns bereits Martin überholt. Als ich um die nächste Kurve biege, versperrt eine Rinderherde die Straße am Berghang. Das Läuten der Kuhglocken konnte ich schon von Weitem hören, und nun stehe ich da vor einem Dutzend Rinder, die langsam und gemächlich den Berg vor mir hinauflaufen, dabei gelegentlich stehen bleiben, um einfach durch die Gegend zu schauen oder mit dem Schwanz ein paar Fliegen wegzujagen, die es sich auf dem breiten Kreuz der Tiere gemütlich gemacht haben.

Das Großstadtkind in mir meldet sich ganz deutlich zu Wort. Ich bleibe stehen, trete nervös auf der Stelle, traue mich nicht an die Kühe heran und erst recht nicht an ihnen vorbei. Ich habe noch nie so dicht ohne einen Zaun zwischen uns an diesen großen, massigen Tieren gestanden. »Okay, Kühe sind friedliebende Tiere, sie tun dir nichts«, sage ich mir in Gedanken immer wieder, nehme all meinen Mut zusammen und gehe ein paar Schritte auf die riesigen Viecher zu. Als ich neben der letzten Kuh, die den Abschluss der Herde bildet, angekommen bin, höre ich das vertraute Geräusch von Teleskopstöcken hinter mir: tack, tack. Tack, tack. Während ich mich noch umdrehe, steht Benny schon neben mir: »Na? Hast du Angst?«, fragt er mit ungläubigem Gesichtsausdruck.

»Was? Angst? Ich? Quatsch! Einfach nur Respekt«, winke ich ab und versuche möglichst gelassen zu klingen.

»Das ist gut«, sagt er und setzt seine Wanderung fort. Ich hefte mich wie ein Schatten an ihn und hoffe, dass er mich gesund und munter durch diese Tierschar bringt. Doch umringt von gefühlt hundert Kühen – es mögen etwa zehn bis fünfzehn sein –, zieht er sein Tempo an: »Bis gleich!«, ruft Benny, als er merkt, dass ich nicht Schritt halten kann, und lässt mich zurück. Ich schaue ihm nach, wie er sich in großen Schritten entfernt und der Abstand zwischen uns immer größer wird, als mich mit einem Mal eine Kuh von der Seite anrempelt. Ich gerate ins Taumeln, und reflexartig entweicht mir ein kurzer Aufschrei. Keine der Kühe interessiert das auch nur im Geringsten. Die, die mich angerempelt hat, scheint es nicht mal bemerkt zu haben. Sie trottet weiter, als wäre nichts gewesen. Was soll sie auch machen? Entschuldigen kann sie sich schlecht. Also gehe auch ich ohne Rücksicht auf Verluste weiter den Berg hinauf. Ich atme tief ein, schließe die Augen und laufe einfach stur geradeaus. Nach kurzer Zeit schon spüre ich wieder Weite um mich herum, die Luft ist klarer, die Kuhglocken läuten hinter mir, und auch die trottenden Hufe, die sich langsam, aber stetig auf dem Sand knirschend fortbewegen, höre ich nur noch in meinem Rücken. Ich habe es geschafft! Ich bin mitten durch die Kuhherde gelaufen. Mit einem Lächeln im Gesicht nehme ich die letzten zwei Kurven der Etappe.

Außer Atem und vollkommen verschwitzt trete ich auf die Kopfsteinpflasterstraße des lang herbeigesehnten Dorfes und sprinte die letzten 100 Meter zur Herberge. Mir fällt ein Stein vom Herzen, als der kleine, dicke Hospitalero erzählt, dass noch nicht einmal die Hälfte aller Betten belegt sei. In Gedanken habe ich mich schon weiterlaufen sehen, da es bereits kurz vor 16:00 Uhr ist. Martin, Johannes und Benny sitzen wie die Hühner auf der Stange auf einer Bank im Eingangsbereich, die Rucksäcke neben sich abgelegt, die Schuhe und Socken ausgezogen und die Beine von sich gestreckt. Auch sie sehen abgekämpft und geschafft aus. Aber jetzt mag ich mich noch nicht zu ihnen setzen. Mein rotes Top klebt an Brust und Rücken, und ich schwitze aus jeder Pore meines Körpers. Eine so anstrengende Etappe hatte ich noch nie zu bewältigen.

Nachdem ich mein Bett bezogen habe, mache ich mich auf den Weg in den Waschraum. Ich will jetzt unbedingt ganz lange und ausgiebig duschen. Etwas irritiert bin ich dann aber doch, als ich feststelle, dass die Unisexduschen in O Cebreiro weder Vorhänge noch Türen vor den Kabinen haben. Einer meiner Bettnachbarn aus Villafranca, der spanische Pilger, der selbst nachts alle Stunde eine Zigarette rauchen muss, steht nackt vor mir und natürlich schaue ich aus Reflex einmal von oben nach unten an ihm hinunter. Er grinst: »If you want to take a shower, you have to take your clothes off.« Ich löse mich aus meiner Starre und antworte kopfschüttelnd: »Ich dusche immer mit meinen Klamotten, so wasche ich sie gleich mit.«

Er grinst noch immer und macht natürlich keine Anstalten, das Bad zu verlassen, damit ich mich ausziehen kann. Bei meinem Glück kommt Johannes auch gleich auf die Idee, duschen zu wollen, also drängle ich mich an dem Spanier vorbei, denn duschen muss ich um jeden Preis, und schlüpfe schnell aus meinen Kleidern, um zu vermeiden, dass mir der kleine Bayer genauso gegenübersteht wie ich eben dem Spanier. Entgegen der ursprünglichen Überlegung, mindestens eine halbe Stunde zu duschen, beeile ich mich unterm Wasser, um die Chance, Johannes komplett entblößt zu begegnen, zu minimieren.

Als ich das Wasser abdrehe und mich abtrockne, höre ich jemanden vor den Duschräumen weinen. Ich stecke meinen Kopf aus der Kabine und sehe eine Pilgerin, die mir schon ein paarmal hier auf dem Weg begegnet ist. Ihren Namen kenne ich nicht. Zwei junge Frauen stehen bei ihr und versuchen sie zu trösten. Auch ich kann nicht einfach so an ihr vorbeigehen und frage, ob ich helfen könne. Eine der beiden anderen Pilgerinnen, mit tiefschwarzen langen Haaren, erklärt mir, worum es geht: »Es ist ihr unangenehm, dass sie so dick ist. Sie schämt sich und will nicht duschen, wenn andere sie dabei sehen können.« Sie tut mir leid, denn obwohl ich kein Übergewicht habe, weiß ich ganz genau, wie es sich anfühlt, sich für den eigenen Körper zu schämen. Ich überlege, wie man ihr helfen kann, und mir kommt plötzlich eine Idee: »Wir können doch einfach unsere Handtücher vor die Duschkabine halten, dann kann keiner reinschauen, so lange du duschst.« Die beiden Mädels sind sofort mit an Bord. Ich ziehe mir schnell Unterwäsche und ein T-Shirt über, sodass auch ich mein Handtuch als Sichtschutz verwenden kann. Zu dritt halten wir unsere Handtücher ausgebreitet vor eine der Duschen, sodass sich die Pilgerin ausziehen und anschließend unters Wasser kann. »Ihr müsst auch wegschauen«, sagt sie schluchzend, und wir anderen drehen unsere Köpfe weg. Wir warten, bis sie fertig geduscht und angezogen ist, dann ziehe auch ich mich an und mache es mir anschließend für ein kurzes Nickerchen in meiner Koje gemütlich.

Als ich aufwache, sitzt Hannes auf meiner Bettkante. Der kurze Schreck ist schnell überwunden, und wir quatschen ein wenig über Martin und Benny. Er weiß noch nicht so recht, wie er Martin einschätzen soll, von Benny hingegen ist er begeistert. Wären sie in einem Alter, könnten sie die besten Freunde sein, meint Johannes. Das Alter – vielleicht hat er recht. Im Alltag würde sich für die beiden vielleicht keine Plattform für eine tiefe Freundschaft finden lassen. Hier auf dem Jakobsweg aber spielt das Alter überhaupt keine Rolle. Ein gutes Beispiel dafür ist auch Edith. Sie ist eine wahnsinnig tolle Frau. Ich bin sehr gern mit ihr zusammen, denn wir haben viel Spaß miteinander und führen gute Gespräche. Im Alltag aber hätten wir uns vermutlich niemals kennengelernt, zumindest nicht angefreundet, weil es sich bei diesem Altersunterschied – sie ist mehr als doppelt so alt wie ich – einfach nicht ergibt. Hätten wir uns in einer Kneipe zufällig am Tresen getroffen und hätte eine von uns etwas Witziges zu dem Barkeeper gesagt, hätte die andere eventuell darauf reagiert, ihren Wein genommen und der anderen zugeprostet. Das wäre das sehr kurze Kapitel einer oberflächlichen Bekanntschaft gewesen. Hier haben wir schon viel voneinander erfahren, uns in besonderen Situationen erlebt und haben noch viel Zeit, uns besser kennenzulernen. Das Alter ist dabei vollkommen irrelevant. Bei dem Gedanken freue ich mich schon, Edith bald wiederzusehen.

Hannes fragt, ob er mit den anderen beiden Jungs ein Bier trinken gehen dürfe: »Ja, ja, jetzt bin ich wohl abgeschrieben«, scherze ich und finde es gleichzeitig unglaublich lustig und liebenswert, dass er mich um Erlaubnis bittet. Er will mich nicht verprellen, möchte nicht, dass ich mich ersetzt fühle. Natürlich »erlaube« ich ihm sein Bierchen unter Männern und mache derweil einen Rundgang durch das Dorf, welches aus der Kirche, der Herberge, zwei Souvenirshops, drei Restaurants und einigen Privathäusern besteht. O Cebreiro ist für seine Pallozabauten bekannt. Das sind runde, sehr niedrige Steinhäuser mit strohbedeckten Spitzdächern, die teilweise bis auf den Boden hinunterreichen. Es gibt nur in einigen Häusern nachträglich eingebaute Fenster. Ursprünglich hatten diese Wohnungen für Mensch und Tier nur eine breite Tür, durch die Luft und Licht hinein- und wieder hinauskamen. Die Pallozas gehen noch auf die Kelten zurück, die vor langer Zeit hier gelebt haben, der Baustil aber hat sich erhalten.

Mein spätes fruchtiges Mittagessen nehme ich etwas weiter abseits des Trubels auf einem kleinen Hügel in Herbergsnähe ein. Hier auf dem Gipfel stehen Holztische und -bänke. Ich setze mich auf einen der Tische, denn ich habe die Angewohnheit, lieber auf statt an Tischen zu sitzen, und genieße den wahnsinnig weiten Blick über die gelbgrünen Täler, die von der tief stehenden Sonne in ein warmes, gleißendes Licht getaucht werden. Jetzt bin ich in Galicien, der letzten der vier spanischen Regionen, durch die ich auf meiner Reise wandern werde. Nachdem ich meine Mahlzeit beendet und ein wenig vor mich hingeträumt habe, entdecke ich Nicole, die an einem anderen Tisch ebenfalls ganz allein sitzt. Ich winke ihr zu, und sie versteht dies anscheinend als Aufforderung, zu mir herüberzukommen. Und warum eigentlich nicht? Viel weiß ich nicht über die Dresdnerin, und ich habe Lust auf ihre Gesellschaft.

Nicole und ich sprechen über dic Arbeit. Sie ist Sachbearbeiterin in einer Bank, wo ich sie auf keinen Fall vermutet hätte. Wie ich ist auch Nicole allein auf dem Jakobsweg unterwegs. Sie vermisst ihren Freund, der zu Hause auf sie wartet. Beide haben sich bei der Arbeit kennengelernt. Nicole und ihr Freund führen eine offene Beziehung, sie haben also auch Sex mit anderen.

Wie das Ganze im Detail aussieht, erzählt sie mir nicht, und ich frage auch nicht weiter nach. »Später einmal wollen wir aber monogam zusammenleben, ohne dass andere Männer und Frauen eine Rolle spielen. Nur jetzt sind wir eben noch zu jung, und die Chance, dass wir uns dann irgendwann fremdgehen, ist viel geringer, wenn wir uns jetzt noch ordentlich austoben«, erzählt sie mir. »Ist das so?«, frage ich. »Man kann doch immer das Gefühl haben, etwas zu verpassen, auch wenn man schon viel ausprobiert hat. Kommt es nicht eher darauf an, ob man dem Gefühl dann nachgibt oder nicht?«

»Nein, später habe ich das Gefühl nicht mehr. Irgendwann ist das Verlangen gesättigt. Wir wollen ja auch Kinder haben und eine Familie gründen. Ich vermisse ihn.«

Ich glaube, Nicole vermisst ihren Freund wirklich sehr. So eine offene Beziehung, egal wie stark ausgeprägt, wäre wohl kein Modell für mich, dafür bin ich schlichtweg zu unsicher, und das nicht zuletzt wegen Daniels mehrfachem Betrug. Nachgedacht habe ich darüber schon; so bekäme Daniel das, was er will, also die Anerkennung anderer Frauen, und müsste mich nicht hintergehen. Ich frage Nicole, ob sie das Modell einem Paar empfehlen würde, wenn einer der beiden fremdgeht. Sie verneint: »Auf gar keinen Fall. Bei Polyamorie muss man sich blind vertrauen können. Hier ist absolut kein Platz für Eifersucht oder Misstrauen. Beide müssen das wollen. Betrügt dein Freund dich?« Ich nicke. Sie rümpft die Nase: »Ich glaube, wenn du deinem Freund nicht reichst und er dich deshalb betrügt, dann wird er dich erst recht nicht teilen wollen. Auch nicht dann, wenn es nur um Sex geht.« Wir sitzen noch eine Weile nachdenklich zusammen, dann verabschiedet sich die Dresdnerin, denn sie ist mit ein paar spanischen Jungs zum Essen verabredet. Unweigerlich schießen mir Gedanken und Bilder von Nicole und meinem spanischen Bettnachbarn von gestern durch den Kopf.

Von meinem Berg aus mache ich einen kurzen Abstecher über die Herberge und anschließend zum gemeinsamen Essen mit Martin, Hannes, Benny, Jakob, dem Dänen, und John, einem US-amerikanischen Professor. Das Essen in großer Runde ist witzig, und als John mich fragt, ob ich noch zur Schule gehe oder schon studiere, breche ich vor Lachen fast zusammen. Als ich ihm erzähle, was ich bisher gemacht habe und momentan alles mache, fragt der US-Amerikaner nach: »Wie alt bist du denn? Das hört sich an, als seist du so alt wie ich, aber du siehst nicht im Ansatz aus wie fünfundsechzig.«

»Was denkt ihr denn, wie alt ich bin?«, frage ich in die Runde und an Hannes gewandt: »Du sagst nichts, du weißt es ja.«

Benny zuckt die Achseln: »Achtzehn?«, fragt er. Martin ergänzt – natürlich laut rufend: »Ich hätte sechzehn gesagt, aber dem Lebenslauf nach zu urteilen: dreiundzwanzig.« Jakobs Lippen umspielt ein Lächeln, und er zwinkert mir zu: »Ich hoffe, einundzwanzig.« Als ich mein Alter preisgebe, sind alle erstaunt, und mir haben die vielen Komplimente gutgetan. Der Abend ist somit der perfekte Ausklang eines doch recht anstrengenden Tages.

Triacastela (6. Oktober)

Hannes, Jakob und ich sind gerade mit dem Frühstück fertig und überlegen, noch einen zweiten Café con leche zu bestellen, als Benny und Martin das Lokal betreten. Genau der richtige Zeitpunkt für mich, um das Weite zu suchen. Mir ist Martin mit seinem lauten Organ am frühen Morgen einfach zu viel. Es ist noch nicht richtig hell draußen und ich noch nicht wirklich wach. Also sattle ich meinen Rucksack, mache mich allein auf den Weg nach Triacastela und lasse Hannes und Jakob verdutzt dreinblickend zurück.

Heute merke ich nicht viel von den Anstrengungen des Laufens, obwohl es einige Höhenmeter zu überwinden, einige Steigungen und Abstiege zu bewältigen gibt. Der Alto do Poio liegt auf einer Höhe von 1.337 Metern. Von seinem Gipfel aus geht es die nächsten 12 Kilometer hinunter auf 650 Meter, dann ist Triacastela erreicht. Auf sandigen Wegen geht es durch dichte Wälder oder vorbei an saftigen grünen Wiesen, auf denen nicht selten Kühe weiden. Die spanischen Rinder sind fast immer braun, nur gelegentlich sieht man auch eine beigefarbene Kuh, aber schwarz-weiß gefleckte holsteinische Buntkühe, wie sie bei uns meist zu finden sind, habe ich hier noch nicht gesehen.

Kurz nach der Hälfte des Weges höre ich Rufe hinter mir: »Ey! Berlinerin! Warte mal!« Ich tue, als hätte ich die Rufe nicht gehört, und gehe weiter, ohne mich umzudrehen, denn ich ahne, wer da nach mir ruft. Aber er hört nicht auf: »Hey! Steglitz! Ich hab dich gerufen!« Steglitz nennt er mich, weil wir bei unserer ersten Begegnung darüber sprachen, aus welchem Teil Berlins wir kommen. Ich bin zwar in Wilmersdorf geboren und aufgewachsen, ging aber in Steglitz zur Schule, da meine Eltern hier im Südwesten Berlins ihr Geschaft besitzen und ich so nach der Schule bei ihnen sein konnte. Martin beschleunigt seinen Schritt, ich glaube, er rennt sogar, denn ich höre seinen Rucksack auf- und abhüpfen: »Blondie! Warte!« Okay, ich komme nicht mehr drum herum und drehe mich um, bevor der Typ noch den ganzen Camino zusammenschreit. »Hast du mich nicht gehört?«, fragt er, als er vor mir steht und wir zusammen weitergehen. »Rate mal!«, antworte ich ihm, aber er geht nicht näher darauf ein. Irgendwie ist es merkwürdig mit Martin. Wir unterhalten uns angeregt über viele verschiedene Themen. Es ist wirklich nett, aber kurze Zeit später zieht er wieder alles ins Lächerliche.

Es macht den Anschein, nichts sei ihm wirklich wichtig, als sei für ihn alles ein großer Spaß. Wie ein Vierzigjähriger verhält er sich absolut nicht. Meistens nennt er die anderen nicht bei ihren Namen, sondern erfindet herablassende Beschreibungen, die oftmals auch unerträglich sexistisch ausfallen können.

Als wir über Berlin sprechen, bewegen wir uns auf einer Wellenlänge. Wir reden über unsere Schulzeit, wie wir aufgewachsen sind, Lieblingsorte. Was er zu erzählen hat, ist durchaus interessant. Dennoch bin ich froh, als er nach einer guten Stunde kurz hinter Fonfría in einer Bar einkehren und ein Bier trinken will.

Kurz vor Triacastela steht zur rechten Seite des Weges ein riesiger, uralter Kastanienbaum. Er ist über achthundert Jahre alt und hat einen Durchmesser von 2,8 Metern. Was dieser Baum wohl schon alles erlebt hat? Wie viele Pilger in all den Jahren wohl an ihm vorbeigezogen sind? Was waren das für Menschen? Weshalb sind sie den Weg gelaufen? Was waren ihre Motive? Wie viele Pilger haben sich an diesem Baum niedergelassen, um sich auszuruhen, zu verschnaufen? Wie viele haben ihr Bocadillo unter ihm verspeist? Wahnsinn, wenn man darüber nachdenkt, welche Zeitalter dieser eine Baum schon mitgemacht hat.

In Galicien wird jedes Jahr vom 1. bis zum 11. November nach der Kastanienernte ein Fest zu Ehren der Frucht und des Feuers gefeiert. Hierbei werden die gerösteten Esskastanien überall in den Straßen der Dörfer verkauft. Meist wird dazu noch junger Wein und Chorizo angeboten. Letztere wird dabei zusammen mit den Kastanien über einem offenen Feuer geröstet. Seinen Höhepunkt findet das Magosto-Fest am Martinstag. Bereits vormittags schließen sich die Einwohner der verschiedenen Dörfer in Gruppen zusammen und wandern hinauf in die Berge, wo gemeinsam ein Lagerfeuer entzündet wird und Kastanien geröstet werden. Dazu gibt es Musik, Tanz, Wein und Wurst.

Nach einer Dusche, ausführlicher Fußpflege und einem halbstündigen Mittagsschlaf in meiner wunderbar sauberen Herberge mit dem schönen Namen Xacobeo kehre ich in das benachbarte Restaurant ein. Nach einer gefühlten Ewigkeit gibt es endlich wieder einen Salat zu essen. Ich hatte ganz vergessen, wie gut das schmeckt. Hannes und Benny leisten mir nach ihrer Ankunft in Triacastela Gesellschaft. Anschließend machen Benny und ich uns auf in einen Supermarkt, um Getränke und Knabbereien zu besorgen. Auf dem Weg dorthin treffen wir auf Martin. Er schließt sich uns an, und zu dritt plündern wir das kleine Lebensmittelgeschäft. Anschließend machen wir es uns auf einer Bank vor ihrer Herberge gemütlich, essen, trinken, quatschen und lachen.

Benny ist ein lieber Kerl und ein unglaublich angenehmer Zeitgenosse. Er ist wahnsinnig aufmerksam und interessiert und dabei sehr zuvorkommend. Er erzählt uns, dass er vor einigen Jahren wegen seiner Ex-Freundin in die Schweiz gezogen ist. Martin kommentiert das mit: »Fehler! Ganz großer Fehler! Niemals wegen einer Frau irgendwohin ziehen. Kann nur schiefgehen. Sieht man ja!« Aber Benny meint nach einem kurzen Lacher, dass er auch wahnsinnig viel dadurch gewonnen habe, von zu Hause weggegangen zu sein. Er habe neue Freunde und viele tolle Arbeitskollegen gewonnen, habe eine neue Stadt, eine andere Kultur kennengelernt. Er habe einen super Job, in dem er, anders als in Deutschland, wirklich wertgeschätzt werde. Der Beruf des Physiotherapeuten sei in der Schweiz durchaus anerkannt. Also warum denn eigentlich nicht so ein Abenteuer wagen? Dass mit der Ex hat vielleicht nicht geklappt, hätte es woanders aber vielleicht auch nicht.

Martin kann ich noch immer nicht einschätzen, und er wird mit der Zeit zunehmend anstrengend. Ich kann mich gut mit ihm unterhalten, und dann wird irgendwann doch alles, was er sagt, von »Titten« und »Ärschen« bestimmt. Er ist nicht doof, im Gegenteil, er wirkt intelligent und scheint über ein großes Allgemeinwissen zu verfügen, aber seine vulgäre Art ist fast unerträglich. Als ich noch überlege, ob ich einfach aufstehen und gehen sollte, kommt Edith vorbei. Sie ist heute in der staatlichen Herberge direkt neben der Kirche untergekommen. Jetzt möchte sie gerne einen Wein trinken gehen, also nutze ich die Gunst der Stunde und gehe mit. In der Bar Rio bestellen wir uns eine Flasche galicischen Rotwein, diskutieren kontrovers über Martin und unterhalten uns über all die Menschen, die wir bislang auf dem Camino kennengelernt haben.

Beim späteren Abendessen mit Johannes bespreche ich mit ihm die morgige Route. Wir suchen uns sogar schon eine schöne Herberge in Barbadelo aus unserem Reiseführer, in der wir uns morgen Nachmittag wieder treffen wollen.

Ab Sarria soll es voll werden auf dem Camino. Die galicische Ortschaft liegt 111 Kilometer vor Santiago und ist die letzte verkehrsgünstig gelegene Stadt vor dem 100-Kilometer-Stein in Brea. Um die Compostela, die Pilgerurkunde, zu erhalten, müssen die letzten 100 Kilometer des Camino zu Fuß zurückgelegt werden. Hat man zuvor auf den Bus oder einen anderen fahrbaren Untersatz zurückgegriffen, wird darüber hinweggesehen. Aber diese letzten 100 Kilometer sind Pflicht. Viele Reiseunternehmen haben sich diese Regel zunutze gemacht und bieten Gruppenreisen ab Sarria mit anschließendem Sündenablass an. Wobei der Erhalt der Compostela keinesfalls einem Ablass der Sünden gleichkommt. Marita, die flinke spanische Pilgerin aus Zubiri und Pamplona, hat mir erzählt, dass Jugendliche in Spanien eine höhere Chance auf einen Ausbildungsplatz oder eine Anstellung haben, wenn sie in ihrem Lebenslauf auch den absolvierten Jakobsweg aufführen können. Im August und September sind in Spanien Ferien, und so legen viele junge Menschen einen vier- bis fünftägigen Kurzurlaub ein, um in großen Gruppen, gemeinsam mit Freunden, die letzten Kilometer nach Santiago zu laufen.

Als ich schlaftrunken zurück in die Herberge torkle und in mein Bett falle, entdecke ich einen Bettwanzenbiss auf meinem Oberschenkel und sogar eines dieser fiesen Viecher, wie es auf meinem Rucksack herumturnt. In hohem Bogen fliegt die Wanze aus dem Fenster. Wenn ich wieder zu Hause bin, gehört der Rucksack mit all seinem Inhalt erst einmal unter Quarantäne gestellt. Eigentlich müsste ich jetzt einen Juckreiz am ganzen Körper verspüren, allein wegen des Ekels vor diesen kleinen Krabblern, aber selbst dafür bin ich zu müde. Ich kuschle mich in meinen Schlafsack und tauche sofort ab in das Reich der Träume.

Barbadelo (7. Oktober)

Das Alleingehen gibt mir unglaublich viel. Noch nie in meinem Leben war ich so lange einfach mir selbst ausgesetzt. Niemals zuvor musste ich mich so intensiv meinen Ängsten und Problemen stellen und mich mit mir selbst in all meinen Facetten auseinandersetzen. Aber auch nie zuvor war ich mir selbst so nah. Nie habe ich mich auch nur ansatzweise so klargesehen. Und momentan mag ich mich ganz gern. Ein schönes Gefühl, das mir schon manches Mal auf dem Weg begegnete und das mir andere auch widerspiegeln. Daher wandere ich beschwingt los auf meinem Weg nach Santiago und freue mich auf einen wunderschönen Tag mit mir.

Am Stadtrand sollten eigentlich zwei Jakobswegzeichen stehen: eines, das auf die längere Route über das Kloster nach Samos führt, ein anderes, das den direkten Pfad anzeigt. Es ist aber weit und breit nur ein einziges Schild zu sehen, und das zeigt links die Straße hoch. Also schlage ich diese Richtung ein. Der Weg wird sich wohl doch erst an späterer Stelle teilen. Nach einigen Hundert Metern kommt mir eine ganze Gruppe Pilger entgegen. Sie laufen mich fast um, sodass ich von den etwa fünfzehn Menschen quasi rückwärts wieder mitgerissen werde. Ich komme mir vor, als würde ich allein versuchen, gegen eine Horde wild gewordener Demonstranten anzugehen. Zwischen zwei Pilgern hindurch nehme ich ein Schlupfloch und kann mich so aus der Gruppe befreien. An ihnen vorbei laufe ich weiter meines Weges, als ich eine mir wohlbekannte Stimme vernehme: »Falsche Riiiiiichtung, Madame.« Ich blicke auf, und mir leuchten schon ihre feuerroten Haare entgegen. Nicole packt mich an Arm und Rucksack, dreht mich im Vorbeigehen einmal um die eigene Achse und zieht mich mit sich: »Willst du zu der Kirche?«

»Kirche?«

»Na, dahin, wo alle Kulturheinis hinwollen. Oder willst du auch die kürzere Strecke gehen? Also wir gehen die kürzere Strecke, Benny und ich. Ich lauf keinen Kilometer, den ich nicht laufen muss.«

»Ach so. Ja …, nein …«, stammle ich etwas verwirrt. »Ich wollte auch die kürzere Strecke nach Sarria nehmen und nicht das Kloster besuchen.«

»Wieso denn jetzt Kloster? Bist du eine Nonne, oder was?«, lacht die Dresdnerin laut.

»Samos? Das Kloster? Da, wo die ›Kulturheinis‹ hinwollen?«, frage ich.

»Kloster, Kirche, Koppel, alles das Gleiche. Nonnen, Priester und unzüchtige Jungs!«, lacht Nicole ein schrilles Lachen.

»Kapelle?«, frage ich.

»Was?«

»Du meinst vermutlich eine Kapelle, keine Koppel.«

»Von mir aus auch das«, gibt sie grinsend zurück. Benny, die Hände fest an seine Schultergurte geklammert, trottet gedankenverloren neben ihr her. Ich versuche Nicole ein Lächeln entgegenzubringen, befürchte aber, dass es mir nicht ganz gelingt und mein Gesicht eher wie das eines zerknitterten Mopses aussieht. »Danke!«, sage ich.

»Wofür?«, fragt Nicole.

»Ich wäre vermutlich die falsche Strecke bis zum Kloster gelaufen, bevor mir aufgefallen wäre, dass ich den Umweg gehe. Das kenne ich schon. Habe so was schon hinter mir.«

»Bist du hier schon mal gepilgert?«

»Nein, das war ganz am Anfang an einem der ersten Tage auf dem Weg. Da habe ich auch erst gemerkt, dass ich einen Umweg genommen habe, als ich an einer alten Ruine ankam.«

»Dafür hast du ja jetzt mich«, antwortet die toughe Dresdnerin und zwinkert mir zu.

Als ich Benny frage, wie das gemeinsame Essen in der Herberge gestern Abend war, denn Benny und Martin wollten mit den anderen Pilgern in ihrem Refugio kochen, lacht Nicole scheinbar grundlos los: »Es war so witzig, nicht wahr, Benny? Das Essen war soooo gut und der Abend danach noch soooo lustig.« Auch Benny sagt irgendetwas, was ich jedoch nicht verstehen kann, weil Nicole schon wieder aufgeregt loskichert und ihm ins Wort fällt: »Du bist so lustig.« Okay, denke ich mir, ich spiele hier anscheinend gerade ganz gewaltig im falschen Film mit. Wir unterhalten uns – möglichst ungezwungen – weiter. Irgendwann macht Benny uns darauf aufmerksam, dass wir die Straßenseite wechseln müssten. Nicole nutzt ihre Chance: Sie packt ihn am Arm, streicht mit einer scheinbar unbewussten Bewegung darüber und sagt: »Zum Glück haben wir dich dabei. Wir wären jetzt sicher schon wieder totaaaal falsch gelaufen.« Sie zwinkert mir zu. Ich muss hier unbedingt weg. Wie kann sie denn so etwas sagen, während wir etwa zwanzig anderen Pilgern beim Überqueren der Straße folgen? Nicole bekommt das Grinsen kaum aus dem Gesicht und lacht bei jedem von Bennys Worten.

Ich amüsiere mich köstlich bei diesem Schauspiel, kann mir das Ganze aber nicht lange mitansehen. Nicole, die immer wieder subtil Bennys Nähe sucht, und der bärtige Freiburger, der das Balzverhalten der Gegenseite überhaupt nicht wahrzunehmen scheint – fantastisch. Die Dresdnerin mit den schwarzen Hotpants ist mir sicher nicht böse, wenn ich sie schnell wieder mit dem Objekt ihrer Begierde allein lasse. Also gesagt, getan. Es geht einen Anstieg hinauf, und ich nutze den Moment, um mich von den beiden Turteltauben zu verabschieden, da ich schneller laufe als sie. Sie können meine Abwesenheit bestimmt gut verkraften und sich derweil intensiver über den »lustigen« gestrigen Abend austauschen. Die Studie zu weiblichem Balzverhalten muss ich also bei einer anderen Gelegenheit fortsetzen.

Meine Gedanken kreisen heute um Umwege. Normalerweise nehme ich in meinem Leben nie den direkten Weg. Aber all meine Umwege haben mich letztlich hierhergebracht, und wer weiß, wo sie mich noch hinführen werden. Es geht einzig und allein darum, sich zu entscheiden, und heute entscheide ich mich ausnahmsweise für den direkten Weg. Mal sehen, wo er mich hinführt und wie weit diese kleine Entscheidung vielleicht in meine Zukunft hineinreichen wird.

Kurz vor Sarria treffe ich auf Hannes. Wir beschließen, in dem Ort gemeinsam einen Kaffee zu trinken, und kaufen uns in einer grandiosen Pastelería noch je drei verschiedene Plunderstücke. Mit dem Kaffee und unserem Gebäck nehmen wir auf der Terrasse der Konditorei Platz. Diese kleinen Kuchen schmecken so überragend, und ich genieße jeden Biss in die klebrige, zuckrige Masse. Zu Hause hätte ich vermutlich auf den Kuchen verzichtet, hier aber liebe ich diese Sünde. Wir sitzen bestimmt eine Stunde vor dem Café, beißen genüsslich in die saftigen süßen Teilchen, sodass uns die Puddingfüllung aus den Mundwinkeln quillt, wir unsere Nasenspitzen in Puderzucker tauchen, einen Oberlippenbart aus Zuckerguss tragen, und schauen dem munteren Treiben auf dem Camino zu.

Die Casa de Carmen in Barbadelo ist eine traumhafte Herberge mit einem riesigen Garten, in dem Liegen und Gartenstühle zwischen prächtigen bunten Blumen stehen. Acht bis zehn Leute passen in einen Schlafraum, es gibt einen sehr gemütlichen Aufenthaltsraum und sogar einen Getränkeautomaten mitten im Garten, der neben Bier auch Erfrischungsgetränke enthält. Nach einer ausgiebigen Dusche und einem Rundgang gemeinsam mit Arne und seinem Vater über das Gelände kommen auch Johannes, Benny, Jakob und Martin an. Letzterer hatte sich kurzfristig umentschieden und doch nicht den Weg über Samos genommen. Jetzt muss ich ihn wohl noch einen Tag länger ertragen, aber so viel, wie er prahlt, wird er morgen wohl »endlich mal wieder 40 Kilometer am Stück laufen und nicht diese Muschistrecken von unter 30«. Edith war auch bereits eingetroffen. Den Nachmittag verbringen wir alle im Garten, machen es uns jeweils zu zweit auf einer der breiten Liegen gemütlich und schnacken über Gott und die Welt. Benny quetscht sich neben mich, und gemeinsam verleben wir einen albernen, aber schönen Nachmittag bei großartigem Wetter. Die Sonne scheint uns ins Gesicht und zaubert wie von selbst ein Lächeln darauf. Der Himmel ist strahlend blau, und nur ab und zu zieht mal eine flauschige Schäfchenwolke vorbei.

Um 19:00 Uhr machen wir uns auf in das hauseigene Restaurant zum Pilgermenü. Wein- und Wasserkaraffen stehen auf den Tischen und werden immer wieder aufgefüllt. Das Drei-Gänge-Menü ist einfach, aber köstlich. Ich esse schon wieder hemmungslos zu viel, aber ich kann mir in diesem Moment kaum etwas Schöneres vorstellen, als mit diesen wundervollen, so unterschiedlichen Leuten zusammenzusitzen und mir den Bauch vollzuschlagen. Dieser Moment fühlt sich an wie das pure Leben, das sich mit allen Sinnen genießen lässt.

Zwischen Hauptgang und Dessert kommt die Hospitalera in den Raum. Sie hält die Einlegesohle eines Wanderschuhs in die Höhe und fragt, wem die gehöre: »Diese hier konnte ich retten, die andere hat unser Hund noch im Maul und rückt sie auch nicht wieder raus, da kann ich machen, was ich will.« Wir lachen und blicken uns um. Niemand reagiert. Sie hält die Schuhsohle noch einmal hoch und fragt mit ihrem spanischen Akzent: »Meindl?« Es dauert einige Sekunden, bis ich verstehe, dass der niedliche, riesige Hund da draußen gerade genüsslich meine Einlage verspeist und meine Schuhe wahrscheinlich gleich mit, während ich hier drinsitze und über den wuscheligen Racker mit dem ausgeprägten Spieltrieb lache.

Erschrocken springe ich auf, mein Stuhl kippt nach hinten um, aber ich flitze an der Hospitalera, der ich im Vorbeirennen meine gerettete Einlage entreiße, vorbei nach draußen. Der zottelige große Hund liegt vor dem Eingang zu unserer Herberge und kaut genüsslich auf meiner Einlage herum: »Nein, nicht doch. Sei brav. Gib mir die Einlage«, versuche ich ihn mit Worten und leichtem Zerren an der Sohle in seinem Maul zu überzeugen. Vergeblich! Er nimmt es wohl als Aufforderung zu spielen und zerrt noch kräftiger an der Einlage herum. Ich lasse sofort los, schnappe mir aber stattdessen schon mal meinen Schuh, der zwischen seinen Beinen liegt. Ich habe keine Ahnung, wie ich an diese Einlage kommen soll. Meine Schuhe stelle ich erst einmal in den Aufenthaltsraum unserer Herberge und verschließe die Tür, ohne meinen zotteligen grau melierten Freund aus den Augen zu lassen. Wenn hier ein Stock liegen würde, wäre das ein Versuch wert, doch ich finde keinen, also probiere ich es mit Kopfstreicheln. Das lässt er auch mit Genuss über sich ergehen, meine Einlage jedoch darf ich trotzdem nicht haben. Jakob kommt aus dem Speisesaal und fängt an zu lachen, als er mich im Schneidersitz vor dem Hund sitzen sieht, wie ich ihm den Kopf kraule und mantrisch versuche ihn zu bekehren, mir meine Sohle wiederzugeben. »Meinst du, er versteht Deutsch?«, lacht der Däne und zwinkert mir zu. »Soll ich es auf Spanisch versuchen?«, frage ich halb im Spaß, halb im Ernst.

»Warum denn nicht?«, lächelt Jakob.

»Also gut«, antworte ich dem Dänen und an den Hund gewandt: »Dame eso!« Ich habe keine Ahnung, was Einlage auf Spanisch heißen könnte, also versuche ich es erneut mit »Dame eso!« und zerre an der Einlage.

Ganz egal, ob richtig oder falsch: Strolch – wie ich ihn aufgrund der Ähnlichkeit mit dem Disney-Charakter getauft habe – hält inne, blickt mich aus liebevoll treuen Hundeaugen an, die sagen: »Ich habe wirklich gar nichts gemacht«, lässt los und legt den Kopf auf die Vorderpfoten.

»Was soll das denn auf einmal?«, frage ich und wedele aufgeregt mit meiner Einlage hin und her. Lachend nickt Jakob in Richtung des Hundes: »Jetzt musst du ihm zur Belohnung noch mal den Kopf kraulen. Hat er sich verdient.« Nun muss auch ich lachen und wuschle dem grauhaarigen Hund vor mir mit dem größten Vergnügen nochmals durch die Zotteln. »Danke!«, sage ich zu Jakob und gehe mit ihm und meiner Einlage zurück ins Restaurant. Als wir zurückkommen, starren uns die anderen Pilger an, die sich inzwischen genüsslich über ihren Flan, ihren Karamellpudding, hermachen. »Und?«, ruft Martin. Ich halte die Einlage hoch: »Mission erfüllt! Einlage erfolgreich gerettet!« Meine Pilgerfreunde applaudieren zum Spaß, und Jakob und ich nehmen wieder bei dem Rest unserer Gruppe Platz.

Nach dem Abendessen sitzen wir alle mit einem Bier draußen im Dunkeln an einem der großen Tische im Garten. Nie zuvor habe ich so viele Sterne am Himmel gesehen wie hier auf dem Jakobsweg. Über uns verläuft die Milchstraße mit ihren Milliarden und Abermilliarden Sternen. Es ist so wunderschön, jeden Abend bin ich aufs Neue beeindruckt. Ich könnte stundenlang einfach nur dasitzen und in die Sterne schauen. Wir sind mittendrin in dieser Galaxie, die wir Milchstraße nennen, und doch kann ich sie jetzt dort oben weit über mir sehen. Wie oft habe ich schon nach der Milchstraße gesucht? Als kleines Kind mit meinem Vater, wenn ich nachts noch mal aus dem Bett kriechen und mir mit ihm draußen die Sterne ansehen durfte, eingewickelt in eine dicke Decke. Wir haben die tollsten Sternbilder entdeckt, und ich habe sie alle auswendig gelernt, aber die Milchstraße in ihrer Gänze haben wir nie gesehen. Nicht so wie hier.

Arne erzählt von früher, dass sie oft mit der Familie auf Wangerooge Urlaub gemacht und abends zusammengesessen und gesungen hätten. Auch Martin erzählt von seinen Kirchenfreizeiten, den kirchlichen Ferienlagern. Nach dem Essen wurde meist ein Lagerfeuer gemacht und gesungen. Jetzt wird Edith hellhörig, da gab es dieses eine Lied, das sie so sehr geliebt hat: »Abendstille überall«. Jürgen, Arne und Martin sind begeistert: »Lasst uns doch gemeinsam singen«, schlagen sie vor. Während Johannes und Benny sich allein der Vorstellung wegen, wir würden hier alle beisammensitzen und Volkslieder trällern, kaum vor Lachen einkriegen, übernimmt Jürgen die Chorleitung, und wir setzen zum Kanon an: »Abendstille überall«, »Der Himmel geht über allen auf« und andere bekannte Lieder aus der Mundorgel, die mir natürlich vollkommen unbekannt sind.

Wir sitzen bestimmt zwei Stunden zusammen, singen, lachen, machen uns über uns selbst lustig. Chorleiter Jürgen muss sogar Benny und Johannes auseinandersetzen, weil sie nur rumalbern:

»Wäre ich Lehrer und ihr Jungs in meiner Klasse, dann würde ich euch auf der Stelle tadeln«, erklärt er mit erhobenem Zeigefinger. Das sorgt für herzliches Gelächter, weshalb Jürgen ein wenig eingeschnappt ist. Nachdem Edith ihn erst mit ein paar Sprüchen foppt, dann aber noch eine Runde Dosenbier für die Herren schmeißt, kann auch Jürgen über sich lachen. So lassen wir diesen wunderschönen Tag gemeinsam ausklingen, und es wirkt, als wären wir eine Gruppe guter Freunde – sehr unterschiedlichen Alters – auf Klassenfahrt, die sich seit vielen Jahren kennen. Erkenntnis des heutigen Tages: Auch der direkte Weg bringt einen ans Ziel. Und: Zusammen ist man weniger allein.

EINE NACHT STELLT ALLES AUF DEN KOPF

»Nach den 730 Kilometern,
die ich nun schon gegangen bin,
nach Erkenntnissen und Einsichten,
wunderschönen und schrecklichen Camino-Erlebnissen,
stehe ich nun wieder am Anfang.«

Gonzar (8. Oktober)

Heute Morgen bin ich zusammen mit Edith gestartet. Auf Sandwegen führt der Camino uns durch kleine Dörfer, meist nur aus wenigen Steinhäusern bestehend, und vorbei an üppigen grünen Bäumen und Sträuchern. Landschaftlich hat sich der Weg in den letzten Wochen stark verändert. Wenn ich an die Hochebenen zurückdenke, wo man so weit über die Felder bis hin zum strahlend blauen Horizont blicken konnte, habe ich wieder diesen warmen Duft von Heu in der Nase. Hier in Galicien riecht es ganz anders: nach Wald, Kiefern, Baumrinde und feuchtem Gras. Es riecht frisch, als müsste man nur tief einatmen und würde so seine ganze Umwelt in sich aufsaugen können. Die Dörfchen wirken mittelalterlich. Wie schon in O Cebreiro sind sie durchzogen von Pflastersteinstraßen. Die Steinhäuschen haben zumeist strohgedeckte Dächer, immer wieder sieht man Ochsen und Arbeitspferde Karren von einem Hof zum anderen ziehen. Wir kommen an vielen der alten traditionellen Kornspeicher vorbei. Das sind kleine Holz- oder Steinhütten auf hohen Stelzen. Noch immer werden diese Kornkammern, die sich Hórreos nennen, genutzt, um ihren Inhalt vor dem galicischen Regen zu schützen. Auch ich habe den häufigen Regen dieser Region schon zu spüren bekommen. Er ist wie ein lang anhaltender Sprühnebel, der ganz gemächlich alles tränkt, auch wenn es nicht getränkt werden will oder soll.

In einer kleinen Bar in Peruscallo lege ich eine Frühstückspause ein. Edith läuft weiter, und wir verabschieden uns mit der Gewissheit, uns spätestens heute Abend wiederzusehen, denn Martin hat für unsere gesamte Gruppe in einer Herberge in Gonzar reserviert. Nach einem Schokocroissant und einem Café con leche mache auch ich mich wieder auf den Weg und treffe, auf einer Brücke bei deftiger Brotzeit sitzend, Johannes. Schnell packt er zusammen, und wir gehen gemeinsam weiter. Eigentlich hatte ich mich darauf gefreut, allein zu gehen. Wenn es mir zu viel werden sollte, sage ich es ihm und weiß, dass er, wie alle anderen hier, Verständnis dafür haben wird.

Ob ab Sarria wirklich mehr Menschen unterwegs sind als auf dem bisherigen Weg, kann ich nicht mit Bestimmtheit sagen. Wir jedenfalls ziehen ohne Karawane weiter, und bis zum legendären 100-Kilometer-Stein begegnet uns nicht ein einziger anderer Pilger. Ich mache ein Bild von meinem bayerischen Freund neben dem Stein, ein Foto, das sicher viele ehemalige Santiago-Pilger bei sich zu Hause haben. Hannes ist ganz aufgeregt, dass nur noch 100 Kilometer vor uns liegen. Ich hingegen hege gemischte Gefühle. Ich freue mich auf Santiago und auf diesen letzten Abschnitt, aber ich werde auch traurig bei dem Gedanken daran, dass diese Reise bald zu Ende sein soll. Was hat sie mir bis jetzt gebracht? Ich mustere Hannes, wie er so neben mir hertrottet, sich an den Schultergurten seines Rucksacks festhält, beim

Laufen in den Himmel starrt und dabei immer wieder neue Fragen in den luftigen Raum wirft. Ich muss lächeln. Zumindest einen neuen Freund habe ich gewonnen. Ich denke an Edith, Arne, Jürgen, Martin und Benny. Vielleicht ja sogar ein paar mehr.

Kurz vor Portomarín treffen wir auf Martin und Benny, die gerade eine Pause einlegen, weil der Freiburger, der sich als Schwarzwälder entpuppt, Probleme mit dem rechten Fuß hat. Gemeinsam gehen wir weiter, machen Halt in einem Lebensmittelgeschäft, um für ein gemeinsames Abendessen einzukaufen, und laufen anschließend mit vollgepackten Rucksäcken auf die riesige steinerne Brücke über den Río Miño zu. Der künstlich angelegte Fluss, der das ursprüngliche Portomarín einst unter sich begrub, führt so gut wie kein Wasser, weshalb die Sicht nach unten auf die Ruinen der alten Stadt frei ist. Mit ihren bewachsenen Steinhäusern und der einstigen Kirche, eingebettet in ein saftiges grünes Tal, von den Wassermassen des gewaltigen Flusses geformt, liegt sie da, wie im Dornröschenschlaf versunken. Die Brücke mutet an wie aus der *Herr der Ringe*-Trilogie. Von ihr aus geht es sicher 30 Meter in die Tiefe. Der Blick auf die alten verlassenen Gemäuer und die Caneiros, die v-förmigen Rinnen aus Stein, die den Bewohnern des Ortes vor langer Zeit zum Fischen dienten, ist befremdlich.

Vor der Brücke steht Edith und schaut hinunter: »Das ist gespenstisch, nicht wahr?«, ruft sie uns zu, ohne aufzuschauen. »Das Dorf wurde 1962 umgesiedelt. Franco ließ einen Staudamm bauen, aus dem der Belesar-Stausee entstanden ist, der eigentlich jetzt hier zu unseren Füßen zu sehen sein sollte«, erzählt sie weiter, als wir bei ihr angekommen sind, und schaut sich um.

»Das habe ich auch gelesen, der See dient der Stromerzeugung. Portomarín wurde geflutet, und die Bewohner mussten ihre Stadt weiter oben neu aufbauen«, ergänze ich.

»Ja, dort oben.« Edith zeigt auf das Brückenende. Von dort führt eine Treppe einen Hügel hinauf. Oben schmückt ein Stadttor den Ortseingang. »Neben der Kirche San Nicolás und der Portalfront der San-Pedro-Kapelle wurde auch dieser schöne, alte Brückenbogen im unteren Dorf abgetragen, umfunktioniert und im neuen Portomarín wieder aufgebaut.«

Gemeinsam betreten wir nacheinander die riesige Brückenkonstruktion. Edith vorneweg, Hannes und ich hinterher. In einigem Abstand dann Benny und Martin. Der Bereich für die Fußgänger, den eine Leitplanke von den vorbeifahrenden Autos trennt, ist sehr schmal, sodass wir die Brücke im Gänsemarsch überqueren müssen. Etwa bei der Hälfte der Brücke rast ein vollbepackter Fahrradpilger in hohem Tempo an uns vorbei. Mit einer seiner Satteltaschen bleibt er an Ediths Rucksack hängen und reißt die schmächtige Frau zu Boden. Der Fahrradpilger gerät ins Straucheln, fängt sich aber schnell wieder und fährt einfach weiter. Hannes und ich eilen sofort zu Edith. Sie kniet, sich mit den Händen abstützend, auf dem Boden. Wir helfen ihr auf, während ich mich nicht zurückhalten kann und dem Radfahrer, der sich nicht einmal umgedreht hat nach der Frau, die er zu Boden gerissen hatte, mit geballter Faust Beschimpfungen hinterherrufe. Johannes will Edith den Rucksack abnehmen, aber sie will ihn nicht ablegen. Ihre Hose ist am linken Knie aufgerissen. Die Wunde ist schmutzig und das Blut läuft in feinen, dünnen Rinnsalen das Knie herunter. An ihren Händen, mit denen sie versucht hat, sich abzufangen, hat sie Schürfwunden. Mit den Fingerspitzen versucht sie vorsichtig, die offenen Wunden vom Rollsplitt zu befreien, der auf dem Weg lag. Ich setze meinen Rucksack ab und habe binnen weniger Sekunden mein Desinfektionsspray gefunden, was ich Edith jetzt auf die Wunden an Handflächen und Knie sprühe. Sie beißt tapfer die Zähne zusammen und säubert die Wunden anschließend mit einem Taschentuch. Ohne noch ein Wort zu sagen, läuft sie weiter, humpelt jedoch bereits nach wenigen Schritten.

Auf der anderen Seite angekommen, verarzten wir Edith noch einmal notdürftig mit Desinfektionsspray und Pflastern. Dann widmen wir uns der vor uns liegenden Treppe mit dem Brückenbogen. Es scheinen unendlich viele Treppenstufen hinauf zu sein, ich komme mir vor, als bestiege ich den Gipfel des Olymp. Von oben werfen wir noch einmal einen Blick auf die monumentale Ponte do Miño. Tief unter ihr steht noch immer die ursprüngliche kleine steinerne Brücke über den Fluss, die einst unter römischer Herrschaft erbaut worden war und Portomarín zu großer wirtschaftlicher Bedeutung verholfen hatte. Es gab nicht viele Brücken über diesen reißenden, scheinbar unbändigen Fluss, und so siedelten sich am Rande des Fischerdorfes gleich drei Ritterorden an. Die Santiago- und die Tempelritter ließen sich am linken Ufer nieder, die Johanniter bauten ein Pilgerhospital auf der rechten Flussseite. Neben der heutigen Ponte do Miño wirkt die ursprüngliche Brücke winzig, und doch strahlt sie noch immer etwas Mächtiges aus. Sie scheint zu sagen: »Ich bin etwas Besonderes, bin standhaft und trotze dem Wasser und Wind. Auch wenn ich die meiste Zeit von Wassermassen bedeckt bin und man mich nicht sehen kann, so bin ich dennoch hier und verbinde die Ufer des Miño. Für immer!«

Auf der Plaza Conde Venosa, dem Mittelpunkt Portomaríns, treffen wir auf Arne und Jürgen. Die Männer entschließen sich zu einer Pause und wollen das sonnige Wetter bei ein paar Bier genießen. Edith läuft ohne Pause weiter, doch sie ist langsamer als ich, und so beschließen wir schon auf der Plaza, getrennt weiterzugehen. Ich freue mich, auf dem restlichen Weg bis nach Gonzar nun etwas Zeit für mich zu haben, höre Musik und singe dabei lauthals mit, ganz egal, ob mich andere Pilger hören oder nicht. Vor einigen Wochen habe ich noch leise neben Marcel hergesummt.

Heute sind es wieder The Killers:

»She said, ›Ain't we all just runaways? We got time.‹«

Mit der Musik kommen auch die Gedanken wieder: Laufe ich auch einfach nur weg? Bin ich ein Ausreißer, der vor dem Problem zu Hause davonläuft? Immerhin nutze ich meine Zeit hier, um über all das, was zu Hause geblieben ist, nachzudenken. Ich renne nicht weg, ich beschäftige mich mit dem, was mich bewegt – mehr sogar als je zuvor in meinem Leben. Ich stelle mich meinem Problem, aber das kann ich eben nur allein. Dieses eine Mal bin ich es, die die Entscheidung nicht nur treffen muss, sondern auch will. Aber dafür brauche ich Zeit.

Ich bin so vertieft in meine Gedanken, dass ich bereits an Gonzar vorbeigelaufen sein muss. Länger als anderthalb Stunden sollte ich für die 7,5 Kilometer nicht brauchen. Kurz überlege ich, ob ich umkehren soll. Wir waren so eine nette Truppe, und ich würde gerne den Abend mit den anderen verbringen. Andererseits sehen wir uns sicher an einem anderen Punkt des Weges wieder, und so entscheide ich mich kurzerhand weiterzugehen. Nach nicht einmal zehn Minuten erblicke ich das nächste Dorf auf der anderen Straßenseite, und kurz darauf erkenne ich auch das Ortsschild: Gonzar! Ich bin also doch richtig.

Casa García heißt die Herberge, in der Martin für uns alle reserviert hat oder in der er dachte, für uns reserviert zu haben. In der Casa liegt keine Reservierung auf einen unserer Namen vor. Es sind noch acht Betten frei, der Rest wurde wirklich reserviert, nur leider nicht von uns. Sieben Betten lasse ich blocken, sodass auch die anderen bei ihrer Ankunft einen Schlafplatz haben. Die Herberge ist wunderschön. Durch ein großes Hoftor betritt man einen alten gepflasterten Innenhof. Rechter Hand befindet sich eine holzvertäfelte Bar mit langem Tresen. Im gesamten Innenhof stehen massive Holztische und Stühle. Weiter hinten liegen links die Küche und der Wohnbereich der Hospitaleros, geradeaus befindet sich ein überschaubarer Aufenthaltsraum mit einem Sofa und einem kleinen Tischchen davor, auf dem ein Stapel Zeitungen liegt. Davon geht es rechts ab zu den Schlafräumen. Sie sind äußerst sauber, und unser Zimmer ist mit acht Einzel- und Doppelstockbetten ausgestattet. Ich beziehe mein Bett, suche meine Wäsche zum Waschen zusammen und setze mich dann mit einem Buch und einer Limo in den schönen Innenhof. Nach und nach kommen meine Pilgerbrüder und -schwester Edith an.

Am frühen Abend beginnen wir mit unserer Brotzeit. Edith, die eigentlich auch wie Arne und Jürgen ein Pilgermenü essen wollte, entscheidet sich spontan um. Martin, Benny, Hannes und ich haben mehr als genug für alle eingekauft, daher isst Edith bei uns mit. Dafür spendiert sie erst eine, dann noch eine zweite Flasche Wein für die Runde. Die Flasche kostet gerade einmal 3 Euro. Der Wein wird in der Nähe von Gonzar von einem Freund des Hospitalero-Ehepaares angebaut und schmeckt vorzüglich.

Auf einmal wird mit Schwung die Tür zum Innenhof aufgeworfen, und in dem großen Torbogen steht Herbert. Er sieht aus, als sei er direkt der Szene aus dem *Harry Potter*-Film entsprungen, in der der Halbriese Hagrid die überdimensionale Eichentür von Hogwarts aufschmeißt und vom Regen triefend nass und zerzaust im Eingang steht. Hier fehlt nur der Donner, der im Film genau in dem Moment einsetzt, als die Tür aufgeworfen wird, um die Szene auditiv zu untermalen. Benny und Martin sind ganz aus dem Häuschen. Immer wieder sprachen sie in den letzten Tagen davon, wie gern sie den Bonner Pilger wiedertreffen würden, den sie an ihrem ersten Tag auf dem Camino kennengelernt hatten. Jetzt steht er da, und Edith und ich freuen uns fast genauso sehr wie sie über diesen Mann, von dem wir schon so viel gehört haben. Herbert ist das, was man gemeinhin als »prima Käl« bezeichnet. Er setzt sich zu uns, und wir laden ihn ein, unsere Vesper mit uns zu teilen, woraufhin er eine neue Flasche Wein bestellt und unsere Gläser wieder auffüllt.

Hannes verabschiedet sich heute früher. Er will noch Tagebuch schreiben. Edith bestellt schnell eine weitere Flasche Wein, bevor das Personal in den wohlverdienten Feierabend verschwindet. Herbert und Edith verstehen sich auf Anhieb. Der Bonner und die Kölnerin haben unglaublich viel Gesprächsstoff, doch als Jürgen sich auf den Weg ins Bett macht, nutzt auch Edith die Chance zum Absprung. Der Wein geht zur Neige, und weil das so nicht bleiben kann, versucht Benny bei der Herbergsmutter noch eine letzte Flasche für uns zu organisieren. Sie spricht nur Spanisch, der Freiburger allerdings nicht, und so genießen Herbert, Martin, Arne und ich ein Schauspiel großartiger Pantomime. Beide versuchen sich mit Händen und Füßen zu verständigen, Benny deutet auf sein leeres Glas, setzt es an, um sich den letzten Tropfen auf der ausgestreckten Zunge zergehen zu lassen und ihr zu signalisieren, dass er mehr davon haben möchte. Sie spricht einfach weiter auf Spanisch mit ihm, tippt auf eine Stelle des Tresens, gibt ihm zu verstehen, dass er dort Geld hinlegen solle, macht auf dem Absatz kehrt und geht zurück in ihr Wohnzimmer, wo im Fernsehen gerade eine Telenovela läuft. Benny bleibt irritiert an der Bar zurück und sieht aus wie ein kleiner ausgesetzter Junge, der im nächsten Moment in Tränen ausbrechen wird. Der Blick ist köstlich: »Soll ich jetzt ernsthaft mein Geld hier hinlegen und mich dann selbst bedienen? Hat sie das gesagt? Oder gemeint?« Ich muss noch mehr lachen, er wirkt so hilflos. Aber genau das hatte die Hospitalera zu ihm gesagt. Sie habe jetzt frei, er solle sich nehmen, was er brauche, aber auch ja das Geld auf den Tresen legen. Benny zückt einen Fünfeuroschein, tut, wie ihm geheißen, und sucht eine Flasche Weißwein für uns aus. Arne verabschiedet sich währenddessen. Er ist kein Weintrinker, und Bier bekommt er ohne Bedienung nicht mehr.

Zu viert sitzen wir noch eine ganze Weile zusammen, bis Martin auf seinem Stuhl einschläft. Bevor ich ihn wecken kann, schreckt er urplötzlich hoch: »Das habe ich nie gesagt!« Verdattert schaut er sich um, blickt schlaftrunken in unsere Gesichter, steht auf und trottet – ohne ein weiteres Wort zu sagen – in Richtung Schlafraum. Die spanische Hospitalera kommt in ihrem hellblauen Nachthemd und ihren rosafarbenen Plüschpuschen noch einmal zu uns auf die Terrasse. Wir sollten jetzt schlafen gehen, es sei schon nach Mitternacht. Vergeblich versuchen wir sie zu überreden, uns unseren Wein noch austrinken zu lassen und uns vielleicht noch eine Kerze zu bringen, um das Ganze etwas gemütlicher zu gestalten. Sie lässt nicht mit sich reden. Den Wein könnten wir mit in den Schlafsaal nehmen, immerhin hätten wir ihn bezahlt. Schlaf sei wichtig, für den Wanderer ebenso wie für diejenigen, die eine solche Herberge leiteten, sie wolle nur unser Bestes, und das Beste für uns sei ganz sicher, wenn sie jetzt endlich schlafen gehen könne – das zumindest könne sie uns versprechen. In ihrem zu engen Nachthemd und mit den plüschigen Schlappen an den Füßen erweckt sie zwar einen ziemlich freundlichen Eindruck, der Gesichtsausdruck aber verrät, dass es ihr durchaus ernst ist und sie bereit ist, sehr ungemütlich zu werden. Das flößt auch den beiden Herren am Tisch gehörigen Respekt ein. Also gehen wir zu Bett. Zumindest ist das der Plan. Herbert trägt unsere Weinflasche unter dem Arm: »Zu schade drum!«

»Allerdings!«, stimme ich zu. »Wir könnten uns doch in den Gemeinschaftsraum setzen und den Wein dort austrinken. Da stören wir niemanden.«

Herbert grinst mich an: »Eine Frau, die weiß, was sie will.« Er schaut zu Benny hinüber, der zustimmend nickt, womit er nicht mich, sondern meine Idee meint, den Wein im Gemeinschaftsraum zu leeren. Wir besprechen in aller Eile unsere Taktik, verabschieden uns von der Herbergsmutter, wünschen ihr eine Gute Nacht und gehen in unseren Schlafraum. Dort kriegen wir uns kaum ein vor Lachen, doch müssen wir leise sein, um die anderen nicht aufzuwecken. Inmitten des dunklen Raumes stehen wir dicht an dicht. Ich spüre den feuchten Atem der beiden Männer und ihre warmen Körper links und rechts von mir. Herbert lugt immer wieder aus dem kleinen Fenster, um zu sehen, ob in den Zimmern der Hospitaleros noch Licht brennt.

Je länger ich hier stehe, umso mehr merke ich, wie ich schwanke. Wenn ich die Augen schließe, dreht sich alles um mich herum. Aber was soll's, ich genieße das Leben gerade in vollen Zügen, und Herbert hat vorhin ganz richtig gesagt: »So jung kommen wir nicht mehr zusammen.« Arne kommt aus dem Bad, stapft an uns vorbei zu seinem Bett und schüttelt grinsend den Kopf: »Wie die Kleinkinder«, flüstert er, bevor er sich tief in seinen Schlafsack verkriecht. Benny kichert: »Was hat der denn bitte so lange gemacht, der ist doch schon vor fast einer Stunde ins Bett gegangen!« Obwohl das eigentlich überhaupt nicht komisch ist, beißen Herbert und ich uns auf die Lippen, um nicht laut loszuprusten.

Dann geht das Licht drüben aus. Wir warten noch ein paar Sekunden, ehe wir uns aus dem Schlafsaal schleichen, um es uns auf dem Sofa im Gemeinschaftsraum bequem zu machen. Zu dritt zwängen wir uns auf das schmale Polstermöbel. Es wird kuschelig und bleibt so feuchtfröhlich wie bisher. Als die Flasche Wein geleert ist, beschließt Herbert, sich auf die Suche nach einer neuen zu machen: »Solche Abende und diese intensiven Gespräche darf man nicht einfach so unterbrechen«, erklärt er und steht stöhnend auf. Benny und ich unterhalten uns über Hannes, Martin, Arne, Jürgen und Edith. Es ist wirklich eine tolle Gruppe, mit der wir hier unterwegs sind, alle sind so unterschiedlich und facettenreich. »Johannes läuft so gerne mit dir. Das war eines der ersten Dinge, von denen er mir erzählt hat. Wie gerne er mit dir zusammen ist und wie viel Spaß er dabei hat, diesen Weg mit dir zu gehen.« Verlegen schaue ich auf meine Fingerspitzen, weiß nicht, was ich erwidern soll.

»Wenn du nicht gewesen wärst, wäre er schon wieder zurück nach Hause zu Mama und Papa«, ergänzt Benny. »Das hat er gesagt?«, frage ich ungläubig nach. Benny nickt. In dem Moment kommt auch schon Herbert mit einer Flasche vorzüglichen Weißweins aus der spanischen Rioja unter dem Arm zurück. Eigentlich ist dieses Anbaugebiet für seine guten Rotweine bekannt, aber ich werde nach und nach Fan der spanischen Weißweine. Schnell ist auch diese Flasche geleert. Nach einem letzten Glas beschließt Herbert nun, doch ins Bett zu gehen. Benny und ich wollen noch den kleinen Rest Wein in unseren Gläsern austrinken und es dem Bonner dann gleichtun.

Benny will nicht ewig in der Schweiz bleiben. Er lebt gerne in Basel, aber er erzählt mir auch, dass er es als Ausländer, der er dort nun einmal sei, und insbesondere als Deutscher nicht immer leicht habe. »Sich zu integrieren ist schon schwierig. Ich mag meine Schweizer Kollegen, und sie mögen mich, aber die Schweizer bleiben privat doch gerne unter sich. Meine Freizeit verbringe ich meist mit den zugezogenen Kollegen aus Deutschland oder Frankreich.«

»Weißt du, warum das so ist?«, frage ich.

»Nein, keine Ahnung. Es geht aber allen ähnlich. Ich bin da nicht allein mit. Ich habe viele Freunde in der Schweiz, aber nur wenige Freundschaften sind wirklich innig. Vielleicht liegt das gar nicht an den anderen, sondern vielmehr an mir, aber ich fühle mich schon sehr als Deutscher, und mir fehlt meine Heimat. Ich vermisse das deutsche Gemüt.«

Ich muss lachen: »Da bist du bei mir an der falschen Adresse. Ich bin kein allzu großer Fan der Deutschen. Ich mag keine deutschen Bräuche. Deutsches Essen brauche ich auch nicht unbedingt. Also von mir aus können wir ja mal tauschen, ich war noch nie in der Schweiz.«

»Aber was ist mit deutschen Tugenden oder solchen Sachen,

wie abends nach der Arbeit einfach mit deinen Kollegen ein Bier trinken zu gehen? Oder Frühschoppen – so etwas gibt es in der Schweiz nicht.«

»Wie sympathisch«, demonstrativ verträumt blicke ich in die Ferne.

Er knufft mir in die linke Schulter: »Du lässt kein gutes Haar an den Deutschen, oder?«

»Ich glaube nicht, nein. Wobei, doch, man kann superschöne Urlaube in Deutschland verbringen. Landschaftlich haben wir einiges zu bieten. Die Alpen, das Mittelgebirge, kulturell spannende Städte, geschichtsträchtige Orte, süße Inseln, die Nord- und Ostsee. Die eine mit diesem rauen Klima, Ebbe und Flut, der Gischt, die einem um die Nase schäumt, und die andere, ruhige See mit den weißen, fast karibischen Sandstränden. Wenn da nur die Leute nicht wären …«, füge ich zynisch hinzu.

»Hamburg nicht zu vergessen.«

»Das stimmt, Hamburg ist großartig. Eine Stadt mit so unfassbar viel Lebensqualität. Nicht so groß wie Berlin, aber auch nicht so überschaubar wie München oder Köln. Kühl und wortkarg, dennoch mit Stil, eben der Stil der Hanse, der hier auf Hafenarbeiter und Hafenkräne trifft. Hamburg, die einzige Stadt, in der ich mir als Berlinerin vorstellen könnte zu leben.«

»Die einzige Stadt?«

»In Deutschland, ja.«

»Ich wollte auch mal nach Hamburg ziehen«, sagt Benny und streicht mit dem Zeigefinger seiner rechten Hand über meine. Ich nehme es kaum wahr.

»Ich bin einige Jahre mit dem Schnellboot zur See gefahren. Wenn ich an den Wochenenden zu meiner Familie nach Freiburg wollte, musste ich oft über Hamburg fahren. Damals habe ich mir vorgenommen, irgendwann mal in dieser Stadt zu leben. Na ja, dann kam Basel, aber mein Traum von Hamburg ist noch nicht ausgeträumt.« Benny blickt geistesabwesend an die gegenüberliegende Wand, als wäre sie weit weg in der Ferne. Auch in mir brennt seit Langem schon die Idee eines Umzugs nach Hamburg. Ich bin nie lange an einem Ort, nach zwei bis drei Jahren zieht es mich einfach weiter, und jetzt ist es eben Hamburg, das nach mir ruft.

Vor etwa einem Jahr hatte ich Daniel zum ersten Mal mit meiner Hamburgidee konfrontiert. Er war dagegen, sah nicht ein, nach all den gemeinsamen Jahren noch einmal eine Fernbeziehung führen zu müssen. Mitkommen wollte er auch nicht. Er war gesettelt, hatte seinen Job, sein Chef mochte ihn, bei ihm hatte er einen guten Stand. Er wollte nichts Neues wagen, sich nicht wieder in ein neues Abenteuer stürzen. Er wollte bleiben, wo er war. Für ihn war das Ankommen wichtiger, für mich war es immer das Unterwegssein. Auch hier auf dem Jakobsweg. Natürlich wollen wir alle in Santiago ankommen, aber ist es nicht das Unterwegssein, was diesen Weg so einzigartig macht?

Plötzlich steht Herbert wieder vor uns. Er trägt einen langen dunklen Schlafanzug, der aussieht wie ein Einteiler. Als er merkt, dass Benny und ich unabhängig voneinander an ihm runterstarren, zuckt er die Achseln und lässt sich mit der Antwort »Thermo!« zu uns auf das Sofa plumpsen. »Ich bin ein alter Mann, ich darf das tragen. Thermounterwäsche hält warm. Solltest du auch mal versuchen, mein Junge«, zwinkert er Benny zu und deutet einige Sekunden später auf sein leeres Glas auf dem Tisch.

Benny versteht den Wink sofort und huscht aus dem Aufenthaltsraum in Richtung Bar. Herbert erklärt mir währenddessen, dass er bereits im Bett gelegen hatte, aber einfach nicht einschlafen wollte: »Der Abend, oder der Morgen, ist noch so jung, und mit euch ist es viel lustiger als allein im Bett.« Aus Richtung Bar hören wir ein Poltern, Herbert und ich machen uns automatisch klein auf unserem Sofa und dimmen das ohnehin schon nur schummerige Licht weiter runter. Wir kichern vor uns hin und stellen uns vor, wie Benny gerade unbeweglich auf dem Boden hinter der Bar kauert, in der Hoffnung, dass ihm die Hospitalera in Nachthemd und Puschen nicht auf die Schliche kommt. »Es ist schön, wenn du lachst«, sagt Herbert aus heiterem Himmel.

»Danke«, antworte ich ihm grinsend.

»Es läuft nicht gut mit deinem Freund, oder?« Ich dachte mir, dass Herbert direkt ist, aber das verdutzt mich jetzt doch. Ob es nun am Alkohol liegt, der die Zunge lockert, oder ob es einfach mein innerster Wunsch ist, mit einem Außenstehenden darüber zu sprechen, es bricht alles aus mir heraus, und ich erzähle Herbert die Kurzfassung unserer Geschichte. Ich kenne diesen Mann keine vierundzwanzig Stunden, aber er genießt schon mein vollstes Vertrauen. Das macht der Camino mit einem. Hier werden zwischenmenschliche Beziehungen in kürzester Zeit unglaublich intensiv, und es fühlt sich an, als würde man die anderen schon ewig kennen. Niemals würde ich einem Fremden zu Hause diese Geschichte erzählen. Erst recht nicht einem Fremden, den ich gerade ein paar Stunden kenne, von dem ich außer seinem Vornamen, seiner unerschütterlichen Liebe zu Frauen und der Stadt, aus der er kommt, nichts weiß. Ich öffne mich ihm wie selten jemandem zuvor.

»Warum macht er das?«, frage ich Herbert. »Weshalb hat er mich schon wieder hintergangen? Weshalb machen Menschen so etwas?«

Herbert weiß keine Antwort darauf, aber er fragt zurück: »Warum denkst du noch darüber nach?«

»Weil es mich beschäftigt. Weil ich Antworten brauche«, gebe ich zurück.

»Aber die einzig relevante Antwort hat dir dein Ex doch schon gegeben.«

Ich schaue ihn irritiert an, will nachfragen, aber Herbert kommt mir zuvor.

»Er hat doch für euch beide die Zukunft entschieden, und zwar in dem Moment, Andrea, als er mit der anderen Frau zusammen war.«

Es tut weh, aus dem Mund dieses Mannes zu hören, dass Daniel mit einer anderen zusammen war. Es schnürt mir die Brust zu, aber Herbert hat recht. Es ist so einfach. So klar. Stumm wie ein Fisch sitze ich da, wie vor den Kopf gestoßen. Was Herbert da sagt, ist die Wahrheit. Es ist die reine Logik. Daniel will gar nicht mit mir zusammen sein. Ganz egal, was er sagt. Er hat entschieden, dass er die Zeit mit der anderen verbringen will, er hat entschieden, dass ich ihm nicht reiche. Er hatte bereits eine Entscheidung getroffen, als er sich dazu entschloss, fremdzugehen. Diese Einfachheit, diese Klarheit – es ist, als würde es mir wie Schuppen von den Augen fallen. Wie konnte ich so verblendet sein? Die ganze Zeit über mache ich mir Gedanken, versuche eine Antwort darauf zu finden, was mit uns passiert ist und was aus uns werden wird, ob wir es noch einmal versuchen, ob ich einfach darüber hinwegsehen sollte. Ob wir weiter zusammen sein können, noch einmal von vorne beginnen, als Paar? Dabei hat Daniel mir die Frage, wie es weitergehen solle, doch schon längst beantwortet. Es ist alles so einfach! Er hat sich entschieden, mich zu riskieren, er hat sich entschieden, nicht nur mit mir zusammen zu sein. Herbert hat recht. Ich sehe in diesem Moment alles so klar und bin verwirrt zugleich.

Benny kommt zurück. Er hatte den Wein im Dunkeln erst nicht gefunden, dann waren ihm die Metallschüsseln aus einem der Regale gefallen, und er hatte sich, wie von Herbert und mir bereits vermutet, erst einmal versteckt, in der Hoffnung, dass die Hospitalera nichts mitbekommen hatte. Die Schüsseln musste er natürlich wieder einräumen und dann weiter den Wein suchen, von dem er jetzt aber triumphierend eine Flasche in den Händen hält. Ich schüttle mir die Gedanken zu meinem Ex-Freund aus dem Kopf, der Abend ist zu schön, und ich will ihn mir nicht durch Daniel kaputt machen lassen.

Ich erzähle den beiden, dass ich am Ende meines Lebens gern sagen können würde, ich hätte die ganze Welt gesehen. Und auch wenn dieses ambitionierte Ziel vermutlich nicht zu erreichen ist, so will ich doch möglichst viel von dieser wunderschönen Erde und ihren Bewohnern gesehen haben. Es gibt dieses treffende Zitat der amerikanischen Schriftstellerin Susan Sontag: »I haven't been everywhere, but it's on my list.« Überall ist auch auf meiner Liste! Schon als kleines Mädchen wollte ich Reisejournalistin werden. In meinen kindlichen Gedanken bin ich dann auf meiner alten weißen Vespa quer durch ganz Afrika bis in den Süden des Kontinents gereist, und auf dem Weg dorthin habe ich Menschen getroffen, bin in Kulturen eingetaucht, habe mit ihnen zusammengelebt, Reportagen geschrieben. Immer schon habe ich Reisetagebuch geführt, es mit den passenden Fotos beklebt. Das war mein ganz eigenes Bullet-Journal, lange bevor so etwas überhaupt zur Mode wurde.

Wieder geht der Wein zu Neige. Dieses Mal muss ich ran. Hinter der Bar suche ich nach einer Flasche Weißwein und werde rein gar nicht fündig. Hier sind so viele verschiedene kleine Kühlschränke, doch allein diese zu finden, entpuppt sich bei der Dunkelheit als echte Herausforderung. Von der Zapfanlage aus taste ich mich vorsichtig von einem Schrank zum nächsten. Langsam gewöhnen sich meine Augen an die Finsternis: Cola, Orangenlimo, Osborne, Ron Miel, Ron Dorado. Hier steht alles Mögliche, aber Weißwein finde ich nicht.

Das Adrenalin steigt von Schranktür zu Schranktür. Hoffentlich werde ich nicht erwischt! Mein Herz pocht, und ich befürchte, die Hospitalera könnte es hören und davon aufwachen.

Weindiebstahl auf einem Pilgerweg macht sich sicher nicht besonders gut. Andererseits werden die Sünden einem am ehesten noch hier vergeben. In der Ecke der Bar steht eine Tiefkühltruhe. Langsam schiebe ich den Deckel auf. Er quietscht fürchterlich beim Öffnen, sodass sich mir die Nackenhaare aufstellen, und für einen kurzen Moment halte ich den Atem an. Ich taste im Innern der Truhe nach einer passenden Flasche, und endlich finde ich den heiß ersehnten Tropfen. »Morgen müssen wir den Wein unbedingt bezahlen«, denke ich bei mir und suche im Dunkeln vorsichtig den Weg zurück in den Gemeinschaftsraum. Dort angekommen, lasse ich mich mit meinem Diebesgut ein wenig stolz zwischen die beiden Männer auf das Sofa plumpsen.

Mit den Fingern streicht Benny zärtlich über meinen Handrücken. Erst merke ich es gar nicht wirklich, es passiert beiläufig. Eine zufällige Berührung, dann noch eine. Doch die Berührungen werden bewusster, und schließlich tanzen unsere Finger ihren ganz eigenen Tanz miteinander.

Herbert bekommt es nicht mit, trotzdem verabschiedet er sich wenig später: »Macht nicht mehr so lang!« Wir nicken und wünschen ihm eine gute Nacht.

Benny beugt sich zu mir herüber, streicht mir zärtlich eine Strähne aus dem Gesicht, fährt mir mit den Fingern sanft über die Wange, berührt dann zaghaft mit dem Daumen meine Unterlippe und hält inne. Aus seinen warmen Augen lächelt er mich an, schüttelt den Kopf, als versuchte er einen Gedanken daraus zu vertreiben. Ein wenig zögerlich beugt er sich weiter vor und berührt mit seinen Lippen meinen Mundwinkel. Es ist nur der Hauch eines Kusses, und es ist diese Zurückhaltung, diese Vorsicht, mit der er agiert, als hätte er etwas Zerbrechliches vor sich, auf das er gut achtgeben muss, die mich ihn letztlich an seinem T-Shirt-Kragen packen und zu mir heranziehen lässt, um ihn zu küssen.

Wir sinken tiefer in die weichen beigen Sofakissen und vergessen alles um uns herum, den angrenzenden Schlafsaal mit den schlafenden Pilgern, die Hospitalera in ihren rosafarbenen Puschen. In diesem Moment gibt es nur uns, nur ihn und mich. Mir ist ganz schwindelig, weil sich alles um uns herum zu drehen scheint. Vielleicht liegt das nicht nur an dieser Achterbahn der Gefühle, auf der ich gerade mitfahre, sondern auch an dem vielen Wein, aber das ist mir ganz egal. Es fühlt sich gut an. Es fühlt sich richtig an. Irgendwie aufregend neu und doch vertraut. Ich lasse mich einfach in den Moment hineinfallen.

Immer noch Händchen haltend gehen Benny und ich in den Schlafsaal. Vor seinem Doppelstockbett neben dem Eingang bleiben wir stehen: »Ich nehme dich jetzt einfach mit in mein Bett!«, flüstert er, als wir einander gegenüberstehen und streicht mir durchs Haar. Ich schüttle den Kopf: »Das geht nicht«, lächle ich milde.

»Warum nicht? Ich will jetzt nicht ohne dich einschlafen, erst recht nicht, wenn du gegenüber in einem Bett am anderen Ende des Raumes liegst.« Mit seinem Zeigefinger hebt er mein Kinn, damit ich ihm in die Augen sehe. »Ob du willst oder nicht, das musst du wohl.« Mit diesen Worten gebe ich Benny einen Kuss auf die Wange und wende mich zum Gehen. Doch er lässt nicht los, sondern zieht mich noch einmal zu sich heran und streicht mir zärtlich über die Wange. Ich löse mein Handgelenk aus seiner Umklammerung. Als ich gerade in mein Bett klettern will, steht auf einmal Martin, nur in Unterhosen, neben meiner Leiter: »Ganz schön spät, Madame.« Mir entweicht vor Schreck ein kurzes spitzes Keuchen, aber ich beschließe, Martin einfach zu ignorieren, und lege mich schlafen. Es wird eine verdammt kurze Nacht werden.

Ponte Campaña (9. Oktober)

An diesem Morgen werde ich recht unliebsam durch lautes Krakeelen vor dem Schlafsaal geweckt. Wirklich zuordnen kann ich das Geschimpfe zuerst nicht. Noch im Halbschlaf frage ich mich, wo ich eigentlich gerade bin, welcher Tag heute ist und wie spät wir es wohl haben. Ich ziehe mir meinen Schlafsack über die Ohren, um die Geräusche zu dämmen, und drehe mich noch einmal um. »Die haben hier eine Orgie gefeiert, Markus. Sieh nur die vielen Weinflaschen! Was für ein Saustall!« Mit einem Ruck wird die Tür zum Schlafsaal aufgeschmissen, sodass sie an das dahinter stehende Bett knallt, in dem bis vor wenigen Minuten noch Edith gelegen hat: »Alle aufwachen! Wer ist für diese Schweinerei da draußen verantwortlich?«, wird in österreichischem Dialekt quer durch den Raum gebrüllt. Sofort sitze ich kerzengerade im Bett! Orgie? Weinflaschen?

Oh Gott! Das ist Liebes, die da in der Tür steht und die Überreste unserer gestrigen Party entdeckt hat. Ich bin in Gonzar, es ist der 9. Oktober und gestern Abend reichlich spät geworden. Herbert, Benny und ich haben eine Flasche Wein nach der anderen geleert und dann ... Was genau ist dann eigentlich passiert? Nein, das ist erst einmal völlig unwichtig!

Ich springe aus dem Bett und eile zur Tür. Die anderen Pilger haben sich entweder noch einmal fluchend umgedreht oder sind in den Baderäumen verschwunden. Ich stecke meinen Kopf durch den an vielen Stellen gesplitterten Holzrahmen. Niemand ist im Gemeinschaftsraum zu sehen. Also los! Das ist meine Chance, um hier Klarschiff zu machen. Ich schnappe mir einen der geflochtenen Papierkörbe, schleiche durch den Aufenthaltsraum und sammle die leeren Flaschen in dem kleinen Mülleimer zusammen. Anschließend schüttle ich die Sofakissen aus und ordne sie halbwegs ansprechend auf der Couch. Auf einem Sessel neben dem Sofa, bei dem ich mich allen Ernstes frage, ob der gestern schon hier stand, liegt ein weißes T-Shirt. Ich denke zuerst, es sei meins, bei genauerem Hinsehen kann ich es allerdings niemandem zuordnen, also wandert es zu den Weinflaschen in den Papierkorb. Diesen bringe ich, zusammen mit den Weingläsern, in den kleinen Hof und stelle ihn hinter der Bar ab. Die Gläser kommen in das große Aluspülbecken. Sie auszuwaschen traue ich mich nicht, falls die Hospitalera kommt, die dann sicher von mir wissen wollte, was ich hinter der Bar zu suchen hätte. Von einer Haushaltsrolle schnappe ich mir noch eine dicke Lage Papiertücher, lasse lauwarmes Wasser darüber laufen, um damit den Glastisch abzuwischen, auf dem unsere Weingläser klebrige Ränder hinterlassen haben. Schnell husche ich hinter der Theke hervor. Ein paar Pilger beobachten mich stirnrunzelnd. Ich habe noch immer meine Schlafklamotten an, und mir fällt, als ich an mir herunterschaue, zu allem Übel auf, dass ich die Boxershorts verkehrt herum trage.

Wieder im Schlafraum, wandert mein Blick wie von selbst zu Bennys Bett. Der Berg unter seinem Schlafsack verrät mir, dass er wohl noch darin zu liegen scheint. Wunderbar! Eine Konfrontation möchte ich um jeden Preis vermeiden. Erst einmal muss ich mir selbst darüber klar werden, was gestern genau passiert ist und was das alles zu bedeuten hat. Mit meinem Kulturbeutel unter dem Arm mache ich mich auf den Weg ins Bad.

Ich hänge mit dem Kopf über dem Waschbecken und lasse mir das kühle Wasser über das Gesicht rinnen. Die Frische tut unglaublich gut und weckt die nach dem kurzen Aufbäumen wieder eingeschlafenen müden Lebensgeister. Ich stelle den Wasserhahn ab, trockne mein Gesicht ab und blicke, mit den Armen auf das Waschbecken gestützt, dem Mädchen entgegen, das mich mit großen Augen aus dem Spiegel heraus anschaut. Meine Gedanken kreisen um gestern Nacht: Was zur Hölle ist da passiert? Was habe ich nur geträumt? Ich kann keinen klaren Gedanken fassen, die Ereignisse nicht ordnen, in meinem Kopf herrscht das reinste Wirrwarr. Alles dreht sich, und ich kann die Fetzen nicht zusammensetzen. »Bist du eigentlich komplett bescheuert?«, frage ich mein Spiegelbild laut, und es scheint mich das Gleiche zu fragen. Ich kenne Benny doch kaum. Auf jeden Fall aber zu wenig, als dass ich seinetwegen die ganzen Fragen vergesse, wegen derer ich doch eigentlich unterwegs bin. Ich steige also auf dem heiligen Jakobsweg fast mit einem Typen ins Bett, von dem ich nur weiß, dass er ein wirklich netter Kerl ist. Okay, immerhin wäre die Tatsache, dass Benny nett ist, nicht die schlechteste Basis dafür, mit ihm zu schlafen. Ob ich jetzt in die Hölle komme, weil ich den Camino entehrt habe? Dürfte man überhaupt auf dem Camino Sex haben, oder gibt es irgendeine Regel, die das verbietet?

Ich quetsche den letzten Rest Zahnpasta aus meiner Tube, schließe beim Zähneputzen die Augen und lausche dem meditativen Geräusch der Bürste. »Hey! Guten Morgen! Geht's dir gut?«, höre ich Benny neben mir sagen und fahre beim Klang seiner Stimme zusammen. Schnell spucke ich die Zahnpasta aus, um ihm antworten zu können: »Morgen! Mir geht's super, danke!«, antworte ich demonstrativ lässig. Der Versuch, dabei souverän zu wirken, scheitert jedoch kläglich, als er grinsend mit dem Finger auf mein Gesicht und T-Shirt zeigt: »Ähm … Du hast da was.«

»Was?«, frage ich erschrocken und schaue in den Spiegel: Ein dicker weißer Zahnpasta-Spucke-Faden hängt von meiner Unterlippe über das Kinn bis auf mein orangefarbenes T-Shirt mit dem Aufdruck »Null 08/15«. Oh Mann, am liebsten würde ich sofort im Boden versinken. Stattdessen wische ich mir mit dem Waschlappen den Spuckerest weg. »Danke!«, rufe ich Benny noch entgegen, während ich fluchtartig das Bad verlasse. Im Schlafsaal fische ich ein Taschentuch aus meiner Gürteltasche, um den Rest Zahncreme loszuwerden, den ich noch immer im Mund habe. Dann ziehe ich mich in Windeseile an, packe meinen Rucksack und verlasse ohne Frühstück die Herberge. Auf dem Weg nach draußen treffe ich auf Johannes, der fertig gesattelt im Gemeinschaftsraum steht. »Laufen wir zusammen?«, frage ich ihn und dränge: »Komm schon, lass uns zusammen laufen, wir sind so lange nicht mehr zusammen gelaufen. Nur wir zwei.« Ich will jetzt nicht allein gehen, will keine Zeit zum Nachdenken, vielleicht aber jemanden zum Reden haben. »Wir sind gestern allein zusammen gegangen«, antwortet Hannes sichtlich verwirrt. Ich herrsche ihn an: »Kommst du jetzt oder nicht? Ich laufe auch ohne dich.«

»Wollen wir vorher hier noch frühstücken?«

»Ich will hier nicht frühstücken. Ich will hier nur weg.«

Er beäugt mich misstrauisch: »Ist alles okay?«

»Natürlich«, antworte ich. »Es ist nur einfach an der Zeit für mich zu gehen.« Aus großen flehenden Augen schaue ich ihn an, und er schenkt mir noch einmal sein misstrauisches Stirnrunzeln. Dann aber zuckt er mit den Achseln, vergräbt die Daumen unter den Schultergurten seines Rucksacks und trottet voran: »Okay, wie du willst.« Erleichtert atme ich auf, glücklich, dass ich jetzt nicht mit mir allein sein muss.

Die Sache mit der Ablenkung funktioniert leider nicht so, wie ich es mir erhofft hatte. Hannes quatscht wie gewohnt munter drauflos, aber ich bin derart in meine Gedanken vertieft, dass ich ihm gar nicht zuhöre. Ab und zu nicke ich geistesabwesend mit dem Kopf, murmle ein zustimmendes »Hmm …«, um ihm irgendwie zu suggerieren, ich würde auch an dieser Unterhaltung teilnehmen. Ich möchte so gern mit ihm über meine Situation reden, aber ich weiß einerseits nicht, wie ich das anstellen sollte, denn er denkt ja noch immer, dass ich einen Freund hätte, und ich möchte ungern als Betrügerin dastehen, wenn ich doch gar keine bin. Andererseits weiß ich einfach nicht, ob das, was sich alles an Bildern und Szenarien in meinem Kopf abspielt, wirklich stattgefunden hat oder nicht. Irgendwann fällt mir auf, dass es still geworden ist. Ich glaube, Hannes wartet auf eine Antwort von mir. Dabei habe ich nicht einmal bemerkt, dass er mich etwas gefragt hat. Als hätte er mich mit den Gedanken an den gestrigen Abend bei irgendetwas Schlimmem ertappt, zucke ich zusammen: »Was hast du gesagt?«, frage ich vorsichtig nach.

»Echt jetzt?« Er schaut mich aus großen Augen an und schießt dann eine Eichel, die vor ihm auf dem Weg liegt, in hohem Bogen davon.

»Sorry!«

Hannes trottet neben mir her und schweigt. Er ist beleidigt, schaut demonstrativ in die andere Richtung und dreht mir so quasi den Rücken zu.

»Entschuldige bitte. Ich habe gerade einfach nicht zugehört. War in Gedanken«, murmle ich verschämt.

»Na, danke, dann hättest du ja echt auch allein laufen können! Ich habe gefragt, ob du heut nicht in Redelaune bist.«

»Ach so, das war alles? Doch, doch, klar bin ich in Redelaune.« Meine Gedanken schweifen langsam wieder ab, hin zu dem, was gestern Abend womöglich alles passiert sein könnte und, viel wichtiger, warum es überhaupt passiert ist und was es zu bedeuten hat.

»Und warum sagst du dann nichts außer ›Hmm …‹?«

»Weil ich dir nicht zuhöre«, gebe ich gedankenverloren zu. Sofort bemerke ich meinen Fauxpas: »Ich meine natürlich, ich habe dir zugehört, nur eben nicht richtig. Ach, entschuldige, aber kennst du das, wenn du einen ganz bestimmten Gedanken im Kopf hast, den du einfach nicht loswirst, egal wie sehr du es auch versuchst? Den du nicht abschütteln kannst, egal wie sehr du versuchst, dich auf etwas anderes zu konzentrieren?«, frage ich Johannes.

»Nee. Verstehe ich nicht. Denk doch einfach an was anderes. An mich zum Beispiel.« Er grinst. Witzig! Wirklich sehr witzig! Nur zu gern würde ich einfach an etwas anderes denken, aber diese verschwommenen Erinnerungen lassen das nicht zu. Wo ist meine beste Freundin? Wo ist sie jetzt, wo ich sie so dringend brauche? In meinem Kopf herrscht das reinste Chaos. Ich kann es nicht ordnen. Warum ist alles nur so kompliziert?

Ich erinnere mich an etwas, was Benny gestern gesagt hat: dass Johannes so unglaublich gern mit mir zusammen laufe würde. Heute kann ihm das gemeinsame Gehen kaum Spaß machen. »Reiß dich zusammen«, denke ich mir. Ihm zuliebe. Ich kann jetzt eh nichts ändern. Gerade als ich beschließe, nicht mehr an Benny und den gestrigen Abend zu denken, schießt Johannes wieder eine vor ihm liegende Eichel quer über den Sandweg und sagt wie aus heiterem Himmel: »Benny ist ein echt toller Mensch.« Erschrocken drehe ich mich zu Hannes um: »Wieso sagst du das?«

»Wieso denn nicht?«

»So was sagt man doch nicht einfach so!«

»Aber warum denn nicht? Ich finde, dass Benny ein toller Mensch ist, also kann ich das doch auch sagen. Aber schön, dass du mir jetzt zuhorst«, grinst er. Misstrauisch beäuge ich ihn. Ob die beiden wohl miteinander gesprochen haben? Ob Hannes über gestern Abend Bescheid weiß? Und ich breche mir hier einen ab, weil ich nicht weiß, ob und wie ich mit ihm darüber sprechen kann.

»Der Benny hat auch eine echt gute Figur. Sind dir seine Arme aufgefallen, Andrea?«

»Hmm …«, antworte ich neutral, während mein Misstrauen wächst. Wann hatten die beiden Zeit, darüber zu reden? Waren sie heute morgen gemeinsam im Bad? Wie viel hat Benny ihm erzählt? Versucht Hannes gerade, mehr aus mir herauszukitzeln?

»Aber er hat Haare wie ein Bär – das kann eine Frau doch nicht attraktiv finden, oder, Andrea?« Ja, denke ich mir, genau das will ich jetzt hören. »Ich war in O Cebreiro mit ihm unter der Dusche. Zuerst dachte ich, da steht ein Spanier oder ein Portugiese vor mir«, fügt er lachend hinzu.

Wenn er etwas weiß, denke ich mir, soll er mich doch direkt fragen. Auf diese Spielchen habe ich keine Lust.

»Wie findest du Benny?«, fragt er ganz unverblümt.

Ich bleibe auf der Stelle stehen und drehe mich zu ihm um: »Okay, was soll das?«, frage ich mit lauter Stimme. »Was wird das hier, Hannes?«

Er schaut mich entgeistert an, öffnet den Mund und schließt ihn wieder. Unverständnis ist in seinem Gesicht zu lesen. Sofort bereue ich, ihn so angefahren zu haben. Er fragt einfach mit seiner ganz Hannes-eigenen Naivität, ob ich jemanden, den er gerne hat, auch mögen würde.

»Was ist denn nur los mit dir heute? Ich weiß nicht, was dein Problem ist, aber klär es. Mach einen Haken dahinter, okay?« Mit festem Schritt stapft Hannes, den Blick starr nach vorn gerichtet, an mir vorbei. Ich bleibe noch einen Moment stehen. Er hat recht: Er kann nichts für mein emotionales Chaos. Wie ich so dastehe und ihm hinterhersehe, beginnt es zu regnen. »War ja klar«, flüstere ich Richtung Himmel. »Was heißt das jetzt wieder?« Ich schüttle den Gedanken an weinende Engel oder das Universum, das mir ein Zeichen schicken will, ab und laufe meinem Freund nach. Schnell habe ich ihn eingeholt, und wortlos gehen wir nur nebeneinanderher. Dicke Regentropfen zerspringen beim Aufprallen auf den Boden in kleine glitzernde Wasserperlen, in denen sich bunt das Licht bricht. Um uns herum zirpen Grillen und quaken Frösche oder Kröten. Der dunkle Boden vor uns ist bereits übersät mit Pfützen, an einigen Stellen sogar komplett aufgeweicht und zu schlammigen Gruben geworden. Trotz des Regens bricht immer wieder die Sonne durch kleine Lücken in der dicken Wolkendecke und lässt die galicischen Eukalyptuswälder in dunklem Grün erstrahlen. Es duftet intensiv nach Eukalyptus: »Riech mal«, sage ich zu Hannes, um das Schweigen endlich zu brechen, und atme tief ein. »Riecht gut«, sagt er. »Irgendwie feucht und nach Hustenbonbon.« Ich muss lachen, und unser Eis ist wieder gebrochen. Zum Glück. Als Entschuldigung knuffe ich Johannes gegen die Schulter, und wir beide lächeln verlegen vor uns hin.

Wir kehren in ein Restaurant ein, um uns etwas aufzuwärmen und einen Kaffee zu trinken. Unsere Rucksäcke sind triefnass, und neben unseren Stühlen, wo wir sie abgestellt haben, bildet sich eine dunkle Pfütze auf dem roten Teppich. Der Wirt weist uns aufgeregt an, die Rucksäcke draußen unter dem Dach vor dem Restaurant abzustellen, also tragen wir sie kleinlaut wieder vor die Tür. Als wir den Speisesaal erneut betreten, entdecken wir Arne und seinen Vater in einer Ecke am Fenster. Wir gesellen uns also zu ihnen und spielen gedanklich gemeinsam bei einer Tasse dampfenden Kaffees die nächsten Tage durch. Wenn wir weiterlaufen wie bisher, kommen wir am 12. Oktober in Santiago an. Das ist schon in vier Tagen. Sofort schießen mir wieder die Gedanken vom Morgen durch den Kopf. Ich hatte mich schon auf Santiago gefreut. Aber ich bin noch nicht bereit anzukommen. Jetzt nicht mehr. Nicht nach gestern. Zu viele neue Fragen haben sich ergeben. Es geht mir gar nicht um Benny und unsere gestrige Nacht. Es geht mir vielmehr um die Bedeutung, die diese Nacht für mich und mein Leben hat. Ich hatte keine Zeit, mir darüber klar zu werden, ob ich es noch einmal mit Daniel versuche, ob wir zusammenbleiben, weitermachen oder ob ich bei meinem Entschluss, mich von ihm zu trennen, bleiben sollte, bevor ich mich schon wieder in das nächste Abenteuer gestürzt habe. Wenn ich mich auf einen anderen Mann einlasse – sei es für eine Nacht, eine Woche oder ein ganzes Leben –, dann kann das nur heißen, dass es für mich und Daniel keine Zukunft mehr gibt und damit kein Zurück in das alte Leben. Aber auch kein Zurück in eine Beziehung, die eigentlich eh schon gescheitert war.

Dennoch fühle ich mich, als hätte ich ihn betrogen. Obwohl wir getrennt sind, fühlt es sich an, als hätte ich ihn hintergangen. Einfach weil er noch immer da ist. Er ist noch in meinen Gedanken, und vor weniger als vierundzwanzig Stunden habe ich mir noch den Kopf darüber zerbrochen, ob es vielleicht eine Neuauflage von uns geben könnte. »It was only a kiss, it was only a kiss«, schreien mir die Killers im Kopf lauthals entgegen. Ich schreie innerlich mit. Es war nur ein Kuss und vielleicht ein bisschen mehr, aber es hat keine Bedeutung.

Johannes, Arne und Jürgen unterhalten sich angeregt, während ich scheinbar gedankenverloren aus dem Fenster in das verregnete galicische Graugrün starre. Es war eben nicht nur ein Kuss. Es war mehr. Es bedeutet mehr. Viel mehr. Für mich. Nicht für Benny und mich, aber für mein Leben. Plötzlich horche ich auf. The one and only Frank Sinatra raunt leise einen seiner Songs quer durch die Gaststätte: »You must remember this, a kiss is still a kiss« – als käme die Antwort auf meine Gedanken blechern aus den alten Lautsprechern.

»It's still the same old story. A fight for love and glory. A case of do or die. The world will always welcome lovers. As time goes by.«

Es ist immer die gleiche Geschichte. Es geht immer um die Liebe, um das Lieben und das Geliebtwerden. Ich wollte hier niemanden kennenlernen, wollte für mich sein, meine eigenen Entscheidungen treffen, nun habe ich wieder das Gefühl, als würden meine Entscheidungen von jemand anderem abhängen, als müsste ich auf jemanden Rücksicht nehmen. Dabei wollte ich mich hier ganz egoistisch einfach nur um mich selbst drehen.

Alles steht auf Anfang: »Sie gehen nicht über Los, ziehen keine 1.000 Mark ein.« Nach den 730 Kilometern, die ich nun schon gegangen bin, nach Erkenntnissen und Einsichten, wunderschönen und schrecklichen Camino-Erlebnissen, stehe ich nun wieder am Anfang, muss mir wieder über neue Aspekte meines Lebens klar werden. Das Schlimmste dabei ist aber, dass ich die Zeit nicht anhalten kann: Ich bräuchte eine Pause zum Durchatmen, zum Denken. Ich will die Zeit nicht vorspulen, um Geschehenes hinter mir zu lassen, ich will sie nicht zurückdrehen, um irgendetwas ungeschehen zu machen. Ich will nichts ungeschehen machen! Ich will die Zeit nur anhalten, um ein wenig mehr von ihr zu haben. Lange habe ich gebraucht, um zumindest die Richtung einer Entscheidung bezüglich Daniel und mir einzuschlagen, aber ich war damit noch nicht fertig, hatte noch kein endgültiges Ergebnis. Und nun habe ich keine vier Tage mehr, um diese neuen Geschehnisse mit in meine Überlegungen einzubeziehen und mir darüber klar zu werden, wie es für mich weitergeht. Ich will wissen, ob und wenn ja, was es bedeutet, bevor ich in Santiago ankomme. Ich würde alles dafür geben, die Zeit anhalten zu können. Sie läuft mir davon, und ich kann den Zeigern auf dem Zifferblatt dabei zusehen, wie sie mir, wie Momos Zeitdiebe, die Sekunden stehlen.

Arne reißt mich aus meinen Gedanken, er liest aus seinem Reiseführer vor: »Am 12. Oktober ist spanischer Nationalfeiertag. Zelebriert wird der Día de la Hispanidad, die Entdeckung der neuen Welt durch Christoph Kolumbus. Der 12. Oktober 1492 wird von Historikern als Stichtag der Neuzeit angesetzt. Es ist der Beginn der Verbreitung der spanischen Kultur auf dem neuen Kontinent.«

»Klingt nach einem denkwürdigen Tag, um in Santiago einzulaufen«, entgegne ich mit einem müden Lächeln und blicke dabei auf den angetrockneten Milchschaumrand in meiner Kaffeetasse, als würde ich darin Antworten auf meine Fragen finden.

Obwohl sich draußen der Nebel zusammenbraut, machen wir uns wieder auf den Weg zu unserem heutigen Etappenziel. Wir wandern durch sumpfähnliche Gebiete, die von den hohen Eukalyptusbäumen umschlossen sind, die sich über unseren Köpfen zu einem dichten Blätterdach ausbreiten. Häufig bleiben wir mit unseren Wanderschuhen im Matsch stecken, und wenn wir sie herausziehen, macht es dieses Geräusch, das ich als kleines Mädchen im Watt so geliebt habe. Über Trittsteine marschieren wir durch kleine Bäche und einmal sogar über einen reißenden Strom.

Als wir aus dem dichten Wald heraustreten, streckt auch die Sonne ihre Strahlen durch die finsteren Wolken. Vorbei an einer Horeo, einem der traditionellen galicischen Getreidespeicher, haben wir nur noch einige Hundert Meter bis zu unserer Herberge vor uns. Die alte Mühle wurde zu einer hübschen Unterkunft mit verwunschenem, idyllischem Garten ausgebaut. Vor dem Haus liegen noch immer die alten Mühlsteine, die jetzt mit bunten Blumen bepflanzt sind. An den steinernen Wänden im Gemeinschaftsraum, in dem einzelne Tische zu einer u-förmigen Tafel aufgestellt sind, hängen alte bunte Holzstühle, von denen die Farbe an vielen Ecken abplatzt. Es sieht urig und gemütlich aus.

Das Haus mit den Schlafplätzen liegt separat. Nachdem Hannes und ich uns zwei Betten ausgesucht haben, stürzen wir uns auf die Dusche wie ausgehungerte Tiere auf die langersehnte Beute. Wir sind noch immer triefnass vom Regen und durchgefroren. Die wärmende Dusche weckt unsere müden Lebensgeister. Es gibt nur jeweils eine Dusche für Männer und Frauen. Da ich momentan noch die einzige Frau hier bin, habe ich die Dusche ganz für mich allein, und ich genieße sie. Ausgiebig. Bestimmt eine halbe Stunde lang wasche ich mir den Regen und die

Kälte aus den Gliedern, höre dabei Jack Johnson und komme endlich, zum ersten Mal an diesem Tag, wirklich auf andere Gedanken als den an mein gestriges Abenteuer.

Als ich den Garten betrete, sitzen Martin, Benny, Arne, Jürgen und Hannes bereits um einen massiven runden Holztisch herum, mit je einem Bierchen vor sich, auf den üblichen grünen Plastikstühlen mit dem San-Miguel-Logo. Die Stühle wirken vor dem riesigen Tisch deplatziert, und der einzige noch freie Platz – ausgerechnet zwischen Benny und Martin – sieht winzig und irgendwie verloren aus. Ich hole tief Luft, will mir unter keinen Umständen mein Unbehagen anmerken lassen. Ein wenig unbeholfen setze ich mich zwischen die beiden, bedacht darauf, trotz der eng zusammenstehenden Stühle weder Benny noch Martin zu berühren. Aus den Augenwinkeln sehe ich, wie Benny mich anlächelt. Ich ignoriere ihn.

»Wo ist denn Edith?«, frage ich in die Runde.

»Weitergelaufen«, antwortet Jürgen. Arne ergänzt: »Sie hat das Lauffieber gepackt und wollte mindestens bis Casanova weitergehen.«

Ich bin ein wenig enttäuscht, dass Edith ohne uns weitergelaufen ist. Sie war meine Verbündete in unserer kleinen, von Männern dominierten Truppe. Gerade als ich darüber nachdenke, ob ich vielleicht mit Benny über das Geschehene sprechen sollte und wie ich das wohl am besten anstellen kann, ohne dass die anderen etwas davon mitbekommen, verabschiedet er sich von der Runde: Er müsse etwas Schlaf nachholen und würde sich gerne für eine Stunde hinlegen. Erst jetzt bemerke ich die tiefen Schatten in seinem Gesicht und die dunklen Augenringe, die er sich zum Abschied mit den Handrücken reibt.

Das Wetter ist ein wahrer Genuss, die Sonne brennt und wärmt die durchgefrorenen Knochen. Ich ziehe mich mit einem der Plastikstühle zurück in die Tiefen des Gartens, schreibe in mein Tagebuch und begutachte meine zerschundenen Beine und Arme. Überall habe ich Bettwanzenbisse. Wo kommen die auf einmal her? Gestern waren sie noch nicht da. Ist das jetzt so eine Art Strafe? Weil ich meinen Fokus verloren habe? Weil ich mich nicht auf das Wesentliche konzentriert und besonnen, sondern zugelassen habe, dass ich, obwohl mental mit dem einen noch nicht abgeschlossen, schon wieder in den Armen des nächsten Mannes lag? Ich versuche, dem Drang, zu kratzen zu widerstehen, schaffe es aber nicht. In dem Moment, da sie mir aufgefallen sind, kann ich an nichts anderes mehr denken als an die Wanzenbisse und das Jucken. Ich renne in das kleine Bad, knöpfe wie wild geworden meine Hose auf und reiße sie herunter. Mein rechter Oberschenkel ist übersät mit fiesen rot-weißen Quaddeln. Mit der flachen Hand kratze ich über meine Beine, bis sie knallrot sind und unter der Haut kleine Einblutungen erkennbar werden. Als mein Blick auf mein Handtuch neben dem Waschbecken fällt, reiße ich es von dem silbernen Haken und halte es unter eiskaltes fließendes Wasser, um anschließend meine Pusteln damit zu kühlen. Sofort fällt die Anspannung ab, das kühle Nass fühlt sich gut an auf der gereizten Haut. Schnell nimmt das Handtuch meine Körperwärme an, also wasche ich es aus und tränke es erneut in kaltem Wasser, bevor ich es wieder auf meine Beine lege. Als sich Juckreiz und Schmerz legen, ziehe ich die Hose wieder an – nicht ohne sie vorher einmal auszuschütteln – und gehe nach draußen. Das Handtuch nehme ich mit und wickle meinen ebenso zerbissenen linken Arm darin ein.

Beim Abendessen sitzen wir wieder alle zusammen. Benny, Hannes und ich albern herum wie kleine Kinder. Das Pilgermenü ist köstlich, und zwischen Hauptgang – natürlich Pasta – und Dessert hole ich mir meinen neongrünen Fleecepullover aus dem Schlafraum. Während ich über das Gelände laufe, überlege ich, wie ich mich Benny gegenüber wohl verhalten sollte. Wir hatten den ganzen Tag über viel Spaß, auch das Essen lief entspannt, und die Runde fühlt sich ungezwungen an. Vielleicht sollten wir einfach über gestern reden. Ich könnte Benny sagen, dass es eine einmalige Geschichte für mich gewesen sei, dass es zwar schön war und dass sich diese Sache mit unseren Händen, die sich immer wieder ineinanderflochten, irgendwie magisch angefühlt hatte, ich aber im Moment für ein neues Abenteuer oder gar eine neue Liebe einfach nicht den Kopf frei hätte. Während ich mir den Pullover über den Kopf ziehe, festigt sich mein Entschluss, und selbstbewusst mache ich mich auf den Rückweg zum Speisesaal. Ich muss Benny nur einen Moment allein abpassen. Das könnte schwierig werden, aber es ist sicher machbar.

Beim Verlassen des Schlafsaales sehe ich aus den Augenwinkeln jemanden auf der Bank davorsitzen, murmle ein »Hej« und marschiere dann voller Tatendrang geradewegs über den Hof zum Haupthaus. »Wie erwische ich Benny allein?«, frage ich mich, als ich versuche, im Dunkeln die Hoftür zu öffnen, die nach heftigem Ziehen und Ruckeln von innen aufgestemmt wird. In diesem Moment wird mir schlagartig klar, wer dort auf der Bank vor dem Schlafraum gesessen hat: Benny! »Nicht doch«, denke ich. Er wollte mit mir reden, hat die Gelegenheit, mich alleine abzupassen, beim Schopf gepackt und kam mir hinterher. Wahrscheinlich hat er sich – abgeschreckt durch mein beiläufiges, fast gleichgültiges »Hej« – nicht getraut, mich anzusprechen. Nun steht Martin vor mir, und ein greller Lichtkegel aus dem Inneren des Haupthauses umschließt mich und macht es mir unmöglich, irgendetwas, was sich außerhalb dieses Kegels befindet, auch nur zu erahnen: »Was denn jetzt?«, fragt Martin. »Rein oder raus? Wenn du da rumstehst, kommen die ganzen Mücken rein.«

»Rein«, antworte ich und denke bei mir: »Gott, bist du dämlich. Du solltest öfter mal deine Brille tragen, Andrea, dann siehst du auch, was um dich herum geschieht.«

Eine Minute später ist auch Benny wieder da, natürlich bekommt er die Hoftür problemlos geöffnet. »Entschuldige, ich habe dich gerade eben nicht erkannt, als du dort saßt und auf mich gewartet hast«, versuche ich ihm mit meinem Blick zu sagen. Vergeblich. An diesem Abend haben wir keine Gelegenheit mehr, allein miteinander zu sprechen.

Als ich später im Bett liege, in einem oberen, während unter mir Benny schläft, denke ich: »Morgen!« Und mit diesem Gedanken schlafe ich ein.

Ribadiso (10. Oktober)

Als ich an diesem Morgen aufwache, ist Benny bereits weg. Gut, denke ich mir, sprechen wir also später. Seit ich gestern den Entschluss gefasst habe, klare Fronten zu ziehen, geht es mir viel besser. Es herrscht noch immer Chaos in meinem Kopf, aber es ist weniger schlimm.

Auch heute regnet es wieder. Mein Reiseführer hatte also recht: »In Galicien wird es vermutlich an jedem Tag Ihrer Pilgerreise regnen, sei es nur für einige Minuten. Tage ohne Regen gibt es in Galicien kaum.« Es ist dieser fiese Sprühregen, der uns schon die letzten Tage begleitet hat. Für ein Regencape eigentlich zu wenig – vor allem weil es unter diesen elendigen Plastikdingern zu heiß und stickig wird. Wenn es aber länger regnet, durchtränkt dieser Sprühregen langsam und beständig alle Kleidungsstücke, die man am Körper trägt, bis er die Haut darunter mit einem feuchten Film bedeckt hat. Die Füße quietschen beim Gehen in den nassen Wanderschuhen, und bei jedem Schritt hört man, wie das Wasser aus den Socken und Einlegesohlen gepresst wird.

Kurz vor Melide treffen Hannes und ich auf Martin, und gemeinsam beschließen wir eine Pulperia zu besuchen. Die galicischen Pulperien sind weit über die Landesgrenzen hinweg bekannt. »Pulpo a la gallega« ist das Nationalgericht der spanischen Provinz. Der Tintenfisch wird dafür in großen Kupferkesseln mit Wasser, Zwiebeln und Lorbeer, aber ohne Salz, über einem offenen Feuer gegart. Anschließend wird er in mundgerechte Stücke geschnitten, mit grobem Meersalz, mittelscharfem Paprikapulver und Olivenöl gewürzt und auf einem Holzbrettchen serviert. Dazu gibt es Rotwein aus Tonkrügen und frisches Baguette.

Nachdem wir den würzigen Oktopus bis auf das letzte Stück verputzt haben, brechen wir auf und bahnen uns unseren Weg, den Muschelzeichen folgend, aus dem Ort heraus. Johannes quatscht in einer Tour und wird nur gelegentlich durch den wesentlich lauteren Martin unterbrochen. Ich höre den beiden überhaupt nicht zu, es ist wie ein monotones Hintergrundrauschen, das mich auf meinem Weg begleitet. Als wir die letzte Straßenkreuzung vor dem Ortsausgang erreichen, setze ich meinen Rucksack ab und krame aus dem Kopfteil meine Kopfhörer. Martin und Hannes stehen neben mir und beobachten mich. Den Rucksack wieder geschultert, stöpsle ich das Kopfhörerkabel in mein Handy, schaue von einem zum anderen und sage zu Martin: »So, Papa, der Kleine gehört jetzt dir. Ich brauche eine Pause.« Die Kopfhörer schon in den Ohren, lächle ich beide an, die mich verdutzt und verständnislos anblicken, drehe mich um und überquere die Straße. Martin und Hannes bleiben stehen: »Was? Ich will ihn aber nicht allein!«, ruft der lauteste Pilger des gesamten Jakobswegs mir nach, und auch Hannes ruft etwas, aber das verstehe ich schon nicht mehr. Ich beschleunige meinen Schritt und tauche schon bald in den galicischen Wald hinter Melide ein.

Ich möchte allein gehen. Noch drei Tage bis Santiago, und ich warte noch immer auf die große Erkenntnis, auf einen Durchbruch in meinem Gedankenchaos. Wieder geht es über Trittsteine durch Bäche und kleinere Flusstäler. Manches Mal ist es ein echter Balanceakt auf den glitschigen, vom Regen nassen Steinen. Der seichte, aber kontinuierliche Nieselregen durchtränkt meine blaue Fleecejacke, die durch das viele Wasser immer schwerer wird.

Als ich durch das Dorf Boente laufe, entdecke ich am Ortsausgang eine kleine Jakobuskirche. Unter ihrem Vordach setze ich meinen Rucksack ab und wickle umständlich mein Regencape darum. Die Enden des Capes binde ich an der Unterseite meines limonengrünen Freundes zusammen und lehne das verschnürte Paket vor dem Portal der Kirche an die Wand. Anschließend schäle ich mich aus der klitschnassen Fleecejacke und wringe sie mit aller Kraft aus. Ein braungrauer Wasserfall ergießt sich aus der Jacke und klatscht auf das Pflaster. Kurz bildet sich vor meinen Füßen eine Pfütze, ehe sich die Wassermassen verteilen und in dem übrigen Regen untergehen. Mit der Jacke über dem Arm betrete ich die Kirche. Gleich hinter dem Eingangsportal begrüßt mich ein Priester: »Buen Camino, Peregrina«, sagt er und zaubert mir mit der »Peregrina«, Pilgerin, ein Lächeln auf die Lippen.

»De donde eres?«, woher ich sei, fragt er.

»Alemania«, antworte ich ihm, woraufhin er mir ein laminiertes Pappkärtchen reicht. Auf der Vorderseite das bunte Abbild des heiligen Jakobus zu Pferde, auf der Rückseite ein Gebet auf Deutsch. Ich setze mich auf eine der Kirchenbänke und lese das Gebet:

»Ich bin hier, wie so viele Tausende Pilger in den Jahrhunderten zuvor, und biete Gott die Erschöpfung des Weges dar. Ich komme mit dem Wunsch zu lernen …«

Beim Verlassen der Kirche zückt der Priester einen Stempel aus der Tasche seines Gewandes. Ich reiche ihm meinen Pilgerausweis und mit den Worten: »Es kommt alles, wie es kommen soll, mein Kind«, setzt er mit blauer Tinte den Stempel der Igrexa Parroquial in meinen Ausweis.

Als ich aus der Kirche trete, hat es aufgehört zu regnen. Das feuchte blaue Ungetüm auf meinem Arm hänge ich über den Rucksack, bevor ich mit diesem auf dem Rücken weitermarschiere. Kurz hinter Boente stoße ich auf eine Herde von fünfundzwanzig bis dreißig Kühen, die von ihrem Bauern auf dem Traktor begleitet werden. Die Herde versperrt mir den Weg, und so laufe ich ihnen langsam und ein wenig ängstlich hinterher. Die letzte Kuh hat eine Verletzung am Bein, eine offene, eitrige Wunde, die von Fliegen umschwirrt wird. Sie lahmt, und das Gehen fällt ihr sichtlich schwer. »Na, du?«, sage ich an die Kuh gewandt. »Da haben wir zwei uns wohl gefunden. Du kannst nicht an den anderen vorbei, weil du verletzt bist, und ich traue mich nicht mitten durch die Herde zu spazieren, weil ich so viel Respekt vor euch Tieren habe.« Die hellbraune Kuh trottet neben mir her – oder ich neben ihr. »Ich bin ein Stadtkind«, erkläre ich dem Tier weiter. »Viele Kühe habe ich, außer aus dem vorbeifahrenden Auto auf Feldern an Landstraßen, noch nicht gesehen. Zumindest bin ich nie zuvor so häufig neben Kühen hergelaufen wie hier auf dem Camino.« Die Kuh scheint mein Geschwätz nicht zu interessieren. »Meinst du, ich kann es wagen? Einfach an allen vorbei?«, frage ich, nicht in der Erwartung einer Antwort. Der Bauer in seinem Traktor gibt mir inzwischen zum wiederholten Male zu verstehen, dass ich doch bitte einfach vorbeigehen und seine Tiere in Frieden lassen solle. Aber ich habe Angst, dass eines der Rinder austritt, wenn ich zu nah von hinten an sie herankomme.

Mein Blick fällt auf den Kilometerstein, der rechter Hand neben dem Sandweg steht. »49 km« steht darauf. Schlagartig wird mir klar, dass ich keine Autostunde mehr von Santiago de Compostela entfernt bin, und ich denke an das Gebet aus der Kirche zurück: »Ich komme mit dem Wunsch zu lernen«, hat es dort geheißen. An dem steilen Anstieg von O Cebreiro habe ich gelernt, dass ich ohne Angst einfach durch eine Kuhherde gehen kann. »Okay!«, sage ich, wieder an die lahmende Kuh gewandt. »Du kannst hier nicht durch und vorneweg laufen, aber ich kann es! Also mache ich das jetzt einfach. Für uns beide!« Mit geballten Fäusten ziehe ich mein Tempo an und stapfe regelrecht an den Kühen vorbei. Mitten durch. Als ich auf der anderen Seite wieder aus der Herde heraustrete, laufe ich noch ein paar Meter weiter. Dann drehe ich mich um, triumphierend erhebe ich jubelnd den Pilgerstab: »Ha!«, rufe ich und grinse über die Rinder hinweg zu dem Bauern in seinem Traktor.

Als ich von Weitem in einer Senke Ribadiso erkenne, packt mich die Lust, meinem heutigen Ziel entgegenzurennen. Ich schaue mich um. Die Kühe habe ich lange hinter mir gelassen. In einiger Entfernung läuft allerdings ein Pilgerpaar, bestehend aus einem älteren Pilger um die sechzig mit Cowboyhut und beiger Outdoorweste und einer jungen Frau, etwa dreißig Jahre alt, deren lange blonde Haare ordentlich über dem rosafarbenen Pullover gekämmt auf ihrer Brust liegen. Ich laufe schneller, denke dabei an Arne und Jürgen, die in Barbadelo erzählten, dass sie Pilger haben rennen sehen: »Das müssen diese schrecklichen Tagespilger sein. Niemand kann am Ende einer Etappe noch rennen.« Grinsend laufe ich los. Na und? Dann halten mich die anderen hinter mir eben für eine Tagespilgerin. Ich bin keine. Ich bin schon fast 800 Kilometer weit gelaufen. Ich ganz allein, auf meinen eigenen Füßen. Es interessiert mich nicht, was die Menschen um mich herum denken, ich renne einfach, werde schneller und schneller. Der Wind weht durch meine noch immer vom Regen feuchten Haare, die schnell vorbeiziehende kühle Luft legt sich wie ein erfrischender Film auf meine Haut. Das Pochen meines Herzens scheint sich dem Rhythmus des auf- und abspringenden Rucksacks auf meinem Rücken anzupassen. Ich sprühe vor Serotonin und kann nicht aufhören, während des Rennens zu lachen. Als es bergab geht, werde ich immer schneller. Mein limonengrüner Freund schiebt mich weiter vorwärts. Ich versuche das Tempo zu drosseln, aber es gelingt mir nicht, also breite ich die Arme aus, laufe Ribadiso entgegen und komme erst hinter der Brücke über den Río Iso, der der Stadt ihren Namen gab, zum Stehen. Außer Atem, aber glücklich, lehne ich mich an die steinerne Hauswand des nächsten Gebäudes und sinke zu Boden.

Nach einer kurzen Verschnaufpause zieht es mich weiter. Weiter zur Herberge, in der wir uns alle für heute verabredet haben. Vielleicht habe ich die Gelegenheit, ein paar Minuten mit Benny allein zu sein, um mit ihm zu reden. Ich gehe fest davon aus, dass Benny inzwischen frisch geduscht und in Freizeitkleidung in der Herberge oder irgendwo hier in Ribadiso ist.

Während ich zu unserer ausgewählten Herberge trotte, überlege ich, wie ich wohl anfangen könnte. Was soll ich sagen? Gleich mit der Tür ins Haus fallen? Ich weiß nicht, wie viel Zeit wir haben, bevor der Rest unserer Truppe eintreffen wird. Vielleicht will er gar nicht mit mir reden? Den Gedanken schüttle ich sofort wieder ab: Ist mir egal. Ich brauche Klarheit. Ich muss reden, ob er will oder nicht. Was passiert ist, hat mich aus der Bahn geworfen, nein, es hat mich katapultartig auf einen anderen Stern geschleudert. Aber ich muss erst meine anderen Baustellen abarbeiten, und zwar noch vor meiner Ankunft in Santiago. In der Herberge erzählt mir die junge Hospitalera, dass ich die Erste sei und mir ein Bett frei aussuchen dürfe. »Sind Sie sicher, dass noch niemand da ist?«, frage ich sie. Sie wiederum schaut mich aus zusammengekniffenen Augen argwöhnisch an und antwortet: »Ja, ich bin mir ganz sicher«, dann dreht sie sich um und verschwindet hinter einer Schwingtür in einem kleinen Büro. Meine Enttäuschung kann ich nicht verbergen. Ich hatte so sehr gehofft,

Zeit allein mit Benny zu haben. Nach und nach trudeln Martin, Hannes und Herbert ein. Ich habe inzwischen einen Spaziergang durch die Stadt hinter mir und habe mich sogar dabei ertappt, wie ich mich in einer anderen Herberge umgeschaut habe, ob Benny vielleicht hier untergekommen sein könnte. Während die drei Männer und ich darauf warten, dass das Restaurant um 19:00 Uhr öffnet, erreicht Martin eine SMS von Arne: »Sind weitergelaufen nach Arzúa. Benny ist bei uns. Bis in Santiago. Liebe Grüße.«

Er ist tatsächlich weitergelaufen! Das kann nicht sein. Warum tut er das? Etwa meinetwegen? Sofort schießen mir Gedanken durch den Kopf, dass ich unsere kleine, so familiäre Gruppe gesprengt hätte. Erst Edith, jetzt auch Arne, Jürgen und Benny. Jeder Einzelne fühlt sich wie ein Verlust an. Ein Schatten legt sich auf meine Brust und den Geist. Schuldgefühle schnüren mir die Kehle zu. Im Restaurant bestelle ich nur Wasser und Wein. Ich habe keinen Hunger mehr. Es ist, als stünde ich in einem dichten Nebel, und das, was die anderen sagen, dringt kaum zu mir vor. Die Trauer über die Splittung meiner Pilgerfamilie schlägt in Wut um. Ich bin wütend auf mich selbst, darüber, dass ich gestern Abend an Benny vorbeigesaust bin und die Chance auf ein Gespräch habe verstreichen lassen. Warum muss ich immer so ein Wirbelwind sein? Aber ich bin auch wütend auf ihn. Das Treffen von Entscheidungen war noch nie meine Stärke, und gerade als ich mich dazu entschlossen hatte, mit ihm zu sprechen, macht er meinen Vorsatz zunichte. Weil er nicht da ist. Weil er weitergelaufen ist.

Beim Essen besprechen wir, wo wir in Santiago übernachten und wie lange wir bleiben wollen. Erklärtes Ziel war eigentlich der Parador mit Blick auf die Kathedrale. Nach den Strapazen der letzten Wochen wollten wir wie die Könige in Santiago schlafen, aber eine Nacht in diesem Fünfsterneluxushotel ist mit

280 Euro pro Nase nahezu unerschwinglich. Zumal es keine Garantie gibt, dass unsere Zimmer wirklich Blick auf die Kathedrale hätten. Herbert hat von einem befreundeten Ehepaar einen anderen Hoteltipp bekommen. Gemeinsam schauen wir uns auch dieses Fünfsternehaus an und buchen letztlich, nachdem Martin kurz mit Benny telefoniert hat, den wir in Santiago wieder treffen wollen, zwei Doppelzimmer im Araguaney.

Hannes wird nicht am Freitag, sondern erst einen Tag nach uns in Santiago ankommen. Er möchte, wie es die Tradition vorschreibt, in Monte do Gozo, 5 Kilometer vor Santiago, übernachten, um frisch geduscht, nicht verschwitzt und ein wenig herausgeputzt an der Kathedrale des Apostels einzutreffen. Auch Benny hat vor, in Monte do Gozo zu übernachten, was bedeutet, dass wir, wenn alles nach Plan läuft, am selben Tag, am 12. Oktober, in Santiago ankommen werden. Die zwei Doppelzimmer bieten also – zumindest am ersten Abend – Platz für Herbert, Martin, Benny und mich. Am zweiten Abend wird Benny Hannes weichen müssen.

Später im Bett der Herberge, eingekuschelt in meinen Schlafsack, kreisen meine Gedanken um Entscheidungen, um Entschlüsse, die wir fassen, aber dann, aus welchen Gründen auch immer, nicht umsetzen können. Benny ist weg – vorerst. Ich kann es nicht ändern. Kann nichts vor Santiago klären, also versuche ich meine Gedanken zur Seite zu schieben. »Es kommt alles, wie es kommen soll«, hat der Priester in Boente heute gesagt. Es hilft nicht, mir den Kopf über Dinge zu zerbrechen, auf die ich alleine keinen Einfluss habe. Das macht mich zum jetzigen Zeitpunkt nicht klüger. Ich werde wohl einfach darauf vertrauen müssen, dass sich alles fügen wird, dass ich meine Antworten schon noch bekommen werde. Und falls nicht, dann sind sie vielleicht gar nicht so wichtig. Noch bin ich nicht bereit für Santiago. Vielleicht am Freitag. Wir werden sehen.

ANKOMMEN?

»Ich versuche jetzt, mich auf mich selbst zu konzentrieren. Und zwar nur auf mich.«

Pedrouzo-Arca (11. Oktober)

Wie ferngesteuert und vollkommen benommen stehe ich an diesem Morgen mit dem Gedanken auf, dass ich heute meine vorletzte Etappe auf dem Jakobsweg laufen werde. Mein Magen krampft sich bei diesem Gedanken zusammen. Eine Schwere liegt in allem, was ich tue, in jeder Bewegung. Die Menschen um mich herum, die zwei Amerikanerinnen, mit denen wir in einem Zimmer übernachtet haben, Martin, Johannes und auch Herbert strotzen vor Euphorie. Hannes ist sogar ganz hibbelig. Am laufenden Band spricht er davon, was er in Santiago alles essen werde: Jakobsmuscheln, Hummer, erstklassige Crema catalana – Hauptsache, keine Pasta oder Bocadillo. Er schwärmt davon, ausgiebige Schaumbäder in der Luxuswanne unseres Fünfsternehotels zu nehmen und den Rest des Tages im Bett zu verbringen, eingewickelt in einen sauberen Frotteemantel, ohne auch nur einen Schritt mehr als nötig zu gehen: »Vielleicht gönne ich mir eine Pediküre, damit meine Füßlein wieder zart werden«, grinst er mit der Zahnbürste in der Hand in den Spiegel.

»Von mir aus können wir heute auch durchlaufen bis Santiago«, ergänzt Martin, »Ick bin fit, wa.«

Recht spät an diesem Morgen verlassen wir zu dritt die Herberge. Herbert bleibt mit den zwei Amerikanerinnen in Ribadiso zurück, die einen Narren an dem Bonner gefressen haben: »Er ist so charmant. Hast du sonst jemanden gesehen, der in Hemd und perfekt sitzender Jeans wandert?«, fragt eine der beiden, und Herbert erklärt ihnen mit seinem ganz eigenen Schalk im Nacken, dass er die Jeans extra von einem Schneider aus seiner Heimat für die Wanderung hat anfertigen lassen. Die beiden aufgekratzten bunten Ladys geben ihm den Spitznamen »Gentleman Pilgrim«, nehmen ihn in ihre Mitte und machen sich untergehakt auf die Suche nach einem netten Café für ein ausgiebiges Frühstück.

Derweil wandern Martin, Hannes und ich die 4 Kilometer in den nächsten Ort, Arzúa, um dort zu frühstücken. Auch heute kann ich nichts essen. Das beklemmende Gefühl vom Morgen hat mich noch immer nicht verlassen. Schwermütig rühre ich mit dem Löffel in meinem Cappuccino herum. »Wenn du so weitermachst, ist er gleich kalt«, stellt Martin stirnrunzelnd fest.

»Hmm?«, frage ich und schaue zu ihm auf.

»Sie hat dir nicht zugehört«, erklärt Hannes Martin mit einer abwinkenden Bewegung, »Das kenne ich schon. Macht sie in letzter Zeit öfter.« Er murmelt es mit gespielter Gleichgültigkeit, aber ich weiß, dass es ihm nicht egal ist.

»Was ist los? Warum bist du so ruhig?«, fragt Martin.

Ich nippe an der Tasse, an deren Rand ein angetrockneter Milchschaumrest zurückbleibt. Mit der Zunge fahre ich über den klebrigen Rand, an dem auch noch ein wenig Kakaopulver hängt, und schaue vom einen zum anderen.

»Ich bin noch nicht bereit«, sage ich schließlich. »Ich kann noch nicht ankommen. Ich fühle nicht das, was ihr fühlt. Ich brauche mehr Zeit.«

»Das kommt schon. Glaub mir. Ich spreche aus Erfahrung«, antwortet Martin voller Überzeugung und klopft nicht mir, sondern Hannes dabei auf die Schulter. Dieser verschluckt sich an seiner Frühstückscola, was mich wiederum zum Lachen bringt. »Seit wann trinkst du denn Cola zum Frühstück?«, frage ich mit ungläubiger Miene.

»Camino-Cola. Ich mache jetzt nur noch das, worauf ich Lust habe. Habe ich auf dem Weg gelernt. Heute Morgen hatte ich eben Lust auf Cola«, erklärt er und zeigt mir seine blitzend weißen Zähne, die auch auf dem Plakat in einer Zahnarztpraxis prangen könnten.

»Hast du das nicht schon immer gemacht?«, frage ich. Ich spüle den letzten Schluck meines Kaffees hinunter, lege 3 Euro auf den Tisch und stehe auf. Auch Hannes erhebt sich, wird aber von Martin wieder auf den Stuhl zurückgezogen: »Andrea läuft allein.«

»Was? Wieso?«, fragt er genervt.

»Weil sie Zeit braucht.« Kaum merklich huscht ein Lächeln über Martins Gesicht, bevor er sich auf seinem Stuhl zurücklehnt und die Hände vor dem Bauch faltet. Er erstaunt mich einfach immer wieder. Jeder hier überrascht mich fast täglich aufs Neue. »Bis später«, sage ich zu den Männern, schultere meinen Rucksack und wende mich zum Gehen. In der Tür drehe ich mich noch einmal um und winke ihnen zu. »Danke!«, forme ich lautlos mit den Lippen. Dann verlasse ich das Café und bin wieder allein. Allein auf meinem Camino und doch begleitet von so vielen.

Wie in den vergangenen Tagen säumen auch heute riesige Eukalyptusbäume meinen Weg. Sie ragen gen Himmel, als wollten sie nach den Wolken greifen. Wie die Aussicht wohl von dort oben sein mag? Währenddessen stapfe ich durch Schlamm und riesige tiefe Pfützen, die sich nicht umgehen lassen. Es regnet. Natürlich. Notiz an mich: Sollte ich noch einmal auf eine solche Weitwanderung gehen, brauche ich eine Regenschutzhaube für meinen Rucksack. Mich selbst stört es nicht, nass zu werden, durch den Regen zu gehen – im Gegenteil: Es ist eine Erfahrung, die dazugehört, wie das Laufen in sengender Hitze auf alten Römerstraßen ohne einen einzigen Schatten spendenden Baum oder Unterstand oder das Wandern gegen stürmische kalte Böen über die Meseta Kastiliens. Im Regen zu wandern ändert meine Sicht auf das Gehen. Ich genieße es, die frische Luft förmlich einzusaugen. Der Regen intensiviert den Geruch von feuchter Erde und feuchtem Gras, vermischt mit dem Duft der Eukalyptusbäume. Dieser Sprühregen lässt mich eins werden mit der Natur um mich herum, und letztlich freue ich mich auch sehr auf das heutige Ankommen, darauf, aus den nassen Klamotten zu schlüpfen, unter einer heißen Dusche zu stehen und darauf, mich für einen Moment in den warmen Schlafsack zu kuscheln.

Ich durchwandere ein Bachtal und bleibe ein paarmal mit meinen Wanderschuhen im Schlick stecken. Einmal versinke ich so tief, dass der Schlamm über den Rand der Schuhe quillt und sich genüsslich schmatzend zwischen Socken und Schuhwand ausbreitet und festreibt. Die Socken werde ich wohl heute waschen müssen, und auch die Schuhe sollte ich noch einmal putzen, bevor ich morgen nach Santiago laufe. Ich habe das Gefühl, einen ganzen Waldboden unter den Sohlen zu tragen. Es tut mir gut, allein unterwegs zu sein. Ich finde mich langsam mit dem Gedanken ab, dass ich nicht das gesamte Chaos in meinem Kopf beseitigen kann, bevor ich am physischen Ziel dieser Reise ankomme. Und so schlimm ist das auch gar nicht. Über was sollte ich denn sonst nachdenken, wenn alles aufgeräumt und geklärt wäre? Ich bin während dieser Reise den Antworten auf viele Fragen auf jeden Fall schon ein ganzes Stück näher gekommen. Was wird aus Daniel und mir? Ganz klar darüber bin ich mir noch immer nicht. Aber dass ich mich auf einen anderen Mann einlassen konnte: Zeigt das nicht schon, welche Richtung ich einschlagen werde? Vielleicht war das mit Benny ja nur ein Wink mit dem Zaunpfahl?

Wie dem auch sei. Ich versuche jetzt, mich auf mich selbst zu konzentrieren. Und zwar nur auf mich. Beziehungen machen uns aus, Familie, Freunde, die Menschen, die uns begleiten, sie machen uns zu denen, die wir sind. Aber losgelöst von ihnen sind wir eben alle Individuen. Und als ein solches gehe ich nun den letzten Abschnitt meines Weges. Nur mit mir selbst. Ich bin Andrea. Ohne Daniel. Ohne Benny. Ohne irgendwen. Ich bin das Mädchen, das läuft, das ankommt. Erst einmal in Pedrouzo. Das Mädchen, das allein den Jakobsweg gelaufen ist, ohne dabei einsam zu sein. Ich will meinen letzten Tag vor dem großen Ziel genießen, und so wandere ich freudig und dank dieser Erkenntnis irgendwie befreit vorbei an Gehöften und verlassenen galicischen Bauernhöfen.

Nach gerade einmal 24 Kilometern komme ich als Erste unserer Gruppe in Pedrouzo an. Die Herberge hat noch geschlossen. Beschwingt, wie ich mich fühle, überlege ich weiterzulaufen, aber genauso sehr freue ich mich auf die anderen und unseren letzten Abend. Am Ortseingang lag eine Bar, und ich beschließe zurückzulaufen, um dort bei einem Weißwein und ein paar Nüssen zu rasten. Weiterlaufen kann ich danach immer noch. Eine halbe Stunde später kommt Martin in dem Dörfchen an. »Herberge noch geschlossen?«, ruft er schon von Weitem quer über die Straße.

»Ja«, erwidere ich nickend. Und als er an meinem Tisch vor dem Lokal ankommt: »Ich habe überlegt weiterzulaufen. Es geht so gut. Das Alleingehen hat gut getan.«

»Jaaaa«, antwortet der Mann mit dem unnatürlich lauten Organ. »Ich wollte auch weiter. Laufen wir?«

»Ich bin mir nicht sicher. Würde ungern ohne Hannes gehen.«

»Klar, verstehe ich. Dann bleibe ich auch«, entgegnet Martin, lässt sich in den freien roten Plastikstuhl neben mir fallen und bestellt gleich darauf beim Kellner ein Bier.

»Bist du weitergekommen?«, fragt Martin.

»Ja«, lächle ich. »Ich glaube, auch ich kann ankommen. Auch wenn nicht alles geklärt ist. Es wird wohl eher das Ankommen an einer Zwischenstation sein morgen.«

»Keine Erleuchtung gehabt?«

Ich schüttle den Kopf: »Eher nicht.«

»Ich auch nicht. Nie. Bei keinem der Male, die ich den Weg gelaufen bin«, antwortet er und nimmt einen großen Schluck des frischen Bieres, das der Wirt gerade vor ihm abgestellt hat. Er setzt das Glas ab und wischt sich mit dem Handrücken den Schaumbart von der Oberlippe: »Muss aber auch nicht. Es sind die kleinen Dinge, die zählen. Das Besondere sind die Begegnungen. Du lernst hier Menschen kennen, die dasselbe Ziel haben wie du. Das verbindet.«

»Und es schafft Vertrauen«, ergänze ich. Er nickt zustimmend: »Ich gehe diesen Weg wegen der Begegnungen. Wegen der Menschen, die man kennenlernt.« In diesem Moment kommt mir Martin unglaublich einsam vor. Er ist vierzig Jahre alt, hat weder Frau noch Freundin, und viele, die ihm zum ersten Mal begegnen, können ihn nicht so recht einschätzen. Seine laute und manchmal unverschämt abwertende Art ist ein Schutzwall, den er sich aufgebaut hat, um sich vor den Wertungen anderer zu schützen. Er ist der Lauteste, Frauen sind »Püppis«, »Mäuschen« oder wie ich »Blondies«. Hannes ist »der Bazi«, Herbert kommt aus »der Stadt, deren Name nicht genannt werden darf«, weil sie Berlin nicht das Wasser reichen kann und ehemalige Hauptstadt ist. Aber vieles von dem, was er sagt, meint er nicht wirklich so, wie es sich anhört. Martin ist ein herzensguter Mensch, den man immer mal wieder in seine Schranken weisen muss, wenn er den Bogen überspannt. Damit weiß er aber gut umzugehen.

»Ich bin nicht mehr mit Daniel zusammen«, sage ich wie aus heiterem Himmel, ohne Martin dabei anzusehen. »Ich hab's gewusst«, antwortet er, den Blick auf die Straße vor uns gerichtet. Zwei kleine spanische Jungs spielen dort mit einem rosafarbenen Plastikball Fußball.

»Klar«, sage ich und grinse dabei in mich hinein. »Er hat mich betrogen. Mehrmals. Im Juli habe ich mich von ihm getrennt.«

»Richtige Entscheidung.«

»Ich bin auch hier, weil ich darüber nachdenken muss, wie es weitergeht. Wir waren fast acht Jahre zusammen. Ich vermisse ihn. Als Freund.«

»Jemand, der dich betrügt, ist nicht dein Freund.«

Uff, das hat gesessen. »Stimmt vielleicht«, antworte ich nachdenklich. »Trotzdem habe ich auf diesem Weg viel Zeit damit verbracht, darüber nachzudenken, ob ich uns noch eine Chance gebe oder nicht.«

»Das musst du wissen.« Martin setzt das Bierglas wieder an und leert es bis zur Hälfte.

Ich schaue ihn an, wie er so neben mir sitzt, und bin gerührt ob seiner Zurückhaltung. Keine Ratschläge, keine blöden Sprüche. »Wieder richtig«, lächle ich und knuffe ihm in die Schulter, doch am liebsten würde ich ihm um den Hals fallen. Stattdessen trinken wir Wein und Bier aus, zahlen und machen uns auf den Weg zur Herberge.

Beim Duschen denke ich über die wirklich wahrhaftigen Gespräche nach, die ich bislang auf meinem Camino führen durfte. Die vielen intensiven Gespräche mit Marcel, die Unterhaltung mit Herbert in Gonzar, der mir so klar vor Augen geführt hat, was Daniel von unserer Beziehung hält. Ich denke an die vielen Gespräche mit Johannes, die oft so banal anfingen und letztlich doch richtungsweisend für mich waren, und ich denke an das Gespräch heute mit Martin, daran, dass ich ihm vertrauen kann, dass ich ihm einen Einblick in meine Geschichte geben konnte, ohne dass er mich verurteilt oder bemitleidet, und für all das bin ich dankbar. Allen. Allen, die mit mir diese Gespräche geführt haben.

Gemeinsam mit Martin, Hannes und Herbert verbringe ich einen lustigen Abend in einem angrenzenden Restaurant und später in der Herberge, wo wir aus Rotweinresten und Orangen, die ich schon seit Tagen mit mir herumschleppe, eine Sangria im Pastatopf zaubern. Als die anderen Pilger in der Herberge darauf aufmerksam werden, haben wir plötzlich einen ganzen Haufen neuer Freunde. Wir überlassen ihnen den Großteil unseres süffigen Getränkes und verabschieden uns früher als gewohnt in unsere Betten.

Also dann. Noch einmal schlafen und dann heißt es: Santiago, Baby! Ich fühle mich wie ein Kind vor Weihnachten.

Santiago de Compostela (12. Oktober)

Heute Morgen war es da, das Gefühl. Das Gefühl, in Santiago ankommen zu können, ein Gemisch aus Vorfreude, Anspannung und Nervosität.

22 Kilometer liegen bis Santiago de Compostela noch vor uns. Bei einem süßen Frühstück – genau das Richtige für Johannes – besprechen wir, dass wir bis Monte do Gozo, dem Freudenberg, zusammen laufen. Danach möchte ich gerne allein weitergehen. Die letzten 5 Kilometer bis nach Santiago gehören mir. Ich habe meinen Camino mit mir allein begonnen und finde, ich habe mich dabei gar nicht mal schlecht geschlagen. Die meiste Zeit kam ich ganz gut mit mir zurecht, und jetzt möchte ich diesen Camino auch mit mir beenden, so wie ich es von Anfang an geplant hatte. Heute ist es mein Weg, mein Einzug in Santiago. Ich weiß, dass es gut wird.

Der kleine Bayer an meiner Seite ist total aufgedreht. Er stolpert über seine eigenen Füße oder über Steine auf dem Weg, tanzt neben uns anderen her, hüpft wie Rumpelstilzchen um uns herum und bleibt dabei an Sträuchern hängen, die ihm Fäden aus dem Pullover ziehen. Martin ist sichtlich genervt. Während Hannes auch ihn tanzend umkreist, schlägt er nach ihm wie nach einer lästigen Mücke. Johannes genießt es, Martin zu ärgern, was Herbert und mich ungemein belustigt. Wir fallen hinter den beiden zurück, um das Ganze aus einer gewissen Entfernung zu beobachten.

»Bist du heute bereit anzukommen?«, fragt Herbert mit seiner tiefen, beruhigenden Stimme.

»Ich denke schon«, antworte ich, nickend neben ihm her gehend.

»Hast du mit deinem Ex geredet?«

»Ja, ich habe ihm gesagt, dass ich Zeit für mich brauche. Er sagt, er hat mich lieb, daran solle ich denken.«

»Na, Mensch!«, röhrt Herbert, zieht die Augenbraue hoch und neigt seinen Kopf zu mir herüber.

»Ich weiß!«, sage ich und winke ab. Einen Moment laufen wir schweigend nebeneinanderher. Wir wissen auch so, was der andere denkt.

»Bist du denn bereit für Santiago?«, frage ich den stattlichen Mann in seiner Jeans und dem karierten Hemd, der ein wenig zu humpeln scheint.

»Aber so was von«, antwortet er wie aus der Pistole geschossen. »Ich glaube, ich war schon vor langer Zeit bereit für Santiago. Es ist immer die gleiche Geschichte, it's still the same old story …«.

»As time goes by?«, frage ich strahlend, und Herbert fängt an zu summen. Ich stimme ein, und gemeinsam laufen wir vorbei am Flughafen der Pilgerstadt, begleitet von dem Geräusch aufheulender Düsen und landender Jets, und singen den *Casablanca*-Song, der schon vor einigen Tagen bei einer Rast im Restaurant gespielt wurde und mich dort an Benny denken ließ. Ein Kuss ist immer noch ein Kuss. Herberts rauchige Stimme ist wie gemacht für das Lied, als könnte er nie etwas anderes singen. Wenn er jetzt noch gelegentlich die Töne treffen würde, ginge ich neben einem neuen Frank Sinatra her.

»Im Leben geht es um die Liebe. Immer«, lächelt Herbert mich an und bleibt stehen. Auch ich bleibe stehen und wende mich ihm zu. Er legt mir seine Hand auf die Schulter: »Wir müssen nur erkennen, wo die echte Liebe wartet. Vielleicht ist sie uns schon ganz nah. Wir sehen sie nur nicht, weil wir zu sehr mit anderem beschäftigt sind.«

»Wie meinst du das?«, frage ich, aber Herbert zwinkert mir nur zu und humpelt weiter. Stirnrunzelnd folge ich ihm.

Zu Füßen des Papstdenkmals in Monte do Gozo sitzen wir wie die Hühner auf der Stange, in unseren Händen die fast leeren Wasserflaschen, und suchen unten in der Stadt, die man von hier aus bereits sehen kann, die Türme der Kathedrale. Wer als Erstes die Türme sieht, heißt es, ist der König der Pilger. Natürlich ist es unser Johannes, der auf einmal ruft: »Da! Da sind sie! Ich sehe sie. Ich habe gewonnen. Wer ist hier der König, hä?« Und obwohl ich ein mulmiges Gefühl in der Magengegend verspüre, muss ich laut loslachen. Dort unten liegt das Ziel einer langen Reise. Ich fühle mich leer. Was mache ich, wenn ich angekommen bin? Was kommt dann?

Herbert und Martin wollen weiter, und ich lasse sie, mit einem Abstand von gut fünfzehn Minuten, ziehen. Sie verabschieden sich von Johannes, und mein engster Pilgerfreund und ich schauen den beiden so lange hinterher, bis sie hinter einem Hügel verschwunden sind und wir sie nicht mehr sehen können. Hannes und ich sitzen still nebeneinander. Meine Knie zittern, als ich mich endlich erhebe: »So denn. Hier endet unser gemeinsames Gehen.«

»Du warst gar keine schlechte Wegbegleitung«, grinst er mit seinem Zahnpastalächeln.

»Nehmen wir uns jetzt in den Arm?«, frage ich und rümpfe dabei die Nase.

»Nee. Wir sehen uns ja morgen schon wieder.«

»Okay«, nicke ich. »Also dann, bis morgen, kleiner Pilger.« Ich hebe die Hand, um Johannes zum Abschied zu winken, da steht er abrupt auf, kommt einen Schritt auf mich zu und nimmt mich fest in die Arme. »Komm gut an«, nuschelt er mir ins Haar, und ich meine in seiner Stimme Wehmut zu erkennen.

»Das mache ich. Du morgen auch.«

Hannes lässt von mir ab und zuckt mit den Schultern: »Klar! Ich komme wenigstens frisch geduscht an.« Kopfschüttelnd drehe ich mich um, atme einmal tief durch und gehe. Ohne mich umzudrehen. Aber ich spüre seinen Blick in meinem Rücken. Mein Herz klopft wie verrückt bei dem Gedanken, dass ich jetzt allein weiterlaufen werde, dass ich jetzt ankommen werde.

Als ich das Ortsschild »Santiago de Compostela« passiere und mich auf der Suche nach den Muschelzeichen in Richtung Zentrum orientiere, sind in der Ferne Schüsse zu hören. Ein Knall, ein Nachhall, Stille. Dann wieder ein Schuss. Es hallt. Das Geräusch liegt noch in der Luft, gerade wird es ruhig, da donnert es erneut. Siebzehn Schüsse zähle ich, für mich klingen sie wie abgefeuerte Kanonen, und in diesem Moment fällt mir wieder ein, dass heute spanischer Nationalfeiertag ist. Die Schüsse, sie waren ein Salut. Ein Lächeln umspielt meine Lippen, die Finger kribbeln, und ich habe Schmetterlinge im Bauch, als sich das moderne Santiago zur historischen Altstadt wandelt. Aus den grauen asphaltierten Straßen werden glänzende Kopfsteinpflastergassen, die Waschbetonplatten der grässlichen Siebzigerjahrebauten wechseln in wunderschöne sandsteinfarbene Häuser im Kolonialstil. Bunt bepflanzte Blumenkästen schmücken Fenstersimse und kleine Holzbalkone. Goldene Jakobsmuscheln prangen an Hauswänden oder blitzen mir, das Sonnenlicht reflektierend, vom Boden entgegen.

Ich laufe einfach, ohne bewusst darauf zu achten, wo mich der Weg hinführt. Immer wieder lugen zwischen den Hausdächern die Spitzen der imposanten Kathedraltürme hervor. Auf einem kleinen Platz entdecke ich rechter Hand die Capilla de Ánimas, eine der vielen kleinen Kirchen in Santiago. Doch diese ist anders, sie ist besonders. Über dem schweren hölzernen Portal zeigt sie, in die Fassade gehauen, ein Relief der Seelen im Fegefeuer, die auf ihre Erlösung warten. Die Kirche selbst ist geschlossen, aber ich nehme mir etwas Zeit, um die Seelen zu betrachten. Es ist ein verstörendes Bild, wie diese Menschen halb vom Feuer verschlungen werden, und das so kurz vor dem Ziel. Haben sie sich auch auf den Weg nach Santiago gemacht? Das Fegefeuer dient im Katholischen nicht, wie oft falsch gedeutet, als Bestrafung. Es ist ein Ritus, eine Reinwaschung der Seelen, damit sie ihre Erlösung finden und geläutert vor Gott treten können. Im Prinzip ist es das, was auch eine Pilgerfahrt bedeutet. Nur mit dem Unterschied, dass ich mir diese Pilgerfahrt selbst ausgesucht habe, dass ich zu jeder Zeit frei entscheiden konnte, ob ich weitergehe oder nicht, dass ich trotz all der Strapazen und Schmerzen, die sie mit sich brachte, auch all das Schöne dieser Reise erleben durfte. Diese neun Seelen über dem Kirchenportal konnten sich den Antritt dieser Reise nicht aussuchen. Sie schmoren im Fegefeuer, so lange, bis jemand oder etwas entscheidet, dass sie Läuterung erfahren haben und weitergehen dürfen. Ich mache einen tiefen Knicks vor ihnen und senke den Kopf. Mein Zeichen des Respekts.

Verwinkelte Gassen führen über den nächsten großen Platz, den Praza de Cervantes mit einem Säulendenkmal des gleichnamigen spanischen Dichters in der Mitte, bis hin zur Praza da Inmaculada. Zu meiner Rechten eröffnet sich ein unendlich weiter Blick auf das strahlende Barockkloster San Martín Pinario, und ich fühle mich von seiner Schönheit förmlich erschlagen. Der palastartige Bau mit dem akkurat angelegten Garten aus niedrigen Buchsbaumhecken und den buntesten Blumen davor zieht meinen Blick magisch an, und während ich, wie ferngesteuert, weiterlaufe, studiere ich die Fassade des altehrwürdigen Monasterios, seinen säulengesäumten Eingang und das darüberliegende prunkvolle Rentable. Und dann, ganz langsam, lugt hinter den Häuserfronten auf der gegenüberliegenden Seite mit jedem Schritt ein wenig mehr die Fassade der Kathedrale von Santiago de Compostela hervor.

Ich spüre ihre Nähe bereits, bevor ich sie sehe. Aufregung steigt in mir auf, und meine Fingerspitzen beginnen zu kribbeln. Spannung liegt in der Luft. Die Stimmung ist wie zum Bersten gespannt. Und dann ist sie da. Dann steht kein Haus mehr zwischen uns. Die ganze Zeit bahnt es sich an, und doch trifft es mich wie der Schlag, als ich auf einmal vor ihr stehe, vor dem Nordportal der Kathedrale. Sie ist riesig und wunderschön, das Ziel einer langen, langen Reise. Meiner Reise. Ich blicke an ihr empor, und sie scheint einfach kein Ende zu nehmen, streckt sich gen Himmel wie die Verbindung zwischen allem Göttlichen und der Erde, auf der ich stehe. In Perfektion verkörpert sie die ureigene Funktion eines Gotteshauses. In diesem Moment nehme ich keinen einzigen der vielen Menschen um mich herum wahr. Es gibt nur mich und die Kathedrale. Sogar das Atmen vergesse ich für einige Sekunden. Es ist mein Moment, und in mir steigt eine eigenartige, mich komplett ausfüllende Wärme auf. Sandsteinfarben steht sie mir gegenüber und strahlt mich an, dieser monumentale Bau, der schon so viele Pilger hat kommen und gehen sehen. Welche Geschichten dieses Bauwerk erzählen könnte!

Unter lautem Glockengeläut öffnen sich die großen hölzernen Tore des Nordportals. Die ersten Pilger strömen aus der Messe, mit ihnen ein intensiver Weihrauchduft. In Gruppen versammeln sie sich vor der Kathedrale und bilden dabei einen Gang. Kurz darauf entdecke ich auch, für wen sie den Durchgang bilden: Der Erzbischof in seinem langen Gewand aus grüner Seide, bestickt mit goldenen Elementen, dem Bischofsstab in den Händen und der Mitra auf dem Kopf, verlässt mit seinem Gefolge die Kathedrale. Ich lasse meinen Blick durch die Massen schweifen, und der erste Mensch, den ich wirklich wahrnehme, kommt mit ausgebreiteten Armen auf mich zu und ruft freudestrahlend: »Peregrina!« Arne!

Ich kann es kaum glauben, erst nehme ich niemanden um mich herum wahr, dann strömen die Massen aus der Kirche, und der Erste, den ich sehe, den ich wirklich wahrnehme in dieser Menschenmenge, ist mein Freund Arne. Auch ich laufe ihm entgegen, die Arme ausgebreitet, bleibe ich mit meinem Pilgerstab an jemandem hängen. Der Stab fällt herunter, aber ich laufe weiter und falle meinem Wegbegleiter in die Arme: »Hey, Peregrina«, schnauft der Paderborner und hält mich und meinen Rucksack fest umklammert. Als ich mich aus seiner Umarmung löse, entdecke ich Martin, dann Herbert, Jürgen und den hübschen Jakob. Es ist ein großes Fest der Wiedersehensfreude, des In-die-Arme-Schließens, einer ganz eigenen Erleichterung und der Rührung.

»Was macht ihr denn alle hier? Genau hier?«, frage ich mit feuchten Augen, und im nächsten Moment kullert mir auch schon eine dicke Träne über die Wange, die ich nicht mehr zurückhalten kann.

»Auf dich warten«, grinst Martin, und Arne erzählt, dass er mit seinem Vater und Jakob die Pilgermesse besucht habe. In diesem Moment kommt der Erzbischof an uns vorbei. Meine katholischen Mitpilger bekreuzigen sich, ich lächle seiner Eminenz,

Julián Barrio Barrio, verheult, aber glücklich mitten ins Gesicht. Er nickt mir zu und zeichnet mit den Fingern vor uns ein Kreuz in die Luft. Mein kleines Herz macht einen Luftsprung, weil dieser Mann mich zwischen all den Pilgern überhaupt wahrnimmt. Es fühlt sich an, als würde Santiago mich wahrhaftig begrüßen, und zwar mit allem, was es zu bieten hat.

Gemeinsam schreiten wir nun die allerletzten Meter durch das Pilgertor auf die ausladende Praza do Obradoiro zu Füßen des Hauptportals der Kathedrale. Siebzehn Treppenstufen führen hinab auf den Platz, dessen Weite, Schönheit und Perfektion mich, unten angekommen, zu erschlagen drohen. Zu allen Seiten säumen prachtvolle Barockbauten den kopfsteingepflasterten Platz. Ich komme aus dem Staunen gar nicht mehr heraus. In der Mitte wenden wir uns der Kathedrale zu, die uns mit ihrer prunkvollen Doppelturmfassade und dem breiten Chor zu beiden Seiten zu umarmen scheint. Es ist, als würde sie sagen: »Schön, dass ihr da seid. Auf euch habe ich gewartet.« Ich entferne mich ein paar Schritte von meinen Freunden, um den Anblick auf mich wirken zu lassen. Da steht sie nun, das Ziel einer langen, wunderschönen und manchmal sehr beschwerlichen Reise. Über den beiden eisernen grünen Eingangstoren reckt sich kunstvoll und verschnörkelt ein Retabel gen Himmel. Das Portal erreicht man über eine imposante vierläufige Freitreppe, die ein Geländer aus rostigen Gitterstäben schmückt. Martin, der die letzten Meter bis hinunter auf den Platz ununterbrochen auf mich eingeredet hatte, hält nun Arne davon ab, es ihm gleichzutun. Habe ich sein Gerede bis hierhin nur als Hintergrundrauschen wahrgenommen, auf das ich mich nicht konzentrieren konnte, spüre ich die beiden Männer nun direkt hinter mir und höre Martin sagen: »Lassen wir sie einen Moment in Frieden.«

»Ich will sie nur in den Arm nehmen«, antwortet Arne trotzig.

»Das kannst du später noch machen. Umarme lieber mich.«

»Also los, große Gruppenumarmung«, erwidert Arne, vermutlich schulterzuckend, und ich höre, wie ihre Stimmen leiser werden und die beiden sich wieder entfernen. Dann höre ich nichts mehr, blende erneut alles um mich herum aus, den Trubel, die Hektik, die vielen Menschen, die ihr Wiedersehen feiern, und dennoch spüre ich die überschwängliche Freude, die allumfassende Liebe, die diesen Platz umgibt. Ich empfinde nichts als Dankbarkeit, knie mich auf das glatte, glänzende Kopfsteinpflaster und danke Gott, Jesus, Jakob, dem Universum, den Sternen, Mutter Erde, Pachamama, meinem Körper oder einfach dieser Kathedrale als Inbegriff all dessen, für diesen Weg, dass ich ihn gehen durfte, dass ich all diese Erfahrungen machen durfte.

Danke dafür, dass ich es geschafft habe, Zeit mit mir selbst zu verbringen, danke für viele kleine Erkenntnisse, die es nun für mich in ein großes Ganzes zu verwandeln gilt. Dicke Tränen laufen mir über die Wangen und sammeln sich in meinen Mundwinkeln. Sie schmecken salzig. Mit dem Handrücken wische ich mir über das Gesicht und versuche mit den Zeigefingern die kleinen Stauseen unter meinen Augen aufzulösen. Über die Schulter wird mir von hinten ein Papiertaschentuch gereicht. Ich nehme es, ohne mich umzusehen, putze mir kräftig die Nase, trockne meine Tränen, stehe auf und drehe mich um zu Martin, der schmunzelnd dasteht und meinen Pilgerstab in den Händen hält. Dahinter sind all die anderen versammelt, als hätten sie auf mich gewartet. Sie haben mir die Zeit gelassen, die ich brauchte, und das große In-die-Arme-Schließen beginnt von Neuem. Es ist, als hätte jemand an einem Lautstärkeregler gedreht, denn plötzlich ist es laut auf dem Platz vor der Kathedrale. Alles wuselt durcheinander: einheimische Galegos, Pilger, Touristen. Sie rufen sich Glückwünsche entgegen, jubeln in den unterschiedlichsten Sprachen, flehen, weinen, lachen, und alle scheinen sich zu verstehen, denn irgendwie sprechen wir doch dieselbe Sprache. Es sind Szenen überschwänglicher Freude, die sich hier tagtäglich abspielen. Auf diesem Platz kommt die ganze Welt friedlich zusammen.

Wir verabreden uns für den späten Nachmittag mit Arne und Jürgen, die ein Zimmer im Monasterio bekommen haben, und machen uns zu dritt auf den Weg zum Pilgerbüro, um unsere Compostela, unsere Pilgerurkunde, entgegenzunehmen. Auf dem Weg dahin treffen wir Nicole, und nach kurzem Zögern fallen die rothaarige Dresdnerin und ich uns für einige Sekunden in die Arme. »Du hast es geschafft«, flüstere ich ihr zu.

»Hab ich zwischendrin nicht mehr geglaubt«, antwortet sie.

»Hast du deinem Freund schon Bescheid gesagt?«

»Hab ihm eine SMS geschickt. Er fliegt her. Übermorgen ist er schon hier.«. Sie lächelt. Ich nehme ihre Hand und drücke diese kurz, bevor Herbert, Martin und ich die Stufen zum Oficina del Peregrino emporsteigen.

Die Frau mit der gebräunten Haut und den strahlend weißen Zähnen hinter dem Tresen an Schalter Nummer zwölf winkt mich zu sich heran.

»¡Hola, guapa!«, begrüßt sie mich.

»¡Hola!«, antworte ich etwas verlegen und trete auf der Stelle von einem Fuß auf den anderen.

»Hast du einen Pilgerausweis für mich?«, fragt sie.

»Ich habe sogar zwei. Manche Stempel waren so groß, dass sie nicht in ein Feld gepasst haben, und dann war kein Platz mehr in meinem ersten Credencial, deshalb musste ich mir ein zweites besorgen«, erkläre ich der Schönheit auf der gegenüberliegenden Seite, während ich ihr meine zwei Pilgerausweise reiche und versuche, meine vor Aufregung verschwitzten Hände unbemerkt an meiner Wanderhose abzuwischen.

»Kein Problem«, erwidert die Spanierin und zwinkert mir mit einem Lächeln zu, was sagen soll: »Du musst dich nicht rechtfertigen« und »Sei nicht aufgeregt.« Sie studiert erst das eine, dann das andere Credencial genau: »Wow, du bist alles zu Fuß gelaufen? Die gesamte Strecke?«

Ich platze beinahe vor Stolz, als zum ersten Mal jemand anderes meine Leistung anerkennt. Nickend und gefühlt 2 Zentimeter gewachsen antworte ich ihr: »Ja, ich bin nicht ein einziges Mal gefahren. Nicht mit dem Bus, per Anhalter oder mit dem Traktor. Bin alles auf meinen Füßen gelaufen.«

»Traktor?«, fragt sie und zieht dabei die Augenbrauen so weit hoch, dass sie völlig unter ihrem kurzen Pony verschwinden.

»Lange Geschichte«, winke ich grinsend ab und denke an Petra und den hartnäckigen Traktorfahrer auf unserem Weg nach Frómista.

»Und du hast keine Probleme gehabt?«, will mein Gegenüber wissen.

»Doch klar: Blasen, Fußschmerzen, Muskelkater, Missmut … Aber das gehört doch dazu, oder?«

»Wenn du es richtig machst!«, lächelt sie und drückt ihren Stempel fest in meine Credenciales und auf die Pilgerurkunde, die sie zuvor mit meinem Namen beschriftet hat. Anschließend reicht sie mir alles über den Tresen: »Gut gemacht!« Ich schaue auf die Urkunde: *Andream* steht in verschnörkelten, kunstvollen Buchstaben auf Latein darauf geschrieben. »Danke«, antworte ich, und schon wieder fließen die Tränen. Ich bin eine Heulsuse. Aber das ist vollkommen okay.

Als wir die marmorne Eingangshalle des Fünfsterneluxushotels Araguaney in unserer schmutzigen Pilgerkleidung, mit Wanderstäben in den Händen und matschummantelten Stiefeln an den Füßen betreten, wenden sich schlagartig alle Blicke uns zu. Obwohl die Stadt von den Pilgern lebt, ist es anscheinend nicht alltäglich, dass Vagabunden wie wir in den Luxushotels Santiagos absteigen. An der Rezeption bekommen wir trotzdem unsere Schlüsselkarten, die Rucksäcke werden uns abgenommen und auf unsere Zimmer gebracht. Das ganze Hotel duftet nach Sandelholz, und als wir unsere benachbarten Doppelzimmer betreten, mischt sich ein Hauch Kardamom und der Geruch von Desinfektionsmittel darunter. Mein Blick fällt als Erstes auf das riesige Bett inmitten meines Zimmers, und ich kann nicht anders, als mit Anlauf hineinzuspringen. Ich schmiege mich an die Überdecke aus roter Seide, die sich kühl gegen meine Wangen drückt, strecke Arme und Beine von mir und genieße einfach den Moment. Ein richtiges Bett, groß und breit und ohne Leiter, die ich hinaufklettern muss, mit echter, frisch gewaschener, blumig duftender Bettwäsche, weich und weiß und sauber. Sechs Kissen unterschiedlicher Größe liegen auf dem Bett, alle tragen das Emblem des Araguaney. Aufgeregt kommt Martin in mein Zimmer: »Hast du das gesehen?«, ruft er.

»Was denn?«

»Wir haben frisch gewaschene Handtücher und …«, antwortet er mit einer Pause.

»Was ›und‹?«, will ich wissen und springe vom Bett auf.

»Bademäntel!« Er strahlt mich an, und ich flitze aufgeregt an ihm vorbei in mein Luxusbadezimmer mit Wanne und Dusche, Föhn, kleinen hübsch verpackten Duschgels, Handtüchern und zwei auf dem Badewannenrand liegenden Bademänteln. Der flauschige Frotteestoff duftet exakt so, wie man sich den Duft in einer Waschmittelwerbung vorstellt, wenn sich die Frau an einem sonnigen Herbsttag mit einer Tasse Tee in der Hand draußen auf der Bank vor einem Cottage in ihren kuscheligen Rollkragenpullover schmiegt.

Als wir aus dem Bad kommen, steht Benny in der offenen Tür meines Hotelzimmers. Ich brauche eine Sekunde, doch dann überwiegt die Wiedersehensfreude, und ich falle ihm um den Hals: »Du bist da. Herzlichen Glückwunsch.«

»Dir auch, Kleine.«

Dann ist Martin dran, Benny zu begrüßen. Wir beschließen,

uns ein Stündchen hinzulegen, uns frisch zu machen und dann ein wenig die Stadt zu erkunden, bevor wir uns mit Edith, Jürgen und Arne zur Führung rund um die Kathedrale treffen.

Nach einer ausgiebigen Dusche tausche ich meine tägliche Wanderkleidung gegen eines meiner beiden Freizeitoutfits aus. Das weiße Shirt mit der Aufschrift »Believe in yourself« ist zu meinem neuen Lieblingsshirt geworden. Als ich aus dem Bad komme, hat Benny es sich bereits auf seiner Seite des Bettes gemütlich gemacht. Ich lege mich dazu und gemeinsam schauen wir uns Fotos des hinter uns liegenden Caminos an. Unsere Köpfe sind so dicht nebeneinander über dem Handydisplay, dass sie sich fast berühren. Ich spüre seinen Atem auf meiner Haut und die Körperwärme, die von ihm ausgeht.

»Hey, sag mal, können wir das mit dem Kuss noch einmal wiederholen?«, fragt er urplötzlich.

Vollkommen überrumpelt frage ich fast flüsternd: »Mit dem Kuss?«

»Wir haben uns in Gonzar mit einem Kuss verabschiedet, bevor jeder in sein eigenes Bett verschwunden ist«, lächelt er.

»Das stimmt.«

»Ich würde dich jetzt gern noch mal küssen.«

»Ich weiß nicht so genau.«

»Dann versuche ich es einfach.« Er lehnt sich vor, schiebt seine Hand unter meine vom Duschen noch nassen Haare, streichelt meinen Nacken und zieht mich vorsichtig näher zu sich heran. Unsere Lippen berühren sich, sanft, zaghaft. Es ist wie ein Vortasten, ein Heranwagen an etwas Besonderes, wie ein dünnes, kostbares Glas, das behutsam behandelt werden muss, damit es unter gar keinen Umständen zerbricht. So zärtlich dieser Kuss in seiner Physis ist, in mir löst er eine regelrechte Explosion aus. Mein Herz klopft so laut, dass ich das Klopfen an der Zimmertür erst beim zweiten Mal wahrnehme.

Es ist an der Zeit, Santiago zu erkunden.

Zu viert schlendern wir durch die Gassen der galicischen Hauptstadt. Arkaden und Kolonnaden prägen das Stadtbild des mittelalterlichen Kerns, der sich einst ein üppiges barockes Kleid überwarf und darin noch heute in leuchtendem Glanz erstrahlt. In der Rúa do Franco reiht sich eine Tapasbar an die nächste, dazwischen finden sich erstklassige Restaurants und urige Bodegas. Santiago scheint neben christlichem Pilgerziel vor allem kulinarisches Mekka zu sein.

Vor der Kathedralkirche treffen wir auf Arne, Jürgen und Edith, und gemeinsam laufen Edith und ich Hand in Hand durch die Straßen der Stadt, so sehr freuen wir uns über unser Wiedersehen. Da wir mittlerweile alle unglaublich hungrig sind, suchen wir uns an der Praza de Fonseca ein uriges Restaurant mit Platz für sieben hungrige Pilger a. D. und feiern ausgelassen unsere Ankunft an dem langersehnten Ziel. Nach dem Essen verabschieden sich Edith und Jürgen. Wir anderen ziehen weiter und kehren auf dem Weg zurück ins Hotel im El Pasaje ein. Der Laden ist pickepackevoll. Gedrängt stehen wir dicht an dicht und zelebrieren unsere Freundschaft. Für einen Moment nimmt mich Martin zur Seite, und obwohl er aufgrund der Lautstärke in dem Restaurant quer durch den ganzen Laden schreit, fragt er bemüht diskret, ohne dass es jemand anderes mitbekommt: »Und, Kleine? Bist du angekommen?«

Lächelnd schüttle ich den Kopf: »Nein. Aber ich war so kurz davor.« Mit Daumen und Zeigefinger zeige ich ihm das zentimetergroße bisschen, das mir zum tatsächlichen, wirklichen Ankommen noch gefehlt hätte. »Aber das macht nichts. Ich war noch nie so nah dran, bei mir selbst anzukommen.« Martin legt den Arm um mich, zieht mich zu sich heran und drückt mir einen Kuss auf den Haarschopf. Dann drehen wir uns wieder zu den anderen, und er ruft laut: »Die nächste Runde geht auf Herbert!«

Santiago de Compostela (13. Oktober)

Es war eine schöne Nacht. Viel geschlafen haben Benny und ich allerdings nicht. Als ich aufwache, schläft er noch tief und fest. Er hält meine Hand. Ich löse sie aus seinem Griff und setze mich vorsichtig in dem weichen Bett auf, nur das Laken um mich gewickelt. Die federleichte riesige Daunendecke, die zwischen uns liegt, ziehe ich ein Stück herauf und wickle sie um meine Beine. An das Kopfteil gelehnt, inspiziere ich den athletischen Körper neben mir. Das Leintuch ist bis über Bennys nackten Po hochgezogen. Sein Rücken ist trainiert, und ich bewundere die definierten Muskeln um seine Schulterblätter und das breite Kreuz. Mit den Fingern streiche ich liebevoll über die starken Oberarme. Langsam und verschlafen öffnet Benny die Augen. Er lächelt, als er mich entdeckt, und genießt die Zärtlichkeit des Moments, bevor er mich zu sich heranzieht. Mit seinen Lippen wandert er langsam meinen Hals hinab, über das Schlüsselbein, schiebt das Laken beiseite und küsst mich so behutsam und intensiv zugleich, dass ich schon wieder innerlich zu explodieren drohe.

Lange sitzen Herbert, Martin, Benny und ich bei unserem Fünf-Sterne-Deluxe-Frühstück zusammen. Zum ersten Mal seit über fünf Wochen gibt es etwas anderes als Café con leche und Bocadillo oder Neapolitana. Ausgiebig schlagen wir uns die Bäuche voll mit Joghurt, Früchten, Lachs und frisch gebackenem Brot. Es grenzt an Völlerei, aber wir genießen jeden Bissen. Nach dem Frühstück machen wir uns auf den Weg in die Kathedrale. Um 12:00 Uhr beginnt die Pilgermesse. Arne und Jürgen gaben uns den Tipp, im Querschiff nach einem Platz zu suchen, da wir so, falls das Botafumeiro, das Weihrauchfass, geschwenkt werden sollte, einen besseren Blick darauf haben würden. Wir werden fündig und quetschen uns in eine Reihe hinter dem Nordportal, vor dem wir gestern angekommen waren. Die

Basilika füllt sich bis auf den letzten Meter, dicht gedrängt sitzen und stehen sowohl Pilger als auch Einheimische im romanischen Innern des Gotteshauses. Es ist laut und wuselig, doch mit dem ersten dramatischen Ton der Orgelpfeifen wird es still.

Die Messe beginnt mit der Begrüßung der Pilger, die am vorherigen Tag in Santiago angekommen und ihre Compostela abgeholt haben. Wir werden nicht, wie in vielen Büchern beschrieben, mit Namen genannt, wohl aber wird die Anzahl der Pilger und die dazugehörige Nationalität vorgetragen. So sind insgesamt zwölf Deutsche in Saint-Jean-Pied-de-Port gestartet, die gestern, am 12. Oktober 2012, in Santiago ankamen. Durchschnittlich vierzig deutsche Pilger kommen täglich in Santiago an. Nicht alle laufen den Weg ab Saint-Jean.

Nach der Bekanntgabe der Zahlen erheben sich acht Männer in weinroten Kutten vor dem goldenen barocken Hochaltar und fingern an einem an einer Säule befestigten Seil herum. Gemeinsam lassen sie das an dem Seil verknotete Botafumeiro, das beeindruckende 60 Kilo schwere und 1,60 Meter hohe Weihrauchfass herab. Das Seil, an dem es befestigt ist, misst von der Decke bis zum Boden etwa 30 Meter. An der tiefsten Stelle seiner Flugbahn, direkt vor dem Altar, berührt das Fass somit fast den marmornen Boden. Sieben Männer sind es, die, nachdem das Botafumeiro mit Kohle und Weihrauch befüllt wurde, an dem aufgesplitterten Ende des Seils ziehen, während ein achter dem versilberten Messingkessel Schwung gibt wie einem Kind auf einer Schaukel. Dann gesellt auch er sich zu seinen Kollegen und hängt sich wie die anderen mit seinem ganzen Körpergewicht in das dicke Tau. Gemeinsam sind sie die Tiraboleiros. Ihre Aufgabe ist es, dem Botafumeiro das Fliegen beizubringen. Und wahrhaftig lassen sie den dampfenden Kessel mitten durch das Querschiff rauschen. Er saust mit bis zu 70 Stundenkilometern von der Puerta de Azabachería bis zur Puerta de las Platerías und bis kurz unter das Dach des Gotteshauses. So steht es in meinem Reiseführer. Welch ein Spektakel! Ein Raunen geht durch die Kathedrale. Jedes Mal, wenn das rauchende Fass in rasantem Tempo an mir vorbei fliegt, fährt ein nach Weihrauch duftender Windstoß durch meine Haare. Die Orgel spielt die Hymne des Apostels, einige singen mit, die meisten aber rufen nur immer wieder »Ahhh!« und »Ohhh!«.

Der weiße Rauch, der inzwischen die ganze Kirche eingenebelt hat, diente einst dazu, die schlechten Gerüche der Pilger zu überdecken, heute betört er lediglich alle Sinne, wenn er sich um die Anwesenden legt und mit seinem angenehmen Duft in die Nasen Tausender steigt. Etwa drei Minuten dauert das beeindruckende Schauspiel. Nach einer guten Dreiviertelstunde ist die Pilgermesse beendet. Im Anschluss an die ergreifende Zeremonie begeben wir uns über das Apostelgrab und umarmen rücklings die Bronzestatue des heiligen Jakobus. Erst dann – so heißt es – habe man seine Wallfahrt beendet und sei wirklich angekommen.

Nach der Messe merken wir, wie so langsam die Erschöpfung der letzten Wochen von uns abfällt. Vor den Toren der Kathedrale treffen wir auf Hannes, der gerade noch rechtzeitig zur Zeremonie in Santiago angekommen war, und gemeinsam beschließen wir, uns auf den Weg zurück ins Hotel zu machen. Auf einer geführten Reise würde heute ein »Nachmittag zur freien Verfügung« auf dem Plan stehen. Und das machen wir auch. Ich zeige Hannes unser Zimmer, wir quatschen lange und machen uns dann auf den Weg in die Stadt: Wir wollen shoppen, endlich wieder aussehen wie richtige Menschen. Und auch wenn es eitel erscheint, freue ich mich wie ein kleines Mädchen auf neue Klamotten, hohe Schuhe und ein bisschen Make-up im Gesicht. Benny bucht sich derweil ein Einzelzimmer im Araguaney und legt anschließend mit Herbert einen Wellnesstag beim Barbier und in der Sauna des Hotels ein, während Martin sich in der Altstadt auf Brautschau begibt.

Edith ist heute bereits weitergelaufen nach Finisterre, an das Ende der Welt, wie die Menschen einst glaubten. Wir treffen uns dort, wenn alles gut geht, in zwei Tagen. Arne und Jürgen sind schon auf dem Weg nach Madrid, von wo aus sie wieder nach Deutschland fliegen. Heute Abend aber gehen wir anderen nochmals gemeinsam essen. Martin hat in einem hübschen Restaurant unweit der Kathedrale reserviert. Als ich mich gerade auf den Weg machen will, finde ich auf dem Waschbeckenrand liegend eine Notiz von Johannes. Es ist ein kleiner Liebesbrief, der mir, da ich dieser Tage besonders nah am Wasser gebaut bin, die Tränen in die Augen treibt. In dem Briefchen heißt es unter anderem:

»Ohne Schmarren, ich bin froh, dass es dich gibt! Warst eine super Wanderbegleitung. Eigentlich die beste, die man sich wünschen kann. Werde dich sehr vermissen! Aber Freundschaften sind ja zum Glück was Dauerhaftes. Hab dich sehr lieb, dein Johannes«

Ich schaue das Mädchen mir gegenüber im Spiegel an. Es hat ein paar Kilo mehr auf den Rippen als noch vor einem Monat. Die Wangen sind rosig, das Haar ausgeblichen von der Sonne und strohig von zu wenig Pflege, auch das Gesicht ist an einigen Stellen sonnengegerbt. Und es strahlt. Ich bin glücklich, hier wo ich bin, so wie ich bin.

Standesgemäß komme ich als Letzte im Restaurant an. Eine morsche, knarrende Holztreppe führt hinauf in den ersten Stock des schmalen alten Gebäudes, in dem sich das edle Restaurant befindet. Die vier Männer sitzen bereits an einer langen Tafel mit weißer Tischdecke und Stoffservietten, vor sich Bier, eine

Flasche Rotwein und eine Karaffe Wasser. Im ersten Moment fühle ich mich ein wenig unbehaglich in meinem braunen schulterfreien Wildlederkleid mit den goldenen Ornamenten und den hohen braunen Stiefeln. Alle schauen mich entgeistert an, und Hannes ist der Erste, der sagt: »Schön siehst du aus.« Dann stimmen die anderen ein, und meine ohnehin schon ständig roten Wangen werden vor Scham noch röter. »Tja, wir sind alle nicht in Wanderhemd und -hose geboren«, sage ich und lasse mich auf den Stuhl neben Herbert fallen. Im Laufe des Abends sprechen wir über unsere weiteren Pläne auf dem Weg. Martin und Benny wollten eigentlich zu Fuß über Murcia weiter nach Finisterre, während Herbert, Hannes und ich morgen aus Mangel an Zeit den Bus nehmen werden. Doch nun überlegt auch Benny, den Bus zu nehmen.

»Was? Warum denn das? Wir laufen!«, legt Martin fest und haut mit der flachen Hand auf den Tisch.

»Ich weiß nicht«, antwortet Benny. »Ich habe keine Lust mehr zu laufen. Warum noch weiter, wenn wir auch fahren können?«, fragt er.

»Weil wir hier sind, um zu wandern, mein Bruder!«

»Wenn er lieber mit uns fahren will, lass ihn doch fahren, Martin«, mischt sich Herbert ein.

»Kommt nicht in die Tüte. Das war abgemacht. Wenn du mir jetzt keinen wirklich guten Grund nennst, warum du mit dem Bus fahren willst, diskutiere ich das nicht weiter mit dir«, entgegnet Martin in Bennys Richtung. Dieser sitzt nachdenklich, den Kopf aufgestützt und den Körper an die Wand gelehnt, an der langen Tafel.

»Vielleicht habe ich ja einen guten Grund«, sagt er letztlich und schaut zu mir auf. Ich werde unruhig, aber keiner außer mir scheint seinen Blick zu bemerken. »Ich weiß es nicht.« Benny schaut mich an, und ich halte seinem Blick stand. Was soll ich ihm sagen? Abgesehen davon, dass ich jetzt schlecht antworten kann, weiß ich nicht einmal genau, ob die Frage wirklich in meine Richtung gedacht war.

»Gut, wenn du es jetzt nicht weißt, weißt du es auch morgen nicht. Das lasse ich nicht gelten. Du kommst mit. Das war so besprochen, also lass mich nicht hängen.«

»Ich finde auch, du solltest mit Martin gehen«, sage ich. »Wann hast du je wieder die Gelegenheit, zu Fuß ans Ende der Welt zu laufen? Was würde ich dafür geben, mit euch gehen zu können, aber ich habe keine Zeit.«

»Warum eigentlich nicht?«, fragt Martin.

»Mein Flug geht schon am 17. von Santiago aus.«

Martin nickt: »Hör auf die Frau, Benny, die ist gescheit. Wir laufen.«

Benny schaut mich mit einem undeutbaren Blick an, irgendwie schwingt Enttäuschung mit, aber noch ehe ich sagen kann, dass ich mich zugleich auch sehr freuen würde, wenn er mit uns käme, antwortet er: »Okay!«

Im Hotelzimmer erzählt Hannes mir gerade, wie sehr er sich auf zu Hause und das Wiedersehen mit seiner Familie freue, als ich eine Nachricht von Benny bekomme: »Ich würde mich freuen, dich heute noch mal zu sehen.«

Ich überlege kurz, wie ich es anstelle, und erzähle Hannes dann eine Geschichte von einer Freundin, die dringend Rat in Liebesdingen brauche und mit der ich kurz unten telefonieren möchte, nehme meine Schlüsselkarte und mache mich auf den Weg in den ersten Stock des Hotels. Am Aufzug begegnet mir ein schick gekleidetes älteres Paar. Ich habe das Gefühl, von ihnen gemustert zu werden, und frage mich, ob man mir ansieht, dass ich gerade auf dem Weg in das Hotelzimmer eines Mannes bin. Unbehaglich trete ich auf der Stelle, komme mir vor wie Vivian aus *Pretty Woman* und bin unfassbar froh, als der Aufzug kommt und die Frau ihren Mann am Einsteigen hindert, sodass ich alleine hinunterfahren kann. Ich klopfe an Bennys Tür, er öffnet und lässt mich herein.

»Ich muss gleich wieder hoch zu Hannes. Ich habe ihm was von einer Freundin erzählt, die Rat in Liebesdingen braucht.« Nach einer kurzen Pause seufze ich: »Aber das könnte wohl eher ich sein«, und lasse mich auf sein Bett fallen.

Er lacht: »Du brauchst Rat in Liebesdingen? Vielleicht kann ich dir da helfen.«

Ich bemerke meine peinliche Offenbarung und winke schnell ab: »Nein, nein, alles gut. Also? Was willst du?«

Benny setzt sich neben mich auf das Bett: »Ich dachte, wir könnten auch diese letzte Nacht zusammen verbringen. Ich finde es so schön mit dir.«

Wieder werde ich rot vor Scham und senke den Kopf: »Ich finde es auch schön«, murmle ich. »Aber ich kann nicht hierbleiben. Wie soll das gehen? Hannes ist da oben, und er hat sich auf eine Pyjamaparty mit mir gefreut.«

Wir schweigen uns einen Moment lang an. Nervös fahre ich mir durch die Haare, dann fragt er: »Darf ich dich dann wenigstens noch einmal küssen?«

»Ich hatte gehofft, dass du das fragst.« Ich klettere auf seinen Schoß, und wir küssen uns heiß und innig, wohl wissend, dass es das letzte Mal sein könnte.

»Würdest du in Basel wohnen, dann würde ich jetzt sagen bis Montag.« Ich schaue ihn verdutzt an. Heißt das, dass er mich wiedersehen möchte?

»Das war jetzt blöd, oder?«, fragt er verschämt, meinen Blick anscheinend vollkommen falsch deutend.

»Nein, gar nicht«, lächle ich ihn verlegen an.

»Nicht?« Ich schüttle den Kopf und küsse ihn noch einmal, bevor ich gehe.

ANGEKOMMEN!

*»Mit der Dankbarkeit geht die Gewissheit einher.
Die Gewissheit, dass alles gut wird,
die Gewissheit, dass ich es hinkriege, dass ich
mein Leben meistern kann, komme, was wolle.«*

Finisterre (15. Oktober)

Nachdem wir uns gestern Morgen auf der Praza do Obradoiro inmitten des Ensembles aus Kathedrale und Königspalast von Benny und Martin verabschiedet hatten, stiegen wir am Nachmittag in den Bus nach Finisterre. Das Fahren fühlte sich falsch an. Alles rauschte so schnell an uns vorbei, dass es keine Gelegenheit gab, die Dinge dort draußen wirklich wahrzunehmen. Zu allem Übel waren die Scheiben im Bus beschlagen, sodass ich nicht einmal richtig hinausschauen konnte. Wie gern wäre ich einfach ausgestiegen und gelaufen. Da folge ich fünf Wochen lang dem Lauf der Sonne immer gen Westen, und auf einmal sitze ich in einem motorisierten Bus und fahre eine Tagesetappe von 30 Kilometern in einer halben Stunde. Wie schrecklich niederschmetternd.

Am Abend in Finisterre zog es mich noch einmal ans Meer. Der Atlantik hatte sich weit zurückgezogen, und zwischen den Felsen tummelten sich zahlreiche barfüßige Gezeitenfischer, Männer und Frauen, ausgestattet mit Harken und Eimern, auf der Suche nach Muscheln, Krebsen und anderem Meeresgetier.

Heute stehen wir früh auf, um rechtzeitig zum Sonnenaufgang am Kap zu sein. Für viele Pilger hat es eine besondere Bedeutung, am Ende der Welt einmal die Sonne *untergehen* zu sehen, sozusagen als spirituelles Ende ihrer Pilgerreise. Ich hingegen möchte die Sonne aufgehen sehen, denn mit dem Ende eines Kapitels fängt doch erst ein neues an – und meins soll hier beginnen. Dick eingepackt machen wir uns von unserem Hotel Los tres Golpes aus im Dunkeln auf den Weg. Etwa vierzig Minuten sollen wir bis zum Leuchtturm am Kap benötigen. Das Gute ist: Es geht fast die ganze Strecke über nur geradeaus. So verlaufen wir uns nicht. Kurz hinter dem Dorf kommen wir auf eine zweispurige asphaltierte Straße. Der Weg ist nicht besonders schön, auch wenn sich links neben uns in den Tiefen der Atlantik befindet.

Als gerade die Dämmerung einsetzt, entdecken wir in einiger Entfernung vor uns die schattenhaften Umrisse des Leuchtturms von Finisterre. »Da!«, rufe ich laut und zeige aufgeregt in die eingeschlagene Richtung. Alle drei ziehen wir unser Tempo an. Am Leuchtturm angekommen, klettern wir hinunter auf die Steine, die dort als Wellenbrecher aufgetürmt liegen. Die Luft ist kühl, es riecht nach Algen und Seetang. Doch der dichte Nebel macht unserem Plan, die Sonne aufgehen zu sehen, einen fetten Strich durch die Rechnung. Wir wohnen dieser natürlichen Zeremonie eines Neuanfangs also nur symbolisch bei. Trotzdem spüren wir, wie sie aufgeht und alles zu neuem Leben erweckt. Das Licht um uns herum verändert sich. Der tiefschwarze Atlantik wechselt seine Farbe zu einem dunklen Blaugrau und dort, wo die Sonne doch gelegentlich durch die Nebelwand dringt, glitzert und funkelt die Wasseroberfläche wie Tausende ganz nahe Sterne.

Bei unserer Rückkehr in das 4.500-Seelen-Dorf haben wir drei einen Bärenhunger. Johannes und Herbert, die ich nachher zum Bus bringen werde, haben die Plastiktüten mit ihrem Hab und Gut – unser Rucksackersatz – bereits dabei, und als wir so das kleine Café an der Promenade betreten, mustert man uns für einen kurzen Moment skeptisch. Aber das ist uns egal, und ich stelle mit Erstaunen fest, dass auch ich, die ich sonst immer das perfekte Bild nach außen hin abgeben will, mich nicht um die Meinung anderer kümmere. Ein Lächeln huscht über mein Gesicht bei dieser Erkenntnis. »Wieder eine«, denke ich mir.

Nach dem Frühstück schlendern wir gemütlich hinunter zum Strand. Der Sand unter den Füßen ist kühl und feucht. Es kribbelt ein bisschen zwischen den Zehen, aber die Sandkörner sind ein gutes Peeling für unsere weit gewanderte, geschundene Haut. »Wer kommt mit ins Wasser?«, will ich aufgeregt wissen.

»Nee, das ist doch voll kalt«, antwortet Hannes, der sich auch nur mit Mühe hat breitschlagen lassen, überhaupt die Schuhe auszuziehen, um den feinen Sand unter den Füßen zu spüren.

»Ach, komm schon. Wenigstens mit den Füßen! Wir sind am Ende der Welt. Wann wird sich je wieder die Gelegenheit für dich ergeben, am Ende der Welt baden zu gehen? Warst du schon mal mit den Füßen im Atlantik?«

»Nee«, grummelt er in seinen nicht vorhandenen Bart.

»Ich komme mit!«, ruft Herbert, der auf einem Felsen weiter hinten am Strand sitzt und sich bereits die Hosenbeine hochkrempelt.

»Willst du wirklich nicht?«, frage ich noch einmal an Hannes gewandt. Der lässt sich mit dem Hintern in den feuchten Sand plumpsen: »Ich schau mir lieber an, wie ihr friert.«

Herbert und ich halten uns an den Händen und waten langsam in das kühle Nass. Das glasklare Wasser ist so kalt, dass es sich anfühlt, als würden uns Millionen kleiner Stecknadeln in die Fußsohlen stechen. Herbert japst nach Luft und kneift wie ich die Augen fest zu, als würde das gegen die Kälte helfen. Plötzlich ergreift Hannes von hinten meine freie Hand. Nach einem ganz kurzen Schreck grinse ich ihn über meine Schulter hinweg an. Er schüttelt den Kopf, muss aber auch grinsen: »So ein Scheiß. Das ist voll kalt.« Aufgereiht wie drei Perlen an einer Schnur stehen wir bis zu den Knien im Atlantik und blicken auf das glitzernde Meer hinaus. Einige Minuten bleiben wir so stehen. Der Schmerz lässt nach, unsere Körper gewöhnen sich an die Kälte. Plötzlich reißt sich Hannes los, und in dem Wissen, was er vorhat, halte ich mir schützend die Arme vor mein Gesicht. Aber er ist schneller, und bevor ich mich abwenden kann, habe ich einen Schwall eiskalten Atlantikwassers im Gesicht.

Nach unserer kleinen Wasserschlacht suchen wir uns jeweils einen Platz am Strand, an dem wir für uns sein können. Ich entscheide mich für einen weit ins Meer hinausragenden Felsen. Er ist über einen schmalen Geröllpfad entlang eines alten, teilweise verfallenen Castellos am Rand des Strandes zu erreichen, der direkt hinab zu den Klippen führt. Mit beiden Händen stütze ich mich an den von gelben Algen und Seegras überwucherten Granitbrocken ab und klettere auf die vorderste Spitze des Felsens. Der schroffe Stein hinterlässt schmerzhafte Abdrücke in meinen Handflächen. Vorne mache ich es mir so bequem wie möglich. Der kantige, spitze Stein pikst mir in den Po, und ich rutsche ein paarmal hin und her, um eine einigermaßen angenehme Position zu finden. Aber mit den vergehenden Minuten gewöhnt sich mein Hintern an den schroffen Untergrund, und das Geräusch der heranrollenden Wellen mit ihren weißen Schaumkronen lenkt mich erfolgreich ab.

Nach kurzer Zeit habe ich vergessen, dass mein Plätzchen ein wenig ungemütlich ist, und gebe mich ganz dem Meer und der Weite des Horizonts hin. Mit der Zunge fahre ich mir immer wieder vergnügt über die salzigen Lippen. Dieser Ort, hier draußen am Ende der Welt, wo es nicht mehr weitergeht, bringt eine ganz besondere Melancholie mit sich. Er ist mystisch. Ganz anders als Santiago. Santiagos Mystik liegt in der besonderen Bedeutung des Ankommens, Finisterres hingegen in der Tatsache, dass es nichts Endlicheres zu geben scheint als diesen Ort. »Ich bin am Ende der Welt.« Finisterre steht sinnbildlich für ein Ende und damit auch für einen neuen Anfang. Ich muss an ein Zitat des mittelalterlichen Priors Meister Eckhart denken, der einmal sagte: »Und plötzlich weißt du, es ist an der Zeit, etwas Neues zu beginnen und auf den Zauber des Anfangs zu vertrauen.«

Ich sitze sicher eine gute Stunde oder länger hier auf meinem schroffen Felsen und blicke auf das graue, dunkle Meer unter mir. Gelegentlich brechen ein paar Sonnenstrahlen durch die dichte Wolkendecke und färben das Meer an der Stelle, wo sie auf seine Oberfläche treffen, leuchtend türkis. Es ist unbeschreiblich, wie glücklich ich in diesem Moment bin. Ich sitze mit nichts hier am Meer, aber mich erfüllt ein ganz warmes Gefühl, ein Gefühl und eine Überzeugung, dass alles, was bis hierhin passiert ist, richtig war. Nie hätte auch nur irgendetwas davon nicht passieren sollen. Das mit Benny, wovon ich noch gar nicht wirklich weiß, ob und was das so genau ist, hat mir gezeigt, dass ich nicht weiter über Daniel nachdenken muss. Es gibt kein Zurück und so auch keine Zukunft für uns. Die Frage, die ich mir gestellt habe, war von Anfang an falsch: »Wirft man so etwas einfach weg? Kann ich Daniel und mich einfach so aufgeben?« Aber das tue ich gar nicht. Ich werfe nichts weg, ich gebe nichts auf. Vielmehr habe ich etwas gefunden. Etwas Neues, was doch schon immer da war: mich selbst. Ich entscheide mich nicht gegen Daniel. Ich entscheide mich für mich.

Mich durchströmt mit der wohligen Wärme eine alles erfüllende Dankbarkeit. Ich bin dankbar für diese Reise, die mich so weit gebracht hat, die mich an einen Punkt gebracht hat, an dessen Erreichen ich zuvor nie auch nur zu denken gewagt hätte. Denn ich kehre als freier Mensch von dieser Reise zurück. Frei von Zwängen, frei von Erwartungen, die ich mir selbst auferlegt habe. Ich bin dankbar für all das, was geschehen ist. Es hat mich dort hingeführt, wo ich jetzt bin, und es wird mich weiterbringen.

Mit der Dankbarkeit geht die Gewissheit einher. Die Gewissheit, dass alles gut wird, die Gewissheit, dass ich es hinkriege, dass ich mein Leben meistern kann, komme, was wolle. Die Gewissheit, dass ich wundervolle Menschen um mich herum habe, die mir helfen werden, die für mich da sein werden. Ich habe nur dieses eine Leben, und ich will, dass es gut wird, also muss ich es zu einem guten Leben machen.

Ich bin angekommen, zücke mein Handy und schreibe Martin eine SMS: »Angekommen!« Hier in Finisterre auf meinem schroffen Felsvorsprung über dem unbändigen Meer. Hier bin ich endlich angekommen bei mir selbst.